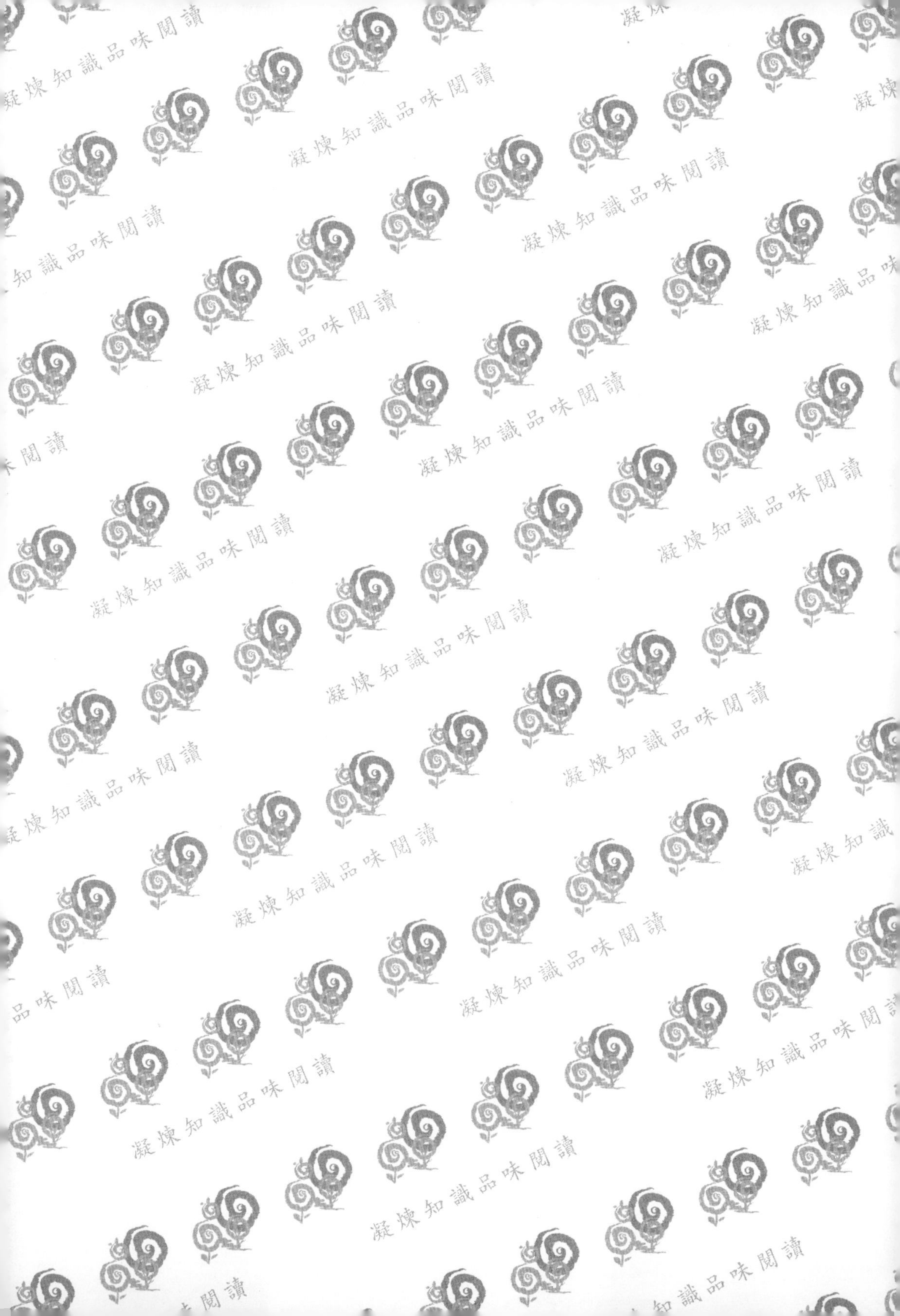

新住民子女
語文教育政策與實踐

曾秀珠—著

五南圖書出版公司 印行

五南當代學術叢刊

作者序

秀珠自民國84年（1995）起，接任新北市終身教育輔導團（原臺北縣成人教育輔導團，北縣升格後更現名，簡稱為「終教團」）幹事一職，因此和成人繼續教育、社區教育、社會教育、終身教育結下不解之緣。隨後於86年復接掌終教團執行祕書，負責新北市成人基本教育班、補習學校、新住民（當時稱為「外籍配偶」）中文學習班以至於後來的樂齡教育業務，前後有十年的時光。

自2000年以後，新北市國小補校中陸續出現許多來自東南亞不同國籍的學員，這些學員多半年紀不大，希望藉此機會學習中文。自此，我們輔導團的任務，除了協助教育部（局）編輯成人基本識字教材，培訓成人教材教法師資之外，進而轉向編輯新住民識字教材，同時開啓了新住民教育新頁。

2002年秀珠也在學位論文開始對新住民教育進行研究，陸續參與新住民專案研究，並擔任專家座談與談人，提供研究政策規畫之建議；發表新住民教育研究論文，提供行政與教學實務經驗，進一步推廣相關領域教育理念與經驗；規畫辦理師資培訓課程，並擔任專題講座，提升教學現場教師專業知能；於2010-2017年任國際文教輔導團組長；2019迄今任新住民語文輔導團總召集人；2010年以來並受聘擔任移民署、教育部等單位專家學者諮詢委員。

2012年起教育部與內政部合辦「全國新住民火炬計畫」，提供新住民子女完整的文教輔導機制，陸續辦理新住民母語傳承課程、全國多語多元文化繪本親子共讀、多元文化週、教師多元文化研習、多元文化教材、多元文化教育優良教案、諮詢輔導、親職教育、教育方式研討會、華語補救課程等「教育輔導計畫」，尤其重視新住民母語傳承之優勢文化資產，促進我國走向國際化，強化全球競爭力。

2019年《十二年國民基本教育課程綱要總綱》（以下簡稱「108課綱」）正式上路。108課綱規範國小語文領域，除了原有的本土語文（閩南語、客家語、原住民族語）外，新住民語文亦列入國小必選修課程，新增新住民（東南亞地區包括越南、印尼、泰國、緬甸、馬來西亞、菲律賓、柬埔寨等七國）語文課程，列為選項，提供新二代學習母語的機會，營造文化多樣性的學習環境，幫助學童認識多元文化，培養國際素養。

因應全球化與國際化所帶來的轉變，未來人才的培育需求殷切。108課綱基本理念：「以《成就每一個孩子—適性揚才、終身學習》為願景，兼顧個別特殊需求、尊重多元文化與族群差異、關懷弱勢群體，以開展生命主體為起點，透過適性教育，激發學生生命的喜悅與生活的自信，提升學生學習的渴望與創新的勇氣，善盡國民責任並展現共生智慧，成為具有社會適應力與應變力的終身學習者，期使個體與群體的生活和生命更為美好。」

2011年第15屆東協高峰會在泰國召開，展現新興國家的20億人口的實力，打造新南洋自由貿易區亞洲新市場。東協10國（東協10+1、東協10+3）包括創始成員新加坡、馬來西亞、泰國、菲律賓、印尼，後來增加汶萊、越南、寮國、緬甸、柬埔寨共10個國家，新商機吸引全球焦點。藉由108新課綱的推動，學習東南亞語文課程，擴展學童的多元文化和國際視野，可能帶來的經濟優勢與全球競爭力。

秀珠自2000年以來，一直有幸參與新住民語文教育政策的制訂，也體認到政府日益重視國際理解、多元文化；南向政策的東協國家，也成了政治經濟貿易的重點取向。此次，將個人碩博士修習期間的論文集結成冊，並將實務工作上推動與協助的內容做一番整理。期望彙整過去的經驗，作為未來新住民語文教育推動的參考。

本書共分為五個篇章，下分為19節，涵蓋理論篇、實務篇與問題建議。第一篇緒論，細述撰寫動機與背景、研究方法與重點；第二篇為新住民及其子女教育理論基礎；第三篇則說明新住民及其子女教育政策與方案，包含相關法規、主要方案、國際比較；第四篇以新北市為例，詳述新住民及其子女語文教育之實踐，包括輔導團、師資培訓、學習教材、教育資源中心、共備社群、語文學院、前導學校、學校多元文化情境、多元文化繪本教學應用等；第五篇提出新住民子女教育之問題與建議。個人學養尚淺，僅就多年來於此領域中淺見提出論述，不揣淺陋，敬請指教！

秀朗國小校長
曾秀珠　謹識
2021年9月

CONTENTS
目　錄

第一篇

緒論

第一章
撰寫動機與背景

依據內政部移民署統計資料，截至2018年6月底，新住民人數約爲53.7萬人，約占臺灣2,357萬總人口的2.28%，成爲臺灣的五大族群之一，衍生文化認同、生活適應、就業、子女教養等議題。進一步而言，諸如語言文化差異、婚姻及親子關係、社會的眼光、自我認知的調適、社經條件不利及社會階層流動等問題，可能連帶影響社會及經濟脈動，值得重視。

近年來，政府推動許多新住民及其子女教育政策，幾項重大計畫包括「發展新移民文化計畫（2004）」、「外籍配偶生活輔導、語言學習及子女課後照顧實施計畫」（2006）、「外籍與大陸配偶照顧輔導措施（2008）」、「全國新住民火炬計畫行動方案（2012）」、以及近期「新住民子女教育發展五年中程計畫（2018修訂）」等。

新住民及其子女現象連帶影響社會經濟發展，部分新住民相關政策已執行十數年，這些政策的實施滿意度、需求性及執行成效如何，皆是不可忽略，值得探究的問題。然，隨著新住民人口的增加，以新住民爲對象的研究日益增多，根據臺灣博碩士論文知識加值系統資料庫紀錄，截至2018年6月底，研究新住民（新移民、外籍配偶）及其子女爲對象的博碩士論文就高達1739篇，然而研究新住民教育政策者僅有3篇、新住民子女教育政策者僅有6篇，合占0.52%。除學位論文外，相關研究的期刊論文篇數有731篇，然而研究新住民教育政策者僅4篇、新住民子女教育政策者僅有2篇，合占0.82%。足見對於推動新住民及其子女教育政策所進行的研究非常缺乏，實在是值得開墾的園地。

筆者乃動筆撰寫《新住民及其子女教育理論與實務》，茲說明研究背景如下：

一、新住民子女學生遍及各國中小，多元族群家庭相對增加

依據教育部（2017）編印《105學年新住民子女就讀國中小人數分布概況統計》分析，可歸納以下特徵：㈠新住民子女學生在各校分布極廣；㈡新住民子女就學集中六大都會地區；㈢新住民子女就學人數占比十分之一。爲此，新住民及其子女爲數眾多、分布甚廣，爲協助新住民及其子女順利融入臺灣社會，優化多元族群家庭子女所兼具的發展優勢，學校及教育主管機關應持續關注，並提供教育輔導措施。

二、12年國教課綱納入新住民語文，師資與學習機制待克服

教育部爲深化新住民子女所兼具的發展優勢，運用其多元的語言學習環境、跨國文化的成長背景，促進新住民子女教育優質化，落實國家人才培育。108學年度起，教育部於十二年國民基本教育課程綱要，正式實施新住民語文課程，然而新住民語文師資來源亟需增加，新住民語文師資之來源以教學支援人力及正規師資逐步培育雙軌並行，後續涉及教學支援人員師資聘任，搭配新住民語文認證配套措施。同時編纂越南、印尼、泰國、緬甸、柬埔寨、菲律賓、馬來西亞等七國新住民語文學習教材與教師手冊，四個學習階段，共計學習教材126冊，教師手冊126冊，但新住民語文學習教材發展時間緊迫，部分冊數尚在編輯後製。

三、新南向政策發揮新住民力量，亟需培育語言與經貿人才

近年來東南亞國家經濟快速發展，加上積極參與東協及全球區域經濟整合，擴大市場優勢，已成爲全球經濟成長的亮點。爲此，2016年8月16日政府正式提出《新南向政策綱領》，藉由新住民跨文化之優勢，創造互利共贏的新合作模式。但培育新南向所需語言與經貿人才爲其首要，培育新住民第二代爲新南向種籽，將新住民語文視同母語保存，鼓勵學校開設新住民語文課程，鼓勵大專院校開設南向專業科系或學程，皆爲我國新住民及其子女教育政策所需努力的重點。

第二章
研究方法與重點

本書的撰寫目的是爲了探討我國新住民及其子女教育政策的知覺需求，剖析主要國家新住民及其子女教育政策的發展趨勢，研議我國新住民及其子女教育政策的經營策略，並提供我國新住民及其子女教育政策的參照建議，以下分別究研究方法和研究對象進行說明。

壹、方法探究

本書使用的研究方法，分別爲德懷術、問卷調查和焦點團體訪談三種。茲分述如下：

一、德懷術調查法

德懷術（delphitechnique）係指作者針對某一主題，請多位專家進行匿名、書面方式表達意見，並透過多次的意見交流而逐步獲得最後結論的一種研究方法，故德懷術是一種自主精準而有效建立專業化指標的研究方法。在德懷術專家學者意見審查方面，係針對本書發展之新住民及其子女教育方案實施問卷進行意見修正，本書依據兩回合德懷術二十五位專家學者（德懷術小組）的意見，然後就專家之意見加以蒐集、組織，修正問卷內容，作爲正式問卷的依據，並增強作者在新住民及其子女教育方案實施研究時的參考。

二、問卷調查法

本問卷調查法（questionnaire survey）運用統一設計的問卷蒐集資料，蒐集有關新住民及其子女教育方案，以及對個人行爲的量度，特別是針對現況行爲及態度取向方面；從而了解受試者對新住民及其子女教育方案問題的知覺看法和意見。本問卷調查作爲運用問卷蒐集資料的工具，以了解事實現況、差異、相關和測量其知覺狀況的有效方法；本問卷採線上調查方式，共發出新住民版及學校行政人員版各400份問卷，俾能將調查結果進行綜合分析。

三、焦點團體訪談法

焦點團體法（focus group discussion）係指作者針對某一問題研究時，邀請六至十二位學者專家或參與者，針對特定的研究問題進行自由、互動式討論，以便能深入探討並獲得研究所需資料的一種質性研究方法。在焦點團體訪談實施方面，邀請國內有關新住民教育之教育人員和學校行政人員、專家學者以及新住民代表等進行焦點團體訪談。針對我國新住民及其子女教育方案實施，透過座談討論大綱，進行觀點的交換、共識的凝聚。本書進行二階段焦點團體訪談，第一階段任務爲探討我國新住民及其子女教育方案的問題原因與改進策略，第二階段任務則針對研究結果探討並厚實其強度。

貳、新住民及其子女教育方案

有鑑於新住民及其子女教育之重要性，政府當局已陸續推動多項活動和方案，以下就新住民及其子女教育方案的「內涵」、「核心能力」進行說明。

一、新住民及其子女教育方案的內涵

本書所謂之新住民及其子女教育方案，乃建基於「價值說」與「特徵說」的基礎上，基礎主要的功能就是將建築物重量及所承受之各種載重，乘載「階段說」、「文化說」、「取向說」，經由柱梁牆板傳遞至地梁後，再傳遞至土層上（如圖2-1）。新住民及其子女教育由政府機關制定，經合法化程序後，交於教育機關執行的之教育方案以達成其教育目

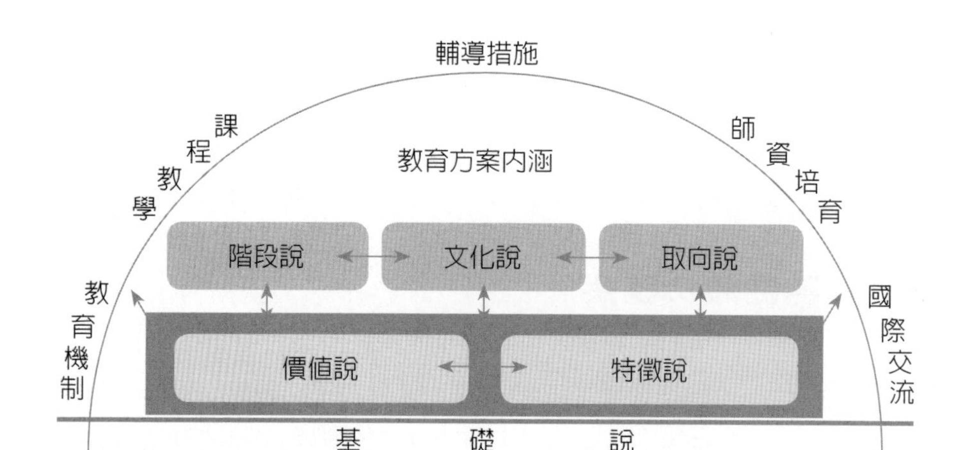

圖2-1 新住民其子女教育方案內涵示意圖
資料來源：作者自行整理

標。爲達此目標，聚焦在探討「教育機制」、「課程教學」、「輔導措施」、「師資培育」與「國際交流」等內涵，藉由基礎工程架構，能發揮五大向度之功能，讓新住民及其子女的未來彩繪出美麗的天空。

二、新住民及其子女教育方案的核心能力

上述五項內涵以輪轂（Wheel Hub）意象詮釋三個環的同步化歷程，其關係如圖2-2右圖所示。輪轂位於輪胎內廓中，支撐輪胎及帶動車體作用的金屬部件。輪轂具有作用的軸承及內徑，若以軸承象徵核心能力，內徑則象徵行政支持力、提升學習力、發展適應力、強化教學力及國際移動力。核心能力的同步歷程，包括：教育機會均等理論支撐教育機制構面，帶動行政支持力；適配教育理論支撐課程教學構面，帶動提升學習力；社會正義理論支撐輔導機制構面，帶動發展適應力；多元文化理論支撐師資培育構面，帶動強化教學力；順性揚才理論支撐國際交流構面，帶動國際移動力。如圖2-2所示。

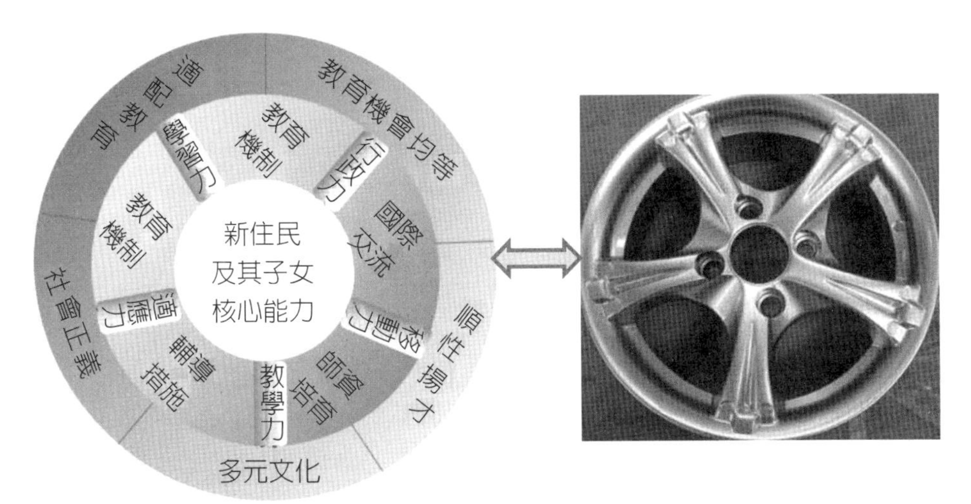

圖2-2　核心能力的圓輪輪轂意象

資料來源：作者自行整理

第二篇

新住民及其子女教育理論基礎

新住民其及子女教育的規劃與實施，需要相關的理論作為指引，以使新住民子女教育在推展上有所依循。曾秀珠（2017）認為新住民及其子女教育的課程規劃與實施，基本上至少綜合了三種理論基礎：多元文化教育理論、社會正義理論及教育機會均等理論。而多元文化教育理論紮根於我族文化的認同，以至於文化差異與理解；社會正義理論接續於多元文化教育希冀學生能參與民主、落實人權，並促進社會正義；教育機會均等理論因強調其入學機會均等，受教過程均等，適性發展均等而受到教育學界的重視與應用。以下分就多元文化教育理論、社會正義理論及教育機會均等理論加以探討。

第三章
多元文化教育理論

「多元」是社會文化變遷過程中一股重要的力量，當前教育應正視這股力量，爲這股力量找到出路。多元文化教育正是二十一世紀一股重要的教育思潮，所有學生不論性別、社會階級、種族或文化特質，在學校中享有全等的（full of）學習機會。多元文化教育也是教育改革運動，試圖改變教育機構、教學課程和教育環境，營造更豐沛的學習場域。因此，在談論新住民及其子女教育方案過程中，多元文化教育理論的主張可以做爲制定政策內容時的第一參考。本章先析述多元文化教育的意義、理論萃取及主要教育內涵，最後論及其對教育方案的啓示。

壹、多元文化教育的意義

多元文化教育將種族歧異視爲社會的正面元素，藉由多元文化的存在可以豐富國家內涵並增加人民意識，是解決公共或私人問題的良好管道（Banks, 1989）。Placier、Hall、Mckendall和Cockrell（2000）等人則認爲：多元文化教育就是理解並欣賞存在於種族、世代、國別、特殊性、宗教信仰和年齡的差異。因此，多元文化教育強調差異的存在，並且肯定差異所能產生的影響力，重視教導學童了解差異性的存在，並尊重不同文化的歧異性。

裴尼（M. Payne）認爲在決定方案取向及議題時，教育者應該了解多元文化教育的三個原理（Baruth & Manning, 1992）：

1. 多元文化教育被視爲是一種研究產品，強調在研究種族議題，如：種族團體文化和特質時，重視不同種族和文化團體的教學過程，因此這樣的原理也可視爲是種族研究。

2. 多元文化教育重視被壓迫的角色，強調對過去不公平的補償。因此，其主要對象是過去被壓抑的弱勢族群，並試圖努力尋找問題解決之道。
3. 視多元文化教育爲一種教學過程，包含生產（如教授歷史事件和事實、了解現況與一般人的行爲等）和獲得應得到的待遇等。

Gollnick和Chinn（1994）則從多元文化教育的基本概念角度切入，認爲強調學校中文化歧異和公平的教育概念，就是一種多元文化教育的表現，其教育概念是建構在六項基本信念和假設上：

1. 推動文化歧異性具有優點和價值性。
2. 學校應該是代表基本人權和尊重文化歧異性的典範。
3. 對所有人而言，在設計和傳授課程上，社會正義和公平應該是最重要的。
4. 在民主社會的學校中，正確的態度和價值觀應該被培養。
5. 學校教育應該提供不同文化團體，重新分配權力和收入的知識、技能和安排。
6. 和家庭及社區有關的教育者，應該創造支持多元文化教育主義的環境。

江雪齡（1997）認爲：多元文化教育應該包含保存文化的多元性，尊重個人和使個人有參與社會上各種活動的權利。教育單位除了應訓練準教師學習各種文化的知識知能與各文化互動的技能以及教材的編寫，也要避免歧視的產生，城鄉的教育設備及經費要能享受同樣的待遇，特別地區的教師在職教育更須特別加強。

陳枝烈（2010）則認爲多元文化教育是一種教與學的取向，這種取向企圖教導兒童免於受種族中心、男性中心、主流文化等單一文化限制，能在其學習過程中，了解其他文化、社會、生活與思考方式的存在，希望兒童能免除各種偏見與歧視，能以寬廣心胸，去認識、接受、欣賞與尊重其他異文化的族群。

謝美慧（2001）認爲多元文化教育是多元文化社會下的產物，它希望藉由教育的力量，肯定文化多樣性的價值，尊重文化多樣性下的人權，增加選擇生活方式的可能性，進而促進社會正義與公平機會的實現。

綜合上述各多元文化教育專家學者的觀點，在此爲多元文化教育下個定義：

多元文化教育係爲一種教育目的、歷程和結果，在尊重學生個別差異，發展多元教學目標的期許下，讓學生免於受到主流文化的宰制，以提高個人所擁有的文化資本，有效發揮個人潛能，達到實質性平等的教育過程，進而營造多元文化社會的目的。

從上述定義中可以得知多元文化教育應具備的重點所在，茲分項說明如下：

一、尊重學生個別差異，以激發學生多元潛能

多元文化教育的目標在於尊重「多元」，而要落實多元的存在，對於學生個殊性的存在，應抱持正面積極性看法，提供學生多元性發展的機會，尊重學生多元特質的存在，如此才能符合多元文化教育的理念，有效激發學生潛能。

二、發展多元教育目標，以滿足個別學生需求

多元文化教育的存在，需要有多元教育目標的配合。因爲學生具有不同的家庭背景、不同學習能力、不同潛能，所以在教育目標訂定上，應該要發展多元教育目標；在教材及教法上，也應顧及學生多元文化的事實，如此才能滿足個別學生的教育需求。

三、免於主流文化宰制，以營造多元文化社會

多元文化教育源自多元文化的觀念，強調主流文化與非主流文化的共同存在，以互相激盪出火花，而不企求以同化手段彌補文化的差異性。在落實多元文化教育過程中，需要去除主流文化宰制的可能性及企圖心，以

寬大、包容、欣賞的態度，去面對不同文化的存在，以營造多元文化並存的社會體系。

貳、多元文化教育的發展

以美國多元文化發展史而言，大致可以分成三個階段：單一種族研究、群際關係教育及多元文化教育（劉美慧，2001; Banks, 1993; Gollnick & Chinn, 1994）。茲分階段說明如下：

一、單一種族研究階段

1960年代，美國民權運動（Civil Rights Movement in USA）的興盛，引出了少數民族自覺運動，促發多元文化的產生與受重視程度，當時各界開始要求學校課程必須反映少數民族的經驗、觀點、歷史與文化，要求學校聘任有色人種的教師或行政人員，使學生有不同的楷模與學習對象。當時廢除種族隔離的呼聲在美國學校中高喊著，在此同時，有色人種學生被視爲是文化弱勢者，因此需要進入主流社會學校的文化體系中接受陶冶，因此諸如啓蒙（Head Start）和補償性教育方案紛紛出籠，用以克服有色人種學生可能面臨的弱勢問題。

1960年到1970年代的種族運動，促使教育機構全面性改革，小至幼兒園、大至高等教育都受到影響，但是仍有許多學區使用高壓管理方式，來管理學生及教師，甚於課程上的改革與創新；方案往往具有高度政治性，而教學則是乏善可陳，加上方案對象常常只限於單一種族團體，假設只有黑人需要去學習有關黑人的知識，正如只有波多黎各人需要學習波多黎各的知識，因此黑人研究單位及課程只需要在黑人學校進行。由上可知，該階段所究對象仍以少數族群單一種族爲主，如黑人、墨西哥裔美人等，雖有心致力於相關課程的改革，但當時仍是以主流文化同化非主流文化的模式進行著，多元文化教育的精神仍未眞正體現。

二、群際關係教育階段

群際關係教育約起源於1970年代，其目的在幫助學生與不同文化背景者溝通和相處，培養學生正面積極的族群態度與價值。該階段對群際關係的重視，展現在對課程與教材的研發上，期望藉由學校教育的改革，加強不同種族間的交流與認識。

群際關係是一種跨文化能力，不同族群間的文化互動及認知，Bennett（1990）認為多元文化教育乃建立在自由平等觀念之上的教學策略，並藉由文化多元的社會及文化世界觀，使不同族群的學生均能公平的享有教育，以促進教育機會均等及社會之公平正義。此時期對種族多元化的概念，已較單一族群研究階段進步，開始重視不同族群間的文化互動及認知，逐漸朝向眞正多元文化教育時代邁進。

三、多元文化教育階段

單一種族研究階段當然稱不上眞正落實多元文化教育，卻是保守派和自由派多元文化主義精神的展現，在異中努力追求同的存在，因此「同化」就成了最好說帖。然而文化多元主義拒絕同化論主張，認為儘管優勢團體企圖同化弱勢族群，但是族群的文化差異仍將繼續存在，強迫同化只會使他們成為反對團體（沈六，1993）。到了群際關係教育階段，著重點置於族群間關係的改善，因此，從課程及制度上尋找改進之道。在歷經上述兩個階段後，開始進入多元文化教育階段，對多元文化教育有更為積極正確的體認與努力。

經歷單一種族研究及群際關係階段，美國開始正式進入眞正的多元文化教育階段。當時美國各州開始制定多元文化教育課程原則，從性別、宗教、種族、文化等不同範疇切入，尊重差異性的存在，期望從根本教育改革做起，促進多元文化教育的落實。如：明尼蘇達州教育局就在1989年時，通過《多元文化與性別均等課程法》，當局希望藉由本法的實施，促進眞正多元文化教育的落實。至此階段，多元文化教育的發展已跳脫傳統主流文化宰制非主流文化的狀況，或是以主流文化爲主、非主流文化爲輔的時代，轉而開始重視並尊重文化多元性存在的事實，並且積極促進兩者間的平衡發展。

至於臺灣地區，多元文化教育的源起，可以追溯到民國70年代解嚴後，政治上的開放連帶影響教育、文化、族群、社會多元化的成長與發展。伴隨著多元文化主義的興起，國內對於文化的概念不再堅持單一導向，而是強調主流文化與非主流文化的交流，並努力讓雙方獲得彼此的尊重。在多元文化教育的研究中，大多仍以各種非主流文化範疇中的對象爲主角，其中以原住民爲對象的研究最爲蓬勃，如：譚光鼎（2002）所著《臺灣原住民教育—從廢墟到重建》一書中，對於臺灣原住民問題有深刻描述，對原住民教育政策也提出批判與建議；黃森泉（2000）《原住民教育之理論與實際》一書中，對原住民政策及現況有所探討；牟中原和汪幼絨合著（1997）的《原住民教育》一書中，對於原住民教育問題及概況也有所研究。

多元文化教育階段的發展，誠如張建成（2007）在《獨石與巨傘——多元文化主義的過與不及》論文中指出，就獨石論而言，太過重視族群原生本質的結果，不免造成群體權利至高無上、國際交流故步自封等問題；就巨傘論而言，太過包容文化差異訴求的結果，亦不免造成文化概念混淆、弱勢定義紛歧、性別意識膨脹、階級議題潛蟄等問題。因此從多元文化主義的發展來看，對新住民多元文化教育的重視，應和原住民等五大族群的多元文化教育等同並進，不應成爲族群原生本質的獨石與太過包容文化的巨傘。

參、多元文化教育的主要目標

綜合各家主張，可以得知他們對於多元文化教育的目標，大多是從學校教育體系談起，像Ramsey完全從學童角度切入，認爲多元文化教育是爲學童服務的；Banks則從均等的達成和弱勢族群的協助中，落實多元文化教育的目標；江雪齡則從學校教育體系著手，確認多元文化教育的目標。綜合上述專家學者的觀點，歸納多元文化教育四大目標。茲分項說明如下：

一、建立多元教育體系，以充實多元教育知能

多元文化教育的目標之一，就是在建立多元的教育體系，並充實受教者多元教育知能，務期讓學生的個殊性，可以在教育體制中獲得尊重與發揮的機會。

二、尊重不同文化的存在，照顧弱勢文化學童

多元文化教育的主要目標之一，是在培養社會大眾及同學可以尊重不同文化的包容性，在此基礎上，照顧弱勢文化的學童，讓他們也擁有發揮才能的機會。

三、促進課程教學多元化，鼓勵學童適性發展

多元文化教育並非只是一個口號或方針而已，它應該落實到教育最前線且最實務的場域，以促進課程教學多元化，進而可以鼓勵學童適性的發展。

四、加强自我文化認知，培養族群文化自信感

多元文化教育最終目標之一，是在加強各族群對自我文化的認知，培養族群文化的自信感。惟有建立對自己族群文化的認同、自信及使命感，非主流文化才不易被主流文化宰制及矮化，並且從中建立自我文化的獨特性及價值感，而多元文化教育也才能算是眞正的成功。

肆、多元文化教育理論的萃取

綜合以上多元文化教育理論論述，作者以統整之理念繪製示意圖，如

圖3-1所示。本圖對多元文化教育理論萃取出幾項構念：

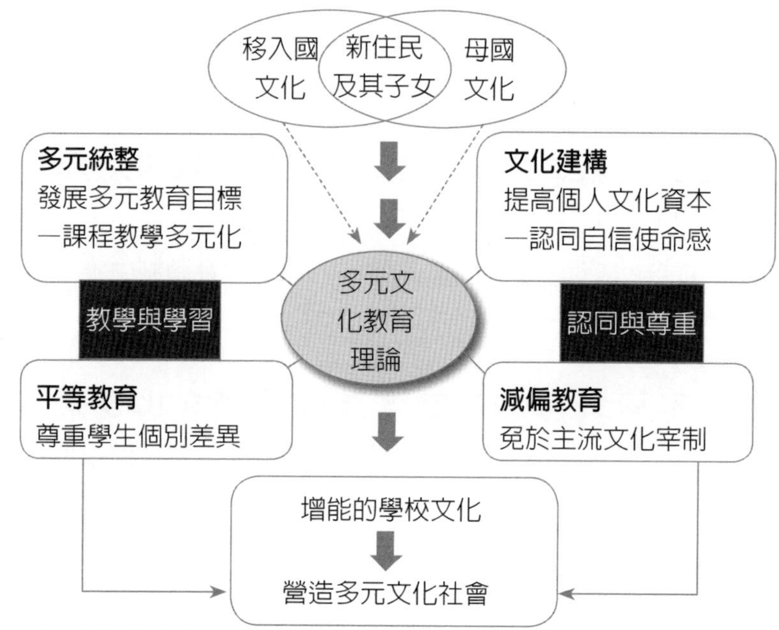

圖3-1　多元文化教育理論架構的意涵示意圖
資料來源：作者自行整理

第一，多元文化系統中可分母國文化和移入國文化兩大區塊，本圖以交集的概念描繪新住民及其子女之相關位置；不論新住民及其子女或是母國文化和移入國文化，均需融入多元文化的教育系統中。

第二，本圖以家庭、學校、社會三環教育的概念，以及多元統整、文化建構、平等教育、減偏教育等四大關鍵描繪多元文化教育系統，此系統共同流入並營造一個多元文化的社會。

第三，多元文化教育之多元統整係指：發展多元教育目標，課程教學多元化，教學重視學生個別差異；文化建構則指提高個人文化資本，認同與尊重母國文化和移入國文化，免於主流文化宰制，形塑文化自信及使命感。

伍、對新住民及其子女教育方案的啓示

在多元文化教育的精神下，視新住民及其子女爲多元文化團體中的一群，不以同化爲目的，代之以尊重及容忍來看待其存在與成長，是多元文化教育的重要實踐方式。該理論對新住民及其子女教育方案的啓示，如下所示：

一、尊重新住民文化現象，摒除同化手段的使用

新住民來自不同國家，深受不同文化的陶冶，其所生下的第二代雖然在臺灣土生土長，接受臺灣文化陶冶，但因爲平日教養工作多爲母親職責，深受母親舊有文化的影響。對於不同的文化傳統，主流文化者應抱持包容及尊重的態度，而非採用同化及歧視的態度面對。Killian（2002）曾研究移民至法國的45位北非女性，對法國的喜惡對象及其對自己文化行爲的主張中發現：雖然這些受訪者不喜歡法國給人冷酷和疏離感，但她們在法國卻享有保存祖國文化的自主權，個案Leila就藉由保留祖國某些文化特質，幫助他在法國這個陌生國度得到平衡和豐富的生命。從此研究可以得知：對於不同文化不應只是一味同化，相反的應該發揮多元文化的精神，給予包容和學習的空間。對於新住民及其子女的國民教育方案，我們除了給予補救教學外，在制定課程及教法過程中，應尊重其母親文化的歧異性，了解母親帶給他們的文化衝擊，眞正了解他們需要什麼，如此才能眞正解決問題。

二、從改變學校結構做起，以消弭對新住民及其子女錯誤偏見

針對新住民及其子女國民教育方案議題，我們應從學校結構面著手，不能只從表現弱勢來改進，例如：對於成績不好的學生，我們不能只是施以補救教學。正如前述，多元文化教育旨在改變學校結構，使來自不同文化背景學生有均等的學習機會，以提升所有學生的學業成就（劉美慧，

2001）。因此在制定新住民及其子女國民教育方案內容過程中，應納入學校結構面問題，考量目前學校運作型態，讓來自不同文化背景學生可以在眞正合宜的環境中求學。在學校結構改變議題方面，應加強課程結構的內容，融入多元化教材，讓同學懂得欣賞不同文化的美；並且增加教師多元文化素養，讓教師藉由多元文化素養的培養，更能了解新住民及其子女的情況。

三、提供弱勢文化學生學習權，並建立族群團體自信

提供弱勢文化學生學業補償教育，這種方法雖然容易見到成效，但簡化問題產生的原因，從長期效果來看，因忽視其它深層因素——家庭因素及個人態度等因子對學童學業表現的影響，而無法眞正解決問題。因此除了提供一些外在的課程協助活動外，其實應進一步提供這些學生更多的改變和協助。其實弱勢團體常常具有一種對環境無法控制的感覺，缺乏政治和社會效能感，因此應協助弱勢團體學生建立自信（劉美慧，2001）。爲此，在制定新住民及其子女國民教育政策時，應該加強協助弱勢文化的再生，並建立團體自信，幫助所有學生對不同文化團體培養正向積極的態度，例如：可以利用各種時節介紹活動，培養其對不同國家文化的認識及尊重；藉由新住民到校分享母國文化、童玩、或說故事的方式，讓這些人的子女對父母不同文化性，產生尊敬感，進而培養本身的自信。

四、課程教學多元化，邁向多元文化的師資

陳枝烈（2010）在《多元族群城市的教育實踐》論文中提到，以多元文化教育的觀點，分別從教育人員的信念、學習學生的文化與生活經驗、課程教學上的實踐、教師教學上的實踐等四個層面分析城市政府與教育人員的教育實踐。課程教學多元化，以符合不同文化背景學生所需，是多元文化教育的重要精神。對新住民子女而言，他們雖然在臺灣出生與成

長，但來自家庭經濟因素及人際互動情況的歧異，待他們進入學校後，學校及教師對於課程設計及教學方法的採用，應視學生需求的不同而有相對應的改變。在師資及輔導人員方面，應容納更多不同學習學生的文化與生活經驗，一起來協助這些學生的成長及學習，以提供需要協助的學生申請使用。另外，可以利用志工媽媽或退休老師來協助教師教學，如教育部最近在推動的退休風華再現計畫，就可善用這群經驗豐富的人力資源，爲新臺灣之子付出心力。

五、善用多元文化教育，以政治力量推進政策

多元文化教育的目的在建立多元教育體系，充實多元教育的知能；尊重不同文化的存在，照顧弱勢文化的學童；促進課程教學多元化，鼓勵學童多元性發展；加強自我文化的認知，培養族群文化自信感。其目標凸顯出多元文化教育的雄心壯志，然而在理想目的背後，卻常常充斥著政治力量的運作。新住民及其子女所面臨的問題，除了母親來自不同文化背景，所造成教養過程可能產生的歧異外，在政治力的介入及影響程度是不可忽略的環節，這也是在制定政策過程中，應該考量的重點之一。在新住民子女的教育方案上，既然我們無法擺脫政治力的干擾，何不轉換看待事情的角度，從對抗排斥政治力轉而拉近善用政治力，提升政策的執行效果，如：和立法機關建立良好互動性，以利法案的順利通過，促其受教權得到充分保障。

第四章

社會正義理論

伸張社會正義，扶助弱勢群體，是教育方案制定及執行的主要目標。藉由社會正義理論主張及精神的了解，可作為未來制定新住民及其子女教育方案內容的重要參考指標。在此，將先敘述社會正義的意義、變革、論點、理論萃取及主要教育內涵，最後再論及對教育方案內容制定的啓示。

壹、社會正義的意義

Reiss（2003）指出「社會正義」是指對人合理的對待，並對資源、機會予以公平的分配。正義是社會價值所在的界線，加上各地區的社會，承載著不同文化的差異性，因此社會正義無法擺脫文化因素，而社會正義的實踐有賴於在實際生活操作，於是各種社會制度都是社會正義的範疇。而Cribb和Gewirtz（2003）則認為：「社會正義」是在關心社會組織及關係的原則，及其規範是否具有合宜性，以達到讓所有人在相同與差異間取得平衡。由Cribb等人的看法，可知合宜和平衡是社會正義的重要概念，然而何謂「合宜」？又如何達到「平衡」？各家看法不一，正如對於社會正義應該有一個明確的定義，還是認同多元的看法，至今仍未達成共識。Cribb和Gewirtz（2003）曾試圖將正義一元論和多元論意涵相互比較之，其比較結果表列如表4-1所示。

目前有關社會正義的相關討論業已汗牛充棟，從眾多的理論、爭論和原則中，是否可以求同去異，為社會正義下一個標準定義，仍是一項艱鉅的工作。因此，有些學者從開放角度來看待社會正義議題；陳宜中（2004）嘗試以概括化約方式，歸納出一百多年來現代社會正義思想裡的四大規範性主張：第一、公民之基本自由及權利（尤指公民權與政治權）

表4-1　社會正義一元與多元模式論比較一覽表

社會正義一元論	社會正義多元論
一統的正義概念（如：個別的或程序性的）	正義是多元範疇的（如：個別的、文化的和聯盟的）。
相關商品的單一貨幣。	不同、可能衡量及種類商品。
正義單一判斷標準（如：利益需求、期待、或是能力）。	相關宣稱的多元模式（如：利益需求、期待及能力）
超越情境的正義模式（亦即適用於所有商品及場域的單一正義模式）。	情境性模式：依商品及場域本質不同而使用不同模式
共同的模式：相同對待正義接受者	歧異的模式：接受者的歧異會影響正義落實模式
核心正義模式：具有核心單位負責正義的分派和仲裁責任。	核心的正義模式：換言之，責任和工作是共同分享，包括核心和邊緣單位。

資料來源：改編自Gribb, A. & Gewirtz, S. (2003). *Towards a sociology of just practices: An analysis of plural conceptions of justice*. NY: Routledge Falmer, pp.15-29.

應予保障；第二、公民之基本社會權應予維護，而社會權又經常被理解爲社經基本需要之滿足、對社經基本能力（basic capacity）或「一個合宜的最起碼社會標準」（adecent socialminimum）之保障；第三、促進更公平之機會平等，透過如經濟重分配、普及教育等方式，降低「出身」（階級、家庭、世襲財富、稟賦）因素對於生活機會及經濟能力之影響；第四、爲避免政治自由徒具形式，爲防止階級政治與金錢政治，爲使政治領域不致淪爲私利的競逐場所，政治獻金必須受到嚴格規範，社經資源分配的不平等程度必須控制在一定範圍內，並設法對社經結構進行改革，促使財富均衡分配。

上述四項規範性主張，表現出社會正義的廣闊涵蓋面特性，從個人公平機會的獲得，到社會政治及經濟的正義表現，皆應體現社會正義的存在。羅爾斯（J. Rawls）認爲必須從社會基本結構著眼，建立社會正義，其基本的社會制度，應提供每位成員同等的機會，用以實現自我的能力，這些機會包括受教育、獲得文化、知識與技能的機會（陳美如，2000）。羅爾斯就將「社會正義」焦點置於社會基本結構上，以探討社會主要制度，其所指「制度」係爲：定義個人職務和地位之權利、義務、權力、免責權之公共的規則體系，如儀式、審判、議會、市場經濟、財產制度等（林火旺，1998）。因此在談論社會正義與不正義時，不應只從字面上解釋，或僅從抽象制度析述，而要從已實現的制度－政治、經濟、社會設計是否符合正義要求著手，才能落實眞正的社會正義精神。

綜合以上學者對社會正義的看法，本書所稱社會正義係指：社會大眾站在相同的立足點上，建立合理制度、儀式或標準，以促使社會各種機會向所有人開放，對處於社會優勢者給予充分發展機會，對處於社會弱勢者給予積極性協助，以達到優勢者得以發揮才能，弱勢者得以獲得充分協助的社會狀態，此即社會正義之具體表現。

貳、社會正義主張的變革

一、命定正義

正義（justice）一詞由來已久，在柏拉圖時代，其所指稱的「正義」，係指國家中三種主要職位者：爲政者、軍人與平民，可以各司其職、各安其位時，就是正義的實現（鄔昆如，1991）。當時，亞里斯多德也對社會正義提出看法，他從社會經濟角度切入，認爲社會正義應包括分配性正義（distributive justice）和交換性正義（commutative justice）兩項基本內涵（呂宗麟，1995）。因此，在古希臘時代，正義是歸屬於個人行爲表現上，當每個人各司其職時，就是一種正義的體現，而不在乎「各司其職」的社會架構，是否合乎公平概念？是否打壓向上流動的可能性？是否成爲穩定社會結構的藉口？然而，隨著時代的轉變，這種命定論的「各司其職」正義觀已受到大眾質疑，並且認爲這種正義觀充其量只是一種假性正義，它所產生的社會安排，只是當權者固守權力地位的利器罷了。

二、功利正義

繼希臘三哲之後，十九世紀中葉的米爾（Mill）無疑是最具言論份量人物，他把社會正義與分配正義相提並論，稱之為「社會與分配正義」（social and distributive），其所主張的功利主義，認為滿足最大多數人的需求，就是正義的表現，然而卻忽略少數人的存在價值，而受到其它學者批判。二十世紀初，與馬克思主義貌合神離的社會民主人士，亦開始談論社會正義的意義與存在；二十世紀中葉，聯合國《普世人權宣言》用權利語言來表述社會正義，除了主張維護基本公民權與政治權外，亦承認每個人、每位公民都應享有教育、健康、工作、經濟安全、失業救濟、勞動保護、社會扶助、適當居住環境等社經基本權利。

三、弱勢者正義

到了1971年，羅爾斯出版《正義論》（A theory of justice），此書是一本具有里程碑意義的政治哲學與倫理學的著作。羅爾斯宣稱自己的理論是康德式的，把正義看成是一種理念，是沒有辦法由歷史經驗證明的存在，是一種哲學的分析，重新開啓了關於社會與分配正義的哲學討論（王崇名，1996；陳宜中，2004）。羅爾斯明確的界定，正義對象是社會的基本結構——即用來分配公民的基本權利和義務，劃分由社會合作產生的利益和負擔的主要制度。換言之，正義原則要通過調節主要的社會制度，從全社會角度處理這種出發點方面的不平等，盡量排除社會歷史和自然方面的偶然因素，及其對人們生活前景的影響（黃丘隆譯，1990）。

對於社會資源的分配，也應採公平的程序決定分配方式，務使需要得到幫助的人獲得所需協助。如何在兼顧社會正義情況下，讓有限資源做最有效分配，涉及資源分配正義議題。在社會工作領域，有四種標準來分配稀有資源：平等（equality）、需要（need）、補償（compensation）、貢獻多寡（contribution）（包承恩、王永慈、郭瓈灩和鍾曉慧譯，2000）。

「平等」的另一種解釋是公平，但並非適合所有情況，因而有結果平等與程序平等之分；而「需要」則視對資源需求程度不定，然對於一些先天或後天弱勢者而言，除了需求及平等性對待外，「補償」也是提供額外協助的重要支援。若依「貢獻的多寡」來分配資源，最不符合社會工作及政策所需，因爲依當事人貢獻度而提供資源，違反了救濟弱勢者的宗旨，因此依貢獻度來決定弱勢者資源的獲得是有問題的標準。上述四種分配標準，應用情境則依情況不同而有不同的判斷標準。

四、理想化正義

世界最大社工慈善團體一全國社會工作協會（National Association of Social Workers，簡稱NASW）在其倫理核心價值「社會正義」中指出：「社會工作者要挑戰社會不正義……，社會工作者的社會變革努力焦點置於窮困、失業、歧視和其它社會不正義形式上。藉由各種活動以籌畫對於壓迫、文化和種族多樣性的敏感性和知識，促使社會工作者去爭取並建立需要資訊、服務和資源、機會均等及所有人可參與決策過程」。因此，當我們在進行社會資源分配時，無法純以效益主義理論爲考量標準，只在乎效益總量卻忽略總量如何分配的考量。根據效益主義的正義原則，很難證明照顧弱勢團體的政策是正確的，除非這些政策本身正好能產生最大效益（林火旺，1998）。事實上，我們常會使用差異原則，給予弱勢者更多的協助，如：原住民教育法及其施行細則的制定與施行就是最好的見證。從社會大眾觀點來看，給予需要協助的弱勢者合理性協助是符合正義原則，若僅以效益原則來看待這些問題時，反而易造成不正義的行爲。

總而言之，針對社會正義概念而言，長久以來，不同的學派或學者各提出不同的主張，從柏拉圖時代主張各司其職的正義概念，強調一種命定論的正義觀；到Mill主張功利主義的正義觀範疇，卻忽略少數人的權利；到強調社會結構正義性的羅爾斯注意社會結構基礎面的變革，以眞正落實社會正義，提供滿足弱勢者需求的策略及架構；一直到現今許多支援弱勢團體的組織，如NASW特別關注弱勢群體的需求，充分落實社會正義的理想。因此社會正義已從傳統的假性正義模式，進入重視平等、需要、補償、貢獻多寡的眞性正義時代，目前更進入強調實際運作與落實的階段。

參、羅爾斯（J. Rawls）社會正義的主要論點

羅爾斯正義理論源自於《作爲公平的正義》（Justice as fairness）一書，其社會正義觀念則受到社會契約理論的啓發。在傳承方面，羅爾斯跟著兩大思想家洛克（J. Lock）和盧梭（J. J. Rousseau）的想法，並在舊有契約的自然狀態（state of nature）中，提出原初立場概念。在他的原初立場假設中，個人需處於無知之幕中，不知道他們是誰？不知他們的地位？不知其是貧窮或是富有？更不知有沒有受到良好教育？在這樣的狀況下，他們並沒有正義的概念，但是他們卻擁有理解正義的能力（McGary, 1993），唯有在這種狀態下，所形塑的決定最能符合社會正義的需求。然而原初立場的概念也可能產生不正義的情形，因爲人際間原本就存在著不平等，若強行視其平等，則易流於假平等的陷阱而不自知。因此，羅爾斯的社會正義期待達到實質平等，而這種平等實際上需要以一種不平等爲前提，即對先天不利者和有利者，使用不同等尺度。換言之，爲求事實上的平等，形式上的平等要被打破；只有在可以使人們遠離最壞情況下，社會不平等現象才能被判定是正義的（林火旺，1998; 黃丘隆譯，1990; Kelly, 2001; Gamarnikow & Green, 2003; Rawls, 1971; Rawls, 1999）。因此，羅爾斯提出社會正義應遵循的兩大原則：

1. 每個人都有權利擁有最高度的自由，且大家擁有的自由在程度上是相等的。一個人所擁有的自由要與他人擁有同樣的自由能夠相容，此原則爲「最大均等自由原則」（The Greatest Equal Liberty Principle）。
2. 社會和經濟上的不平等，應滿足兩項條件：⑴人們可以合理的期待，這樣的不平等是對每一個人都有益處的；⑵依附在這種不平等情況下，各種地位和職務是向所有人開放的，此原則爲「公平機會平等原

則」（Equal Opportunity Principle）。

前者，爲最大均等自由原則，強調平等自由權的保障，保障每個人都有相同權利追求自己生命的解答；換言之，個人所擁有的最大基本自由權利是和其它人相等；後者，則是機會公正平等原則和差別原則的緒合，強調照顧社會和經濟上最差階級者的利益。因此社會和經濟上不平等制度的設計，需同時滿足兩個條件：首先是對每個人都有利，其次是每個人都有獲得各個職務和地位的機會。第一原則所處理的是公民的基本自由，是一種平等自由權原則，第二原則適用於設計不同權利和義務分配時的依據，務使正義的社會儘量做到「將自然及社會環境對人造成的不平等減到最低」（林火旺，1998；黃儒傑，2000）。在實際履行上，爲避免衝突，羅爾斯建議滿足第一原則優先於第二原則。

從上述對羅爾斯理論主張的描述中，可以看出其對正義兩大原則的重視，及對原初立場和無知之幕的獨到見解，爲社會正義下了一個明確的界定。以下將羅爾斯所主張的社會正義主要論點，分項說明如下：

一、社會正義的達成具階段性

羅爾斯主張社會正義並非是一開始就達到實質性平等，而是從形式上平等的享有和其他人相之基本自由權利開展；之後，在相等自由權的前提下，考慮讓所有人在不公平的對待中，可以得到實質性公平。因此社會正義的達成，是從形式公平開始做起，之後再努力達成實質性公平的目標。

二、社會正義的落實建基在公平理性的開展

羅爾斯認爲社會若想成爲具有正義的社會，必須先滿足：該社會的基本結構符合在原初立場下，經由無知之幕導衍出來的正義原則。藉由個人公正無私情操的發揮，提供每位參與者公平的發展機會，一切以達成社會實質性正義爲目標，進而建構符合社會正義的環境。因此，羅爾斯強調從社會基本結構開始建構社會正義，藉由社會基本結構的變更，以實踐社會

正義的眞諦。

三、社會正義的延伸强調實質性平等

社會正義並非只是提供所有人同等的機會，在提供機會過程中，也注重實質性平等的落實。其實，羅爾斯並不是嚴格平等主義者，其認爲在正義社會中，有些不平等狀態是可被接受的；而正義的分配需要具公平性分配，但是不平等則需要在公平的分配中呈現出來（McGary, 1993）。換言之，符合正義的社會，不是一種強調齊頭式平等的社會，而應該是「讓優勢者得以發展，弱勢者可以得到協助機會」的社會狀態。

肆、社會正義理論的萃取

綜合以上社會正義理論，作者以統整之理念繪製示意圖如圖4-1所示。本圖對社會正義理論萃取出三項意涵：

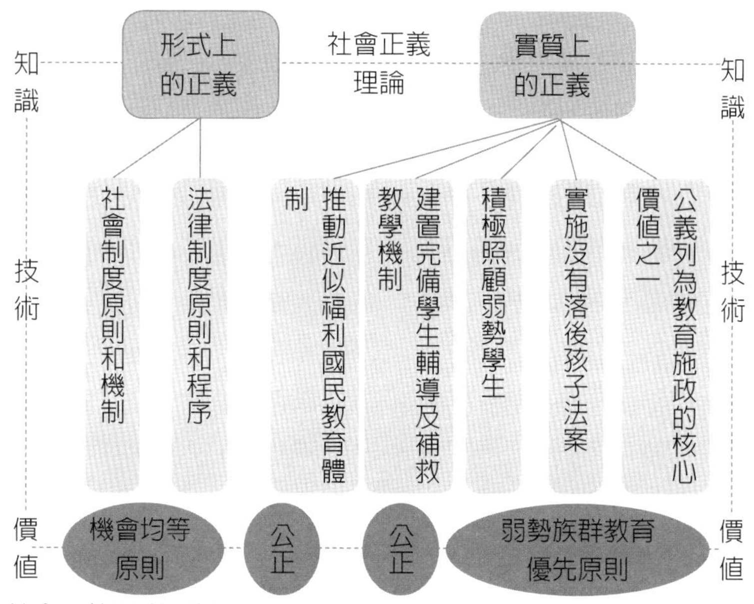

圖4-1　社會正義理論示意圖

資料來源：作者自行整理

第一，本圖以知識、技術、價値等脈絡闡明社會正義的精隨，社會正義理論知識方面，主要從形式上的正義至實質上的正義，技術方面則有七項，而其核心價値爲公正公平。

第二，社會正義理論的技術政策或具體做法，在形式正義方面，要推動法律制度原則和程序以及社會制度原則和機制；在實質正義方面，要推動公義教育政策、實施沒有落後孩子法案、積極照顧弱勢學生、建置完備學生輔導及補救教學機制和推動近似福利國民教育體制（鄭崇趁，2012）。

第三，社會正義理論的核心價値，在形式正義方面爲公正，強調機會均等原則，讓優勢者得以發展；在實質正義方面爲公平，強調弱勢族群教育優先原則，讓弱勢者得以補強達到眞性正義。

伍、對新住民及其子女教育政策的啓示

新住民及其子女教育方案在制定內容時，應符合社會正義的原則，從社會架構基本面談起，兼顧結果及過程正義。茲將社會正義理論對新住民及其子女教育政策的啓示，分述如下：

一、政策內容應兼顧平等原則和差異原則的落實

羅爾斯認爲社會正義應先落實平等原則，待平等原則落實後，再強調差異原則的實現，因爲社會正義第一原則所重視的是：每個人需要被視爲是平等的存在者，在平等對待之後，因社會環境、權力運作及經濟狀況不同，而產生可接受的差異性，但前提是所有的機會需要向所有人開放。目前國民教育普及，人人皆有相同入學機會情況下，「平等原則」已有初步的規模與落實，接著就是積極性的差別待遇。

若其眞爲教育弱勢群體，我們理應該制定合理的教育方案，發揮補償及滿足需求的功能，提供其機會均等的教育品質；正如民國87年6月17日總統公布實施之《原住民族教育法》，即是採補償性正義觀點，一方面保

存原住民文化，另一方面也給予原住民子弟較多資源（蘇永明，2010），在此相同立足點上，我們也應該給予這些新臺灣之子更多協助和發展空間，發揮補償性正義的精神，考量平等、需要、補償及貢獻多寡的標準，給予弱者適切且合理的資源協助。

因此在社會正義考量下，如果新住民子女確實處於弱勢，理應制定相關教育方案，給予適切協助；而在制定內容過程中，應努力落實羅爾斯提出的兩項原則：平等自由權的保障、及機會的公正平等原則和差別原則的結合。在平等自由權的保障方面，目前國內國中小入學率幾乎已達百分之百的情況下，所有學童的受教權皆已受到保障，進一步我們應該要做的是：如何在平等原則和差別原則間取得平衡點，讓眞正需要接受幫助的新住民子女可以得到所需要協助，眞正落實社會正義原則。

二、政策內容應兼顧形式與結構的改革層面

國家政策的制定，若只從表面進行改革，忽略社會結構的改變，終將是紙上談兵，無法眞正解決現實問題。正如羅爾斯在其著作中提到：「正義的主題是社會的基本結構，更精確地說，它所探討的是主要社會制度在分配權利與義務，以及決定社會合作利益的劃分方法」。從此範疇來看，舉凡政治制度、法律規章以及所得與財富分配，都是正義理論的探討內容（引自干學平、黃春興，1991）。實踐社會正義原本就是一種政治抗爭，涉及有限資源分佈的重分配，一定會挑戰既得利益團體，與鑲嵌在原有結構中的價值與政治權力，若不經抗爭，既得利益者絕不會自動放棄利益的（呂宗學，1998），因此在制定政策內容過程中，應融合社會架構、政治抗爭、法律規章、經濟狀況，以強化推動教育方案的動力，並成爲提升成果的催化劑。

針對新住民及其子女教育方案內容而言，應該將社會結構層面問題，例如：社會上不利於新住民子女家庭的社會價值觀、教育制度中不利其子女的課程安排等因素，皆列入考量及改革重點。對於社會經濟脈動的掌

握、社會架構的了解、政治生態的洞悉及相關法律規範的明瞭等因素，都是在制定政策之初，應該予以考量的重點，因爲惟有全面性的考量，才能制定眞正解決問題的政策。

三、政策內容應兼顧結果與過程正義的實踐

在上述對社會正義的描述中，羅爾斯提出「正義即公平」的論點，強調正義原則的內容是由一個公平程序所決定，而所謂公平程序，則是這個程序沒有對任何人特別有利或特別不利。Raw1s（1971）認爲，假如這些人是擁有相同的天賦和能力，並且擁有相同的意願去運用它們，不管他們在社會系統中所處的位置如何，也應該擁有相同的成功機會（McGary, 1993）。除了上述所強調的過程正義外，一個完善政策的提出也應兼顧結果正義，讓每個人的幸福都依賴一個社會合作體系，只有使最差階級都能因合作而獲利的制度，才能期待所有的人都能誠心合作，而不以違法手段破壞社會秩序和安寧（林火旺，2004）。

在制定新住民及其子女教育政策內容時，應注重這些學童在受教育過程的實質平等，如：針對學業表現不良的學生給予額外協助；對於家計有問題的學生給予實質的幫助等。在過程平等落實後，對於學童的學業成果也應給予同等的重視。雖然我們無法要求相等的產出，但政策內容應該是站在讓學生可以充分發揮潛能，朝向相同學業表現的立足點上，提供這些學童需要的協助。換言之，是一種不強求相同結果，但卻期待能力得以充分發揮的結果出現。

第五章
教育機會均等理論

聯合國教科文組織（UNESCO）對推動教育機會均等亦有重大的貢獻，1960年「反對歧視公約」，欲消除種族、婦女於教育上的受歧視狀態；1998年關注到高等教育對中下階層家庭可能造成之負擔；2003年「世界開放大學合作」欲縮小地區間差距、促進教育機會均等。當論及新住民及其子女教育方案時，其政策內容是否符合教育機會均等理念是受關注的重點。爲了對教育機會均等更爲了解，在此，將先介紹教育機會均等的意義，之後再論及該理論的發展、主要論點、理論萃取及主要教育內涵，最後則提出對教育方案的啓示。

壹、教育機會均等的意義

長久以來，教育機會均等理想爲各國努力達成的目標，歷年來有關教育機會均等的所究甚多，柯爾曼（Coleman）於1964年接受美國聯邦教育部委託進行的教育機會均等專題研究，對於社會資本影響教育機會均等有深入的探討，之後向國會提出的《柯爾曼報告》（The Coleman Report），確認家庭因素在學童教育過程中所具有的影響性，引起極大的迴響。Coleman在其研究指出，美國早期的教育機會均等發展包涵下列四大要素（Coleman, 1990; Marte1, 1980）：

1. 提供所有學童免費教育至某一水準，使受教者可以獲得基本謀生能力。
2. 不因學童社會背景不同，一律提供相同的課程。
3. 無論學童出身爲何，皆要進入同一類型學校。
4. 同一學區的學童，學校應提供均等的教育機會。

經濟合作與開發組織（OECD）於1965年提出教育機會均等的定義（轉引自黃昆輝，1978），對教育機會均等所究產生重大影響。該組織指出教育機會均等爲：

1. 能力相同的青年，不論其性別、種族，地區、社會階層，皆享有相同的機會，接受非強迫性教育。
2. 社會各階層成員對於非強迫性教育，皆有相等的參與比率。
3. 社會各階層的青年具有相等機會以獲取學術的能力。

林文達（1983）則以教育機會公平代表教育機會均等的意涵，其內涵爲：

1. 教育機會的分配，不能因爲後天因素（包括家庭、社會、政治、經濟及文化）影響而不均等。
2. 教育機會的分配，可因先天自然的差異，而有定量及相當的教育安排，以獲公正的結果。

楊瑩（1994）則提出教育均等有兩概念：1.每一個體應享受相同年限、共同性、強迫性的基本義務教育，不因個人家庭背景、性別或地區之差異有所不同；2.每一個體應享有符合其能力發展的教育，此教育非強迫性，但應含有適性發展的意義。陳奎熹（1991）將教育機會均等的定義界定爲「每一個人均有相等的機會接受教育，且在教育的過程中，應在同等的條件下接受適性教育」。

綜合上述專家學者的觀點後，在此爲教育機會均等下一個較明確的定義：

教育機會均等係指學生的受教機會不因先天因素而不均等，也不因後天因素而有所影響；在受教階段每個人都擁有相同機會接受教育，以激發個人潛能，並且破除齊頭式均等，對於弱勢學生，應給予積極性協助，而對於能力較優者，提供充分發展機會，以達到實質性均等之境地。

貳、教育機會均等的發展

希冀不受經濟水平、家庭環境、教育規模與性別等因素的影響，社會想盡一切辦法使每一個成員都能得到質量均等的教育條件。從國外教育機會均等觀的演變可以看出教育機會均等具有特徵：差異性、兼顧性。歐洲發展觀點較傾向差異性，教育機會的均等都不是「絕對平均」，而是以維護公平為目標，以保障權力為前提，針對有差異的個體施以必要的補償教育或施以與之相適應的差異教育。美國發展觀點較傾向兼顧性，不但扶持弱勢群體，促進階層之間的教育機會均等，同時制定鼓勵性卓越政策，促進不同質量之間的教育機會均等。

一、歐洲發展觀點

根據瑞典教育家托爾斯頓．胡森（Torsten Husen）的看法，教育機會均等的理論與觀點大致經歷三個階段變化（謝維和，2002）：

1. 第一次世界大戰前的起點均等論。
2. 二十世紀50至60年代的過程均等論。
3. 二十世紀60年代後期的結果均等論。

其實早在德國基督教神學家—馬丁．路德（Martin Luther）發表《為建立基督教學校致日耳曼所有市長及長老書》中，提出所有兒童應不分階級與性別，皆有接受相同教育的機會（蔡祈賢，1994），就已成為開啓教育機會均等之先鋒。其後，因時代改變，對於兒童社會地位認知的不同，造成對教育機會均等看法的歧異：以歐洲前工業時代為例，子女被視為是家庭附屬品，父母親從事什麼職業，子女未來也會從事相類似的職業（Coleman, 1990），對當時人們而言，這種運作模式就是一種均等及公平的展現。當此時期教育機會均等的重點，不在促進社會階層流動，反而是一種穩固社會階層的利器，教育機會均等對其而言是不具意義，也不符合第一次世界大戰前的起點均等論主張。

之後，英國Coleman（1990）將教育機會均等的發展分成四個階段：

第一階段是主張所有學生必須在相同學校接受同樣的教育，即是一種教育機會均等的表現。第二階段是主張不同的學童未來應該擁有不同的職業，所以均等的教育應該提供不同類型學生，不同的課程內涵。第三及第四階段所指的教育機會均等概念挑戰前二階段對教育機會均等的概念；第三階段可以追溯到1896年，美國最高法院贊成「分離但平等」的教育模式，此階段在1954年的布朗法案通過後正式宣告結束，而開始第四階段的教育機會均等主張。在第三、四階段中，Coleman從教育效果和投入兩方面進行教育機會均等的判斷，強調過程和結果均等的實踐，而非只是侷限在舊有的齊頭式平等議題上，已有長足的進步。英國教育機會均等之實踐，由早期公立小學免費義務教育（霍斯特法案）至1944年教育改革法將義務教育年限延長至中等教育，此等教育機會均等爲「入學機會」之均等，保障每個人得以接受最基本之教育。而後，1967年Plowden Report提出「教育優先區」（Education Priority Area）計畫，係承認教育過程中階級、種族、性別、地區等因素皆會對教育結果產生影響，並直接影響學生學習成就，故其「教育優先區」「EPA」之設置，係屬「積極性的差別待遇」，保障學生受教過程（黃天，2005）。

從Husen和Coleman兩人對教育機會均等發展的看法，實有相同的分類方式，從最初強調齊頭式平等的教育機會均等觀，轉而成爲強調過程平等的教育機會均等，最後則在反省齊頭式平等和過程平等存在的價值後，而有結果平等的提出。接著，再從不同國別對教育機會均等的實踐情況來看，早期，不管是英國、美國或是我國的教育機會均等理念，多是一種齊頭式平等的展現。時至今日，隨著對機會均等重視程度的提升，教育上的均等轉而代表相對性平等與公平，而非齊頭式的表面平等。如英國教育機會均等發展初期，重視學童進入公立小學接受免費基礎教育的均等，最後才發展到重視補償教育以促進教育機會均等，並重視教育過程及課程內容的設計與分析。

二、美國發展觀點

1950年代和1960年代，美國民權（Civil Rights）運動興起，紛紛要求廢除種族隔離教育（Segregated Education），應該採取融合教育（Integrated Education），讓黑人和白人同樣享有均等的教育機會。Coleman於1964年向國會提出的研究報告中指出，美國教育機會均等具備四項條件：一、要提供所有兒童免費教育至某一年齡水準；二、無論學童社會背景如何，都要爲他們提供共同的課程；三、無論兒童的出身爲何，皆進入同類學校；四、同一學區的教育機會絕對平等（Coleman, 1990; Martel, 1980）；顯示出美國早期對教育機會均等的看法，是侷限在「相同」與「相等」議題上，重視形式平等而忽略實質性平等；1966年《柯爾曼報告書》提出教育機會均等之理念，並有補償教育之實施。此外，家長教育選擇權、教育券之實施，亦爲重視教育機會均等之體現。

時至今日，美國對教育機會均等的主張，也開始注意到學生個殊性的存在，進而邁入重視輔導工作、重視學生性向與能力、積極實施補償教育的實質均等時期。其實自從1980年代起，教育的鐘擺從左邊擺向右邊，從強調教育機會均等轉而重視卓越議題；政府開始將注意力集中在學業標準的高成就水準上，這樣的改變可從1983年到1999年爲數不少的政策報告中窺探一、二（Lunenburg & Ornstein, 2000）。整體而言，美國教育機會均等的發展，是從齊頭式平等開始發展，到現在除了強調實質性均等外，卓越教育結果的達成，也是重要的努力目標。

三、我國發展觀點

我國方面，也是從早期提供所有學生均等的入學機會開展，接受同樣的教育內容，認爲這樣就是落實教育機會均等的精神，全面性推動的九年國民義務教育就是最好例證；時至今日，隨著教育機會均等概念的改變，政府也改弦易轍，重視補償教育的落實，推動各種教育補助方案，如：教育優先區的推動，以促進學生適性化發展，邁向實質性教育機會均等。現今除了強調實質性平等外，對於卓越教育議題的重視，也成爲教育論壇上的重要議題。

我國於1994年通過《教育優先區EPA實施要點》；1999年，教育基本法第四條規定：人民無分性別、年齡、能力、地域、族群、宗教、信仰、政治理想、社經地位及其他條件，接受教育之機會一律平等。可見教育機會均等是世界各國教育發展的重要趨勢。同年6月開放國民教育階段實行「在家自行教育」；同年8月，臺北市實施「幼兒教育券」補助措施；2001年設立人權教育委員會，並頒布《人權教育實施方案》；2004年修正《原住民族教育法》；同年發展《新移民文化計畫》；2008年，新北市首創新住民文教輔導科；2009年EPA教育優先區納入了新住民多元文化教育的內涵，如新住民家長與學生的教育輔導。以上長期之種種作爲，無不是在爲弱勢族群之受教權作努力。

從英國、美國及臺灣的教育機會均等發展模式來看，可以看出教育機會均等概念發展具有相同的模式，都是從齊頭式平等中開始成長，要求所有學生具有相同的機會進入學校接受教育，所以英國、美國及臺灣，都有公立性質學校的設計，可以讓弱勢族群學生也有接受教育的公平機會。在齊頭式平等發展一段時日後，因爲受到的批評日益增多，所以開始進展到第二階段：重視過程的均等。以美國爲例，開始主張均等的教育應該提供每一種類型學生，不同的課程內涵，強調受教過程的眞平等。然而過程的平等，卻讓學生的學業表現無法有進展，學生素質每況愈下，因此近年來美國開始重視結果的均等，期望能在起點及過程均等之後，可以達到結果的均等，即主張均等的教育應該是多元而卓越的教育，以提高學生學業等多方面的表現。

參、教育機會均等的主要論點

1973年，布里斯契托（Brischetto）和阿斯尼各（Arciniega）針對西南方學校系統中，教育機會不均等現象進行研究後指出：要達到教育機會均等，必須先達到三個目標（Pemberton, 1974）：

1. 達到教育資源的公平分配，杜絕財政上的不平等。
2. 達到各人種團體間利益和產出的平等。
3. 達到社會上，對各人種團體經濟地位的平等。

後來，學者對於教育機會均等的看法，除了重視入學機會的均等外，也擴展到重視學生個殊性發展，強調有差異性社會正義的實現。郭爲藩等（1986）在《教育機會均等理想的實踐》一文中，就將學生個殊性問題，列入教育機會均等考量之列，提出教育機會均等應重視四項重點：

1. 所有國民都接受相當年限免費而課程相同的義務教育。
2. 在基本教育階段，儘量促使不同地區的學校，在教育素質上水準一致；而在選擇性教育階段，應有公平競爭的入學機會。
3. 教育的實施要顧及學生的個別差異，對於特殊學生應因材施教，以發展潛能。
4. 教育機會均等強調教育機會的公平，是眞平等，而非教育數量形式上的相等，就高等教育而言，所強調的是教育機會的開放。

此種將學生個殊性及就學階段的不同性質，納入考慮的教育機會均等，主張不是每個學生都應給予相同教育資源的概念漸漸生根。在王家通主持的《教育機會均等狀況調查報告》中，不只重視學生入學機會均等，及教育資源公平的分配外，更將學生能力列入考量。該研究中指出教育機會均等應具有下列四項特質（王家通，1993）：

1. 提供就學年限、課程內容相同的教育，並確保其達到最低限度的學業成就及參與職業生活的基本知識。
2. 能力相同的青年，有相等的機會接受義務教育，不受能力以外任何因素之限制。
3. 非義務階段的教育，各階層的青年應有相等的比例參與的機會。
4. 地區間及同性質的學校間，教育資源的分配及師資、設備，應無明顯的差異。

茲歸納各專家學者之觀點後，提出教育機會均等的重要論點。茲分述如下：

一、社會層面方面

在社會層面裡，應積極推動各種補償措施，彌補受教者天生或後天所造成的不平等，以促進社會流動。讓弱勢者透過補償措施有機會在階層裡向上流動，通常是以教育、經濟、聲望作為主要區隔的因素。

二、經濟層面方面

在經濟層面，不可因受教者社會背景、階級不同，特別是貧富懸殊，影響教育機會及品質，並促其獲得生活基本能力。要克服貧富懸殊，先要建立公平公正的競爭環境，創造讓個人可以自由發展的機會。

三、學校制度方面

在學校制度上，應強化均等精神的學制架構，提供受教者入學機會均等及入學後所受待遇合宜。鄭崇趁（1991）認為：國民教育有免費性、基本性、全民性以及均等性等特質。因此，國民教育應提供受教者入學前後的均等性。

四、學童個人方面

在學童個人身上，應實踐受教者不因內外在因素影響，有權參與教育平等競爭。民主社會下所謂的平等競爭並不只是給孩子完全一樣量的教育，更是追求教育質的均等一提高教育的品質，保障每一個孩子的學習權益。

肆、教育機會均等理論的萃取

綜合以上教育機會均等理論，作者以統整之理念繪製示意圖如圖5-1

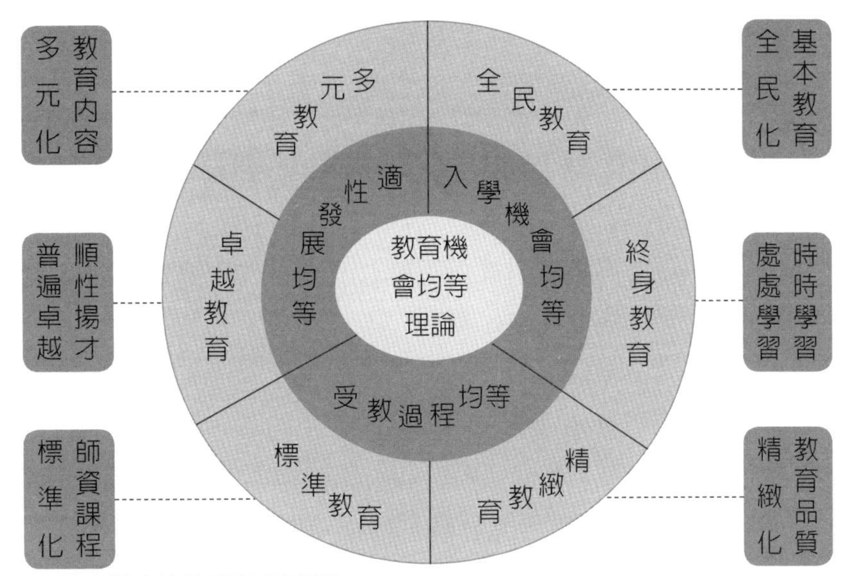

圖5-1　教育機會均等理論示意圖

資料來源：作者自行整理

所示。本圖對教育機會均等理論萃取出一些意涵：

第一，教育機會均等理論計有三個意涵六個重點，第一個意涵是入學機會均等，包含全民教育和終身教育；第二個意涵是受教過程均等，包含標準教育和精緻教育；第三個意涵是適性發展均等，包含多元教育和卓越教育。

第二，教育機會均等理論主要有六個操作型要項，第一個操作型要項爲讓基本教育全民化，第二個操作型要項爲促成時時學習處處學習，第三個操作型要項爲師資課程邁向標準化，第四個操作型要項爲教育品質邁向精緻化，第五個操作型要項爲讓教育內容多元化，第六個操作型要項爲順性揚才進而普遍卓越。

伍、對新住民及其子女教育方案的啓示

教育機會均等強調：所有學童應有均等機會接受合適教育的主張，及

對學童個別差異的重視，正可以作爲新住民及其子女教育政策內容制定時重要的指導方針。茲將該理論對政策的啓示，分析如下：

一、教育體制應減低外在因素對新住民子女教育不均等的影響

在臺灣教育資源的分配上最爲人關心的就是所謂教育機會均等，因爲社會條件的差異（家庭背景、族群、階級等）所形成的不平等是無法被接受的，因此必須消除人與人間，因社會條件所造成的不平等（林本炫，1996）。所以影響學童教育不均等的外在因素甚多，研究也證明，影響教育機會均等的因素涵蓋面甚廣，家庭社經背景、父母教育水平、語言、都市或鄉村、性別、種族、父親的職業、價值觀、政治權力等，都會影響到教育機會均等的實現（巫有鎰，2003；林清江，1997；謝維和，2002）。針對新住民子女而言，在教育政策內容的制定及執行上，應該將相關的外在因素皆考量其中，包括學生的家庭背景、性別、能力、族群、社經地位、社會大眾的價值觀、社會媒體的渲染等，藉由全面性的關注，促進問題的解決。總而言之，新住民及其子女的教育問題不單來自家庭因素，來自社會因素所造成的殺傷力，不亞於家庭因素所造成的弱勢。

二、教育方案應達成及其教育機會之起點、過程及結果均等

教育機會均等理論強調從入學機會均等，至受教過程均等再至適性發展均等，是故，在教育方案制定及執行上，應積極重視過程、結果、起點的均等，也應設法克服因社會、家庭等因素所造成的不均等。正如在教育基本法第四條規定：人民無分性別、年齡、能力、地域、族群、宗教信仰、政治理念、社經地位及其他條件，接受教育之機會一律平等。從上述教育機會均等的發展來看，教育機會從起點式均等，發展到過程均等，到最後講求結果的均等，不僅顯示出教育機會均等的時代性外，也可將教育

機會均等的意涵概分為起點取向、過程取向及結果取向三類（黃儒傑，2000），說明對及其教育所需重視的層面是屬於全面性考量的。

三、教育措施應對新住民子女教育有積極性作為而非消極性遵辦

教育機會均等的重要性，從消極而言，在於避免學生就學過程中受到不平等的待遇；積極而言，在於讓學生入學後的受教過程，享有同等教育機會，以開展其潛能。教育機會均等理論明確指出，學生具有同等的入學機會；入學之後，在接受教育過程中，也能得到公平及適性教育，使學生個人潛能得以有效發展，這是積極性的意念。目前世界各國對於教育機會均等的實踐，可謂不遺餘力，例如：普及學前幼兒教育機會、增加特殊教育學生就學機會、實施教育選擇權、提供多元學習環境、推動教育優先區工作等，這是積極性的作為。教育措施應對新住民及其子女教育有積極性作為，而非消極性遵辦提供補救教學機會。

第三篇

新住民及其子女教育政策與方案

「成就每一個孩子，適性揚才」是十二年國教的願景，當然亦成就每一個新住民子女，共築、共存、共榮，讓孩子站上世界舞臺，從母語傳承到國際移動，昂揚新住民二代競爭力。新住民及其子女教育政策與方案的推動，尤其是各階段的政策銜接工作，在學生輔導、課程教學、師資培育及家長協助方面，以期提升我國新住民及其子女學習成效，同時促進新住民及其子女教育優質化，對於昂揚新住民二代競爭力，可說是不遺餘力。本書將從新住民及其子女教育政策與方案詳述相關法規、主要方案以至於進行主要國家新住民及其子女教育政策與方案之國際比較。

第六章
相關法規

有鑑於新住民及其子女教育之重要性以及發展脈絡，經過詳細分析與評估，秉持著尊重多元文化的觀點，參照聯合國教科文組織通過之《世界多元文化宣言》以及中央相關教育方案之規範，政府當局已陸續推動多項活動，期能昂揚新住民二代競爭力。茲將民國92年以來我國新住民教育輔導重要施政沿革，教育部、內政部以及相關部會所做的努力逐次說明如下。

一、重要施政沿革

沿革是指事物變遷與變革的歷史過程，記載著施政的痕跡與成果。我國新住民及其子女教育方案其具體行動之策略，乃依循著既定方向、抓住重點、朝向目標、付出行動、回饋修正再出發的循環歷程，以下爲我國新住民及其子女教育與輔導政策方案的重要施政沿革，如表6-1所示：

表6-1　我國新住民及其子女教育與輔導重要施政沿革

年度	機關組織	政策方案	重要施政
92年起	內政部	《外籍與大陸配偶照顧輔導措施》。 註：12年後，已將本措施轉銜至新住民事務協調會報。	依生活適應輔導、醫療生育保健、保障就業權益、提昇教育文化、協助子女教養、人身安全保護、健全法令制度及落實觀念宣導等8大重點工作，由教育部、外交部等中央部會及各直轄市、縣（市）政府依業務權責積極辦理，並每半年召開檢討會議。

年度	機關組織	政策方案	重要施政
93年起	教育部	《建立外籍配偶終身學習體系中程計畫》	預期到97年底，要使教育優先區受補助學校師生滿意度達七成以上，所有大陸及外籍配偶子女接受課後照顧協助，大陸及外籍配偶接受教育協助的人數比率超過七成。
94年起	內政部	「外籍配偶照顧輔導基金」。10年後，更名為「新住民發展基金」。	為持續落實照顧新住民，本基金將依新住民家庭生命週期及來臺需求規劃辦理相關社會安全網絡服務與更適切之輔導及培力工作，進一步強化新移民體系以及推動整體照顧輔導服務。
96年起	內政部	外籍與大陸配偶生活適應輔導	為提升新住民在臺生活適應能力，補助各地方政府辦理相關「新住民生活適應輔導課程」，引導鼓勵新住民依在地化需求選習相關課程，並使其順利適應我國生活環境。
101年3月	教育部 內政部	全國新住民火炬計畫	期使多元文化教育從小紮根，培養一般學生對新住民家庭與國際多元文化之理解，以營造繁榮公義社會、建立永續幸福家園，並與全球國際接軌。
104年6月	行政院	新住民事務協調會報設置要點	為因應婚姻移入人口發展需求，建構友善多元文化社會，並以跨部會模式加強為新住民服務，統整各項資源運用，以厚植國家人力資本優勢，布局國際接軌。
104年8月	行政院	《新住民事務協調會報》第一次會議	由行政院毛治國院長親自主持。截至目前為止，已召開四次會議。
105年起	中央 相關部會	展新計畫—全方位新住民培力展能方案	將各部會相涉之展能項目彙整區分為語文拓能、一代就業、二代增能、多元服務及關懷協助等五大區塊，讓新住民家庭展現文化優勢，增加自信，為國家發展注入新力量。

資料來源：作者自行整理

(一)教育部教育與輔導計畫

教育部規劃的外籍配偶的終身教育分二階段進行，民國97年以前，以學習語言文字及獲取生活基本知能、促進社會適應能力爲目標；民國98年以後，以持續獲取生活知能，強化社會適應，提升教育文化水準，納入終身教育體系，讓新住民完全融入臺灣社會生活體系爲目標。

由於臺灣經濟動向的改變，使得來臺灣跨國婚姻移民與日俱增，造成社會人口結構變遷快速。有鑒於此，教育部早在民國92年起則通令要求各縣市招生開辦成人基本教育識字班以因應逐年增加的外籍與大陸配偶，並針對外籍配偶積極的推行一系列的學習教育活動。

民國93年後臺灣地區則頒布了與外籍配偶相關的學習計畫——93年至97年的《建立外籍配偶終身學習體系中程計畫》。由教育部社教司負責外籍配偶識字教育，專案補助各縣市政府辦理外籍配偶識字班391班，研發完成《外籍配偶成人基本教育教材》及《中越語文教師手冊》，結合夜補校轉型，招收外籍與大陸配偶成爲有學籍學生。同時，國教司負責外籍配偶子女教育執行。

此外，爲協助新住民融入臺灣家庭與社會，並強化國人對新住民的同理認識，教育部持續規劃多元化的學習管道，提供新住民優質友善的學習環境，落實教育方案，鼓勵新住民及其家人就近參與社區內多元活動，共同參與學習。自民國95年起，陸續補助19個直轄市或縣（市）利用國中小空間設置29所新移民學習中心，除臺北市自行辦理2所新住民會館及2所新住民社區關懷據點外，其餘直轄市、縣（市）均有教育部補助或自籌經費設置的新住民學習中心或類似機構。

新住民學習中心規劃各項新住民教育輔導課程內容如下：

1. 家庭教育活動課程：辦理親職教育、子職教育、性別教育、婚姻教育及家庭資源與管理教育等活動課程。
2. 多元文化學習課程：規劃外籍配偶母國語言學習課程，提供社區民眾學習；利用母國文化節慶或本國文化節慶時機，搭配辦理相關文化交流或宣傳活動。

3. 技能輔導課程：依新住民需求規劃其生活技能所需學習課程。人文藝術特色活動：視當地的人文藝術特色彈性規劃各類活動。
4. 培力課程：規劃辦理新住民及本國籍志工的潛能激勵或培育課程等人力培育課程。
5. 政策宣導課程：如人權法治教育（如家庭暴力防治或保護扶助管道等）、生命教育（如建立積極人生觀或預防自殺等）、消費者保護、反毒教育等，並統合衛生單位依新住民家庭組成之生命週期，提供具文化適切性之健康資訊。

㈡內政部照顧輔導計畫

92年起，內政部訂定「外籍與大陸配偶照顧輔導措施」，依生活適應輔導、醫療生育保健、保障就業權益、提升教育文化、協助子女教養、人身安全保護、健全法令制度及落實觀念宣導等8大重點工作，協同教育部、外交部等中央部會及各直轄市、縣（市）政府依業務權責積極辦理，並定期（每半年）召開檢討會議，追蹤管理相機關辦理情形。民國105年，因應行政院成立新住民事務協調會報，本措施已轉銜至該協調會報。

94年起，內政部成立「外籍配偶照顧輔導基金」，分10年籌措30億元，以附屬單位基金之方式設立於內政部，來進一步強化新移民體系、推動整體照顧輔導服務；10年後，於行政院新住民事務協調會報第一次會議決議，更名為「新住民發展基金」。為持續落實照顧新住民，本基金依新住民家庭生命週期及來臺需求，補助辦理「新住民社會安全網絡服務計畫」、「新住民家庭學習成長及子女托育、多元文化推廣及相關宣導計畫」、「家庭服務中心計畫」及「新住民創新服務、人才培力及活化產業社區計畫」等。94年至105年12年間，總經費投入高達新臺幣33.6億元。

分別補助中央政府234案1,604,677,368元、地方政府1,199案1,346,816,310元及民間團體1,808案412,222,971元。新住民發展基金每年補助中央政府、地方政府及民間團體，大約在新臺幣1億元至5億元之間。基金運作情形，如表6-2所示：

表6-2　我國新住民發展基金運作情形統計

	中央政府		地方政府		民間團體	
	案數	執行經費	案數	執行經費	案數	執行經費
總計	234	1,604,677,368	1,199	1,346,816,310	1,808	412,222,971
94年	7	44,672,107	45	57,471,157	39	18,079,950
95年	17	152,979,029	73	132,280,578	37	13,408,350
96年	17	172,139,854	48	44,392,350	53	26,202,359
97年	22	50,656,957	99	167,359,896	72	21,750,727
98年	20	58,457,314	98	111,507,140	76	16,517,210
99年	19	44,336,104	130	122,372,899	213	56,969,386
100年	15	46,847,798	101	116,567,459	226	45,384,480
101年	23	255,289,708	152	127,136,844	281	42,652,855
102年	32	270,567,050	138	122,496,337	343	63,994,247
103年	22	249,009,746	112	113,041,094	261	60,211,924
104年	19	110,655,780	94	109,091,128	155	27,500,315
105年	21	149,065,921	109	123,099,428	52	19,551,168

資料來源：內政部移民署（2017）。《新住民發展基金》。2017年1月2日下載自http://www.immigration.gov.tw/np.asp?ctNode=31514&mp=1

96年至104年，內政部移民署於22個直轄市及縣（市）成立服務站，積極推動新住民輔導工作。除從事第一線移民輔導業務外，爲提升新住民在臺生活適應能力，內政部爰編列公務預算，補助各地方政府結合公、私部門資源，辦理相關「新住民生活適應輔導課程」，引導鼓勵各地方政府依在地化需求開辦相關課程，建構連續完善之服務資源網絡，共創尊重多元文化之社會。茲以104年度辦理外籍與大陸配偶生活適應輔導計畫爲例，如表6-3所示，其教育輔導績效如下：

表6-3　104年度內政部移民署補助地方政府辦理外籍與大陸配偶生活適應輔導實施計畫成果統計表

班別 縣市	生活適應輔導班			種子研習營			推廣多元文化活動			生活適應宣導			其他專案		
	班次	人數		班次	人數		班次	人數		班次	人數		班次	人數	
		男	女		男	女		男	女		男	女		男	女
合計	115	4,302	10,721	1	0	38	9	658	2005	37	232	752	3	0	107
臺北市	6	7	167	0	0	0	4	58	63	0	0	0	0	0	0
新北市	10	0	261	0	0	0	0	0	0	0	0	0	0	0	0
桃園市	6	703	2,861	0	0	0	0	0	0	0	0	0	0	0	0
臺中市	10	59	177	0	0	0	0	0	0	0	0	0	0	0	0
臺南市	22	14	421	0	0	0	0	0	0	37	232	752	0	0	0
高雄市	7	0	170	0	0	0	0	0	0	0	0	0	0	0	0
其他縣市	54	3519	6664	1	0	38	5	600	1942	0	0	0	3	0	107

資料來源：內政部移民署（2015）。《104年度補助地方政府辦理外籍配偶生活適應輔導成果報告》。2017年1月2日下載自http://www.immigration.gov.tw/lp.asp?ctNode=31540&CtUnit=17111&BaseDSD=7&mp=1

㈢其他相關部會施政成果

有朋自遠方來，透過政府及民間團體攜手給予新住民朋友的協助與照顧服務措施，每半年召開跨部會檢討會議，滾動式修正相關執行內容。相關部會的戮力付出實功不可沒，包括：教育部、內政部、外交部、法務部、交通部、衛福部、文化部、勞動部、陸委會、退輔會、通傳會及地方政府等12個部會或單位。以下針對行政院第3487次會議，莫天虎（2016）所做的《新住民施政成果及展望》專案報告摘述，如表6-4所示。

表6-4　2016新住民施政成果專案報告摘述

照顧輔導措施	教育輔導成果	相關主管機關
一、生活適應輔導	補助課程458萬元、專線電話諮詢服務2萬4,155件、通譯人才資料庫1,660名，提供18種語言，10種服務、陸配關懷專線服務1,883件、設置36個外配家庭服務中心、外配入國前輔導2千人、輔導機車考照673人參加，通過考試451人。	內政部 外交部 交通部 衛福部 陸委會
二、醫療生育保健	補助產前遺傳診斷919人計439萬元、推動生育健康照護管理計畫，建卡率達96%。	衛福部
三、保障就業權益	求職登記5,337人，就業諮詢286人，推介就業2,867人、676人參加職訓，補助424人職訓生活津貼。	勞動部
四、提升教育文化	補助成人基本教育班463班、103學年度就讀國小補校5,920人，就讀國中補校1,273人、補助辦理家庭教育活動4,762人參加。	教育部
五、協助子女教養	新生兒先天性代謝異常疾病篩檢5萬9,284人（異常100案）、補助發展遲緩兒童1,119萬2,864元，1,887人次受惠、補助子女教育輔導計畫182件申請，計2,562人次受益、補助弱勢家庭照顧服務51方案，服務549戶，服務人數762人。	教育部 衛福部
六、人身安全保護	保護安置等整合性服務3萬人次，補助金額884萬元、協助受暴外配陸配居停留延期5件、加強人身安全預防宣導平面刊登15則，書籍廣告600檔次。	內政部 衛福部
七、健全法令制度	許可跨國婚姻媒合之社團法人42家、陸配外配權益保障相關修法（如刪除保證書、財力證明）。	內政部 陸委會
八、落實觀念宣導	補助新移民中心辦理家庭教育等活動計3萬8千多人參與、辦理移民節等多元文化活動、設置新住民培力發展資訊網。	各部會 地方政府

資料來源：整理自莫天虎（2016）。《新住民施政成果及展望》。2017年1月2日下載自https://www.slideshare.net/OpenMic1/20160218

綜上所述，早期政府規劃的方案，主要在新住民本身。直至101年3月，教育部和內政部自共同推動「全國新住民火炬計畫」，爲落實照護對象不再止於新住民，還將新住民子女納入規劃，是我國新住民教育輔導施政沿革中的重要方案。相關內容，請詳閱本篇第二章。

二、近期內相關法規

㈠十二年國民基本教育課程綱要總綱

原訂《十二年國民基本教育課程綱要總綱》，自107學年度，依照不同教育階段（國民小學、國民中學及高級中等學校一年級起）逐年實施，後修改爲自108學年度逐年實施，簡稱「108課綱」。108課綱的基本精神是倡導素養導向教學（Literacy-Oriented Teaching），突破原有的學科知識框架，讓學生發展出三面九項新能力，讓知識不再只是死的知識，而能轉化成解決實際問題的能力。

十二年國教課綱以核心素養爲主軸，以助於國小、國中及高級中等學校課程連貫發展，以及各領域/科目間整合發展，從課程、教學、學習到評量皆以核心素養爲導向。「核心素養」強調學習不宜以學科知識及技能爲限，而應關注學習與生活的結合，透過實踐力行而彰顯學習者的全人發展。

㈡十二年國民基本教育課程綱要國民中小學語文領域—新住民語文

爲尊重人權、多元文化及增進族群關係和諧，並保存與發展成爲族群文化的資產，十二年國民基本教育課程綱要總綱將新住民語文增列爲國小必修課程，國中選修課程，高中校訂課程，依照不同教育階段逐年實施。教育部於107年3月2日以臺教授國部字第1070015449B號令訂定發布《十二年國民基本教育課程綱要國民中小學語文領域——新住民語文》，成爲本文主要論述與踐行之依據。

新住民語文課綱之規劃上，其學習重點包含學習表現、學習內容兩大部分。第一部分學習表現包含「學習態度」、「語言能力」、「跨文化行動力」三面向；第二部分新住民語文教材之學習內容包含「語言要素」、「文化要素」二面向。有關語言要素包含：字母與語音、詞彙、語句等，依照學生的語文程度，將學習表現與學習內容所構成的學習重點，劃分成一級（1～4冊）、二級（5～8冊）、三級（9～12冊）、四級（13～18冊）等四個學習階段，可提供學生在不同的基礎上接續學習。和語言要素等同重要的文化要素包含：互動中的語言規範、互動中的非語言規範、國情概況、文化差異等。

㈢國民中小學開設新住民語文選修課程應注意事項

數月後，國教署於107年6月27日臺教國署原字第1070064973B號令訂定《國民中小學開設新住民語文選修課程應注意事項》，爲確保學生選習新住民語文權益，學校開設新住民語文課程，應充分尊重學生及家長選擇權，並將開設情形通知學生家長。國民小學學生選習之新住民語文類別，學校均應開班，保障學生選習權益。但因師資延聘確有困難而無法依需求開課者，得開設遠距直播課程。

學校應於每年五月三十一日前，辦理國民小學一年級至五年級及國民中學七年級至八年級在學學生次學年度選習新住民語文類別之調查，並於新生報到時，辦理新生之調查，作爲開設新住民語文選修課程之依據。國民小學應依調查結果，每週開設新住民語文課程，計入語文領域時間內，於第一節至第七節正式課程時間實施；學校開設新住民語文課程，其排課或師資延聘有困難者，得專案報各該主管機關同意後，於第一節至第七節正式課程以外之時間實施。學校得視新住民語文課程選習學生數及學生學習程度，以班群或混齡方式，不受班級或年級限制，且以同年段實施爲原則。

㈣教育部國民及學前教育署補助辦理新住民子女教育要點

爲健全新住民子女教育學習環境，支持新住民子女多元展能，特訂定本要點。本要點經費補助十四個項目包括：1.營造學校多元文化環境之設備或設施。2.實施新住民子女華語補救課程。3.辦理教師新住民多元文化研習。4.辦理新住民多元文化或國際日活動或拍攝多元文化教育議題微電影。5.編印、購置或研發多元文化教材或其他教學材料。6.實施諮詢輔導方案。7.辦理教學支援人員增能培訓及相關專業成長。8.辦理親職教育研習。9.辦理新住民語文樂學活動（含親子共學）。10.推動新住民語文課程。11.補助新住民子女教育行政人力。12.補助新住民語文教學（育）輔導團籌備及團務。13.辦理新住民子女職業技能精進訓練。14.補助辦理新住民語文活動。

本要點之計畫書內容，應包括下列事項：1.計畫理念及目標。2.新住民子女學生教育現況分析。3.計畫內容及執行策略。4.經費運用及自我管理機制。5.預期效益。6.其他指定之事項。其經費補助應依計畫之內容、目的，及補助之必要性、合理性、可行性及效益性，進行審查。

㈤新住民子女教育發展五年中程計畫（105年至109年）

本中程計畫將分爲5年期程，由教育部和各級主管教育機關分層負責，致力於高級中等以下教育階段新住民子女教育各項方案之推動，尤其是各階段的政策銜接工作，在學校行政、學生輔導、課程教學、師資培育及家長協助方面，採逐步推動之方式，期提升我國新住民子女學習成效，促進新住民子女教育優質化。務期新住民子女接受多元、前瞻與適性之教育與輔導，落實國家人才培育及適性發展之教育政策。本中程計畫之研擬參與與執行配合，作者付出著墨甚多。

爲落實新住民子女教育發展政策，達成主要政策目標，並善用新住民子女所擁有具有之多元文化本質的優勢，建立創新創意的積極思維，本中程計畫研擬五項對應的政策目標、實施策略及十個項目。其政策目標包括：強化專責服務支援系統，落實整合行政架構目標；提升新住民子女學習力，落實啓發特殊潛能目標；建構友善校園學習環境，落實學生自我肯定目標；精進師資、課程與教學，落實提升教學成效目標；接軌國際移動力世界觀，落實人才精進培育目標。其對應的實施策略包括：策略一：健全新住民子女教育法規制度，建構支持系統（行政支持力）；策略二：提升新住民子女學習能力，啓發特殊潛能（提升學習力）；策略三：建構友善校園環境，協助學生肯定自我價值（發展適應力）；策略四：規劃新住民語文師資培訓，深入多元文化課程（強化教學力）；策略五：落實新住民子女多元學習，接軌國際移動力（國際移動力）。其涵蓋的實施項目包括：

1. 建構新住民子女教育組織系統。
2. 完備新住民子女教育行政運作。
3. 提升新住民子女學習成效。
4. 提供新住民子女多元展能。
5. 推展多元文化教育。
6. 協助新住子女文化認同及強化親職教育。
7. 培育新住民語文師資及專業人力。
8. 規劃及實施新住民子女語文課程。
9. 推動國際交流活動。
10. 拓展跨國文化及職場體驗。

第七章 主要方案

新住民來到臺灣，由於文化的差異等許多因素使得她們在適應環境時感到困難，若又有了下一代且產生教育與養育子女的困難時，家人未即時伸出援手，學校及教師未重視這群弱勢學生，政府未制定相關政策來協助他們，那麼這些新住民子女未來將產生許多問題。本節將從政策制定源頭，帶動學校及家庭甚至社會，爲解決新住民及其子女教育問題或滿足其對教育事務的需求，透過「教育機制」、「課程教學」、「師資培育」、「輔導措施」及「國際交流」等五大介面的核心事務全面性開展。以下將從政府主要教育方案內容談起，並論及年度重要計畫後，再探討政府重要教育施政成果，最後統整歸納分析之。

一、主要教育方案內容

近年來教育權力下放，但重要政策規劃仍屬中央教育部權責，加上新住民子女教育方案與活動的規劃，需要有統一性的策劃及經費補助，因此教育部針對新住民子女教育這一領域，有許多重要計畫提出，並委託縣市教育局或學校代爲辦理；因此在中央定下大範圍，地方及學校執行的模式下，進行外籍配偶子女教育問題的解決行動。茲將臚列《教育優先區計畫》、《新住民子女教育輔導計畫》、《全國新住民火炬計畫》（展新計畫）及《新住民子女教育發展五年中程計畫》等四項重要計畫說明如下：

㈠教育優先區計畫

《教育優先區計畫》是以教育機會均等及社會正義原則之理想爲宗旨。教育部於民國83年度補助臺灣省教育廳試辦教育優先區計畫經費八億元，由於辦理績效良好，教育部自85年度起開始審慎規劃擴大辦理，並逐年檢討，依據實際狀況及需要，修訂指標及補助項目。本計畫對文化不利的地區採取「積極性差別待遇」，希冀縮短城鄉之間的差距以及提高教育品質，促使教育機會均等與實踐社會正義的理想。

其補助項目共計6項如下：1.推展親職教育活動；2.補助學校發展教育特色；3.充實學校基本教學設備；4.發展原住民教育文化特色及充實設備器材；5.補助交通不便地區學校交通車；6.整修學校社區化活動場所。新住民子女的教育輔助於92年起，納入教育優先區計畫，將「外籍配偶子女」納入指標界定範圍內；93年度，再將「大陸配偶子女」列入指標中。即指標一——1.低收入戶、隔代教養、單（依）親家庭、親子年齡差距過大、新住民子女等之學生合計人數，占全校學生總數20%以上之學校；以及指標二——2.低收入戶、隔代教養、單（依）親家庭、親子年齡差距過大、新住民子女等學生人數合計達60人以上之學校。其新住民及其子女教育方案分析，如表7-1所示。

表7-1　教育優先區計畫之新住民及其子女教育方案分析

實施要項	教育機制	課程教學	師資培育	輔導措施	國際交流
1. 推展親職教育活動	○			○	
2. 補助學校發展教育特色					
3. 充實學校基本教學設備					
4. 補助交通不便地區學校交通車					
5. 整修學校社區化活動場所	○				

資料來源：作者自行整理

㈡新住民子女教育輔導計畫

93年起，推動《教育部補助執行外籍及大陸配偶子女教育輔導計畫作業原則》，至106年，共修正9次；106年1月，名稱修正為《教育部國民及學前教育署補助新住民子女教育輔導計畫作業原則》。本計畫其目的在提升新住民子女自我認同、生活適應及學習適應能力；提供新住民親職教育課程，強化其教養子女能力；提供新住民及其子女多元化資源，共創豐富之國際文化，讓新住民子女認同並樂於學習及運用其父（母）之母語，形成其另一語言資產，同時孕育國家未來之競爭力。

教育部為持續關懷新住民子女的文化與生活，協助課業學習，建立友善教育環境及協助其面對族群認同問題，這項計畫93年推動至今，教育部鼓勵並持續補助各縣市政府執行，補助項目共計9項如下：1.實施諮詢輔導方案；2.辦理親職教育研習；3.舉辦多元文化或國際日活動；4.辦理教師多元文化研習；5.實施華語補救課程；6.編印或購買多元文化教材、手冊或其他教學材料；7.辦理全國性多元文化教育優良教案甄選；8.辦理母語傳承課程；9.辦理全國性多語多元文化繪本親子共讀心得感想甄選。此9項計畫內容經由本書「教育機制」、「課程教學」、「師資培育」、「輔導措施」及「國際交流」之交叉分析，如表7-2所示。

㈢全國新住民火炬計畫

為提供新住民及其子女關懷、服務與教育輔導，內政部與教育部自101年3月起共同推動「全國新住民火炬計畫」，由各直轄市、縣（市）政府擇轄內小學新住民子女學生人數超過100名或超過十分之一比例者，列為新住民重點學校，辦理新住民家庭關懷訪視、母語學習課程、多元文化幸福講座、輔導志工培訓、親子生活體驗營等工作。以「整合服務資源，落實關懷輔導；推動親職教育，穩健家庭功能；提供多元發展，建立支持網絡；推展多元文化，加強觀念宣導」為四大實施策略。

該計畫執行方式有四：1.成立推動委員會，委員會置成員23人，其中2人為共同召集人，由教育部部長及內政部部長兼任；2.成立直轄市、縣（市）政府執行督導小組，由內政部及教育部次長輪流主持；3.成立中央輔導團，輔導團置成員24人，團長由移民署署長擔任；4.成立區域諮詢小組：分區成立6個諮詢工作小組。

表7-2　教育部國民及學前教育署補助新住民子女教育輔導計畫作業原則之教育方案分析

實施要項	教育機制	課程教學	師資培育	輔導措施	國際交流
1. 實施諮詢輔導方案				◎	
2. 辦理親職教育研習	○			○	
3. 舉辦多元文化或國際日活動	◎			○	○
4. 辦理教師多元文化研習			◎		○
5. 實施華語補救課程		◎	○	○	
6. 編印多元文化教材、手冊		○	○		
7. 辦理多元文化教育優良教案甄選	○	○	○		
8. 辦理母語傳承課程		○			◎
9. 辦理全國性多語多元文化繪本親子共讀心得感想甄選	○				○

註：單圈表示關聯，雙圈表示強關聯。

資料來源：作者自行整理

本計畫結合了內政部、教育部、地方政府等共同推動以下21項重點工作要項：1.成立推動委員會、中央輔導團、區域諮詢小組；2.建構區域輔導及各類合作夥伴網絡；3.補助地方政府推動專案業務費用；4.辦理幸福火炬行動關懷列車——多元文化幸福生活講座；5.辦理新住民多元文化宣導及業務推廣；6.火炬計畫成果研討、表揚績優人員及機關學校；7.辦理新住民紀錄片及微電影甄選；8.辦理新住民及其子女培力與獎助學金；9.編製火炬計畫工作實錄；10.辦理新住民子女母語學習心得感想徵文競賽；11.辦理新住民及其子女築夢計畫甄選；12.辦理新住民及二代子女培力計畫；13.輔導活動；14.親職教育研習；15.多元文化或國際日；16.教師多元文化研習；17.華語補救教學；18.編印或購買多元文化教材、教學手冊及材料；19.母語傳承課程；20.多元文化教育優良教案甄選；21.教育方式研討會。此21項計畫內容經由本書「教育機制」、「課程教學」、「師資培育」、「輔導措施」及「國際交流」之交叉分析，如表7-3所示。

表7-3 全國新住民火炬計畫之教育方案分析

實施要項	教育機制	課程教學	師資培育	輔導措施	國際交流
1. 成立推動委員會、中央輔導團、區域諮詢小組	◎			○	
2. 建構區域輔導及合作夥伴網絡				○	
3. 補助地方政府推動專案業務費用	○				
4. 辦理幸福火炬行動關懷列車——多元文化幸福生活講座					○
5. 辦理新住民多元文化宣導					○
6. 火炬計畫成果研討、表揚	○		○		
7. 辦理新住民紀錄片及微電影甄選		○			
8. 辦理新住民及其子女培力與獎助學金	○			○	
9. 編製火炬計畫工作實錄	○				
10. 辦理新住民子女母語學習心得感想徵文競賽	○				
11. 辦理新住民及其子女築夢計畫甄選	○			○	
12. 辦理新住民及二代子女培力計畫				◎	○
13. 輔導活動				○	
14. 親職教育研習	○			○	
15. 多元文化或國際日					○
16. 教師多元文化研習			◎		
17. 華語補救教學			○		
18. 編印多元文化教材、教學及材料		○	○		
19. 母語傳承課程		○			◎
20. 多元文化教育優良教案甄選		◎	○		
21. 教育方式研討會			○		

資料來源：作者自行整理

計畫推動目標期使多元文化教育從小紮根，培養一般民眾對新住民家庭與國際多元文化之理解，以營造繁榮公義社會、建立永續幸福家園，並與全球國際接軌發展。才公布便引起廣大迴響，茲以全國新住民火炬計畫103學年度重點學校（2,036所）爲例，其103年8月至104年7月統計如下：

1. 火炬計畫參與校數共657所。
2. 火炬計畫策略聯盟參與校數計295所。
3. 火炬計畫各項目之實際參與總人次合計：新住民46,844人次；新住民子女95,811人次。
4. 火炬計畫關懷訪視總戶數18,346戶，計38,601人次。
5. 關懷問題類型：1610人次（其中家庭婚姻計286人次；家庭暴力計18人次；經濟問題計636人次；親子關係計205人次；就業問題計147人次；居留定居法令計28人次；其他計290人次）。
6. 關懷轉介單位：513人次（其中外配中心計39人次；家暴中心計8人次；就業服務中心計33人次；縣市政府相關單位計100人次；移民署服務站計18人次；其他計315人次）。
7. 火炬計畫總核定經費計119,154,915元，執行經費總計112,056,419元，執行率爲94.04 %。

㈣新住民子女教育發展五年中程計畫

隨著12年國民基本教育的實施，達成「成就每一個孩子」的核心教育願景，一個都不少，對於新住民及其子女的教育問題宜訂定積極的教育輔助政策。藉由政策的深入引導與積極推動，來達到成就每一個新住民子女成爲臺灣優質人才的目標。概觀新住民子女教育發展議題，本案所擬定之第一期程五年發展計畫著重於漸進式的強化行政支援、提升教學成效、精進人才培育、優化家庭功能，藉以提供良好的教育協助。

爲落實新住民及其子女教育發展政策的第一期程五年計畫，達成主要政策目標，並善用新住民子女所擁有具有之多元文化本質的優勢，開創我國經濟南向發展的潛力，以求得亮點的成果。本計畫研擬四項對應的實施策略及項目，包含：1.檢討及修訂新住民及其子女教育相關法規及經費補助原則；2.建立行政專責服務系統；3.建立行政成效評鑑機制；4.強化多元文化教育；5.培育新住民師資及專業人力；6.規劃課程設計與實施方式；7.推動多元文化教育及國際交流學習活動；8.資源整合國際技職體驗新亮點；9.推動新住民語文課程輔助學習機制；10.強化親師溝通及家長職能研習活動；11.鼓勵新住民家長參與學校各類社區學習及公益活動。其教育方案分析如表7-4所示：

表7-4　新住民及其子女教育發展五年中程計畫之教育方案分析

實施要項	教育機制	課程教學	師資培育	輔導措施	國際交流
1. 檢討及修訂新住民子女教育相關法規及經費補助原則	○				
2. 建立行政專責服務系統	○				
3. 建立行政成效評鑑機制	◎			○	
4. 強化多元文化教育			○		○
5. 培育新住民師資及專業人力			○		
6. 規劃課程設計與實施方式		○	◎		
7. 推動多元文化教育及國際交流學習活動				○	◎
8. 資源整合國際技職體驗新亮點		○		○	○
9. 推動新住民語文課程學習機制		◎			
10. 強化親師溝通及家長職能研習				◎	
11. 鼓勵新住民家長參與學校各類社區學習及公益活動				○	

資料來源：作者自行整理

二、主要教育施政成果

自2003年以來，新住民及其子女教育政策歷經數次變革，除前揭四項重要計畫，至2016年底之間共有10項政策，分別爲《教育優先區計畫》、《新住民子女教育輔導計畫》、《關懷弱勢弭平落差課業輔導計畫》、《外籍及大陸配偶子女家庭親職教育計畫》、《攜手計畫》、《國民中小學閱讀推動計畫》、《兒童課後照顧服務方案》、《火炬計畫》、《展新計畫》與《新住民子女教育發展五年中程計畫》等。經彙整相關教育政策後歸納出：新住民及其子女教育政策計畫與政策分析對照表，如下表7-5所示：

表7-5　新住民及其子女教育政策方案與政策分析對照表

起訖年度	政策方案	新住民及其子女教育方案分析
2003年～2017年	教育優先區計畫納入新住民及其子女教育	輔導措施
2004年～2017年	新住民子女教育輔導計畫	教育機制、輔導措施
2003年～2004年	關懷弱勢弭平落差課業輔導計畫	教育機制、師資培育
2005年～2006年	幼兒園外籍配偶子女教育輔導計畫	教育機制、輔導措施
2006年～2010年	攜手計畫	教育機制、輔導措施
2006年～2009年	國民中小學閱讀推動計畫	教育機制、國際交流
2006年～2008年	外籍配偶生活輔導、語言學習及子女課後照顧實施計畫	課程教學、輔導措施
2012年～2015年	全國新住民火炬計畫	課程教學、師資培育
2016年～2017年	展新計畫（＝延續火炬計畫）	輔導措施、國際交流
2016年～2017年	新住民子女教育發展五年中程計畫	教育機制、師資培育

資料來源：作者自行整理

三、小結

新住民因婚姻而移居他鄉，首當面對的是個人的生活適應問題：包括語言、文化、婚姻生活、子女教育與輔導問題、家庭生計與就業謀生等相關問題。新住民不僅改變了我國人口、社會結構，我國的教育體制也勢必爲了新臺灣之子而有所調整，在重視新住民在臺適應問題之餘，亦應同時關注新住民及其子女之教育方式及需求。

新住民及其子女之教育輔導政策方案方面，我國對於新住民生活適應照顧措施的全面性、持續性，由過去2003年公布相關措施及重點工作，訂有《外籍與大陸配偶照顧輔導措施》、《建立外籍配偶終身學習體系中程計畫》、「外籍配偶照顧輔導基金」、「外籍與大陸配偶生活適應輔導」、《全國新住民火炬計畫》，提供新住民更爲友善的照顧與輔導可以得知其脈絡。實施至今，於2015年爲建構友善多元文化社會，以跨部會模式加強爲新住民服務，成立了行政院層級的「新住民事務協調會報」；在10多年教育輔導措施主要理念不變的前提下，不斷深化具體措施內容，並藉由長期的培養、累積充沛的服務能量，這兩年再推出《展新計畫─全方位新住民培力展能方案》，政府各部會將相涉之展能項目彙整爲語文拓能、一代就業、二代增能、多元服務及關懷協助等五大區塊，預期讓新住民家庭展現文化優勢，增加自信，導入正面力量，爲國家現階段新南向政策發展注入新活水。

新住民及其子女之教育方案方面，爲積極落實對新住民及其子女教育之協助，教育部於2003年起補助各直轄市、縣（市）政府辦理多項新住民及其子女之教育輔導措施，包括持續至今的《教育優先區計畫》、《新住民子女教育輔導計畫》、《火炬計畫》、《展新計畫》與《新住民子女教育發展五年中程計畫》等亦顯見成效，使得新住民第二代能在計畫教育中成長，在成長中茁壯與發展。2017年，政府大力倡導新南向政策，推行了《新住民子女海外培力計畫》，以爲鼓勵新住民子女利用寒假回到（外）祖父母家進行家庭生活、文化交流體驗與語言學習，透過學習交流，培育多元文化人才的種子，以其多語及跨文化優勢接軌國際，拓展國家經貿發展，開拓新視野。

第八章
國際比較

透過國際間新住民及其子女教育政策之比較，有助於掌握各國教育現況以及我國之相對位置，呈現全球化進程中所需面對之挑戰，因此，本書乃以我鄰近國家及部分歐美已開發國家爲參照對象，分別擇取若干核心或具有時代意義之教育政策方案，勾勒新住民及其子女教育圖像，並列表簡要分析。新住民及其子女比較教育乃是以國際比較的方法來研究當代不同國家、不同文化、不同社會或不同地區的教育，以闡明或發現其間的共同性及差異性，並分析其原因，從而也可根據其研究結果做出某種程度的借鑑教育政策與實踐。茲歸結世界主要國家美國、加拿大、日本、韓國、新加坡等新住民及其子女教育政策方案，如表8-1所述。

綜上所述，美國與加拿大係屬移民國家，其移民在各該國家人口結構與社會文化中扮演關鍵性角色，故而訂有完整的新住民及其子女教育方案。至於日、韓、星的移民教育政策之所以不若美、加來得完整，原因在於日本係爲單一民族的國家，關於婚姻移民的教育輔導，政府扮演推動第三部門的角色。韓國亦爲單一民族的國家，不過，面對急遽增加的跨國婚姻移民，中央與地方政府正開始展開相關的教育輔導措施；性別平等與家庭部從性別的觀點著手協助婚姻移民，地方政府則著重於協助婚姻移民的語言文化與家庭生活適應。新加坡是東南亞諸國中經濟富庶的國家，也是個多民族的國家，新加坡政府堅持執行雙語政策，每一個學生都應該學習英語和自己的母語。以下再就我國和各國新住民及其子女教育方案背景和理念、移民管轄單位、政府與民間團體提供移民服務等三方面進一步比較說明如下：

表8-1 美國、加拿大、日本、韓國、新加坡等國家新住民及其子女教育政策

	教育機制	課程教學	輔導措施	師資培育	國際交流
美國	1. 緊急移民教育法 2. 將每個學童帶上來法 3. 設置外來移民子女專門學校 4. 社會福利團體協助	1. 雙語教育法 2. 雙語/ESL方案 3. 使用說母語的傳播服務 4. 編製適宜教材適應不同語言學生	1. 夜間學校補助方案 2. 根據學生教育背景和潛力來安置 3. 加強父母參與程度 4. 關注補償教育模式	1. 教師能力的提升 2. 辦理職前與在職訓練	1. 發展具文化敏感性的服務方案 2. 尊重多元族群文化
加拿大	1. 移民安置和適應計畫 2. 民族文化教育 3. 組成教育機會均等聯盟 4. 成立新移民協會	1. 新移民語言中心落實教學計畫 2. 族語教學數十種 3. 推動第二外國語方案 4. 設置學校的補救教育資源 5. 教導憲法公民權	1. 社會網絡措施 2. 設立學區接待與安置中心 3. 推展成長輔導活動 4. 建立安置組織網站 5. 加強父母本身和教養能力	1. 設置教育安置員 2. 學校教師建立「朋友制度」 3. 規劃專業教師 4. 編制專屬教育行政人員	1. 接待員實施方案推行地主之誼 2. 編制多元文化聯絡員 3. 落實國際語言方案
日本	1. 教育支援體系調查 2. 家庭、學校和社區存在著各種世界民族和文化	1. 日語教學指導 2. 課程教材研發 3. 課程實踐支援調查	1. 人力資源開發 2. 語言文化送到家	1. 日語指導員教師編制 2. 教師進修研習 3. 理解母語指導	1. 制定多文化共生政策 2. 國際理解與國際化發展調查 3. 加速推動國際交流
韓國	1. 落實語言與就業能力評估 2. 建置明日學習卡系統 3. 訂定新移民婦女支持計畫	1. 設置免費的語言課程 2. 開設語言與傳統文化學習課程	1. 女性人力資源發展中心 2. 實施精實新住民輔導措施	1. 教師充分了解語言與文化之間的連結 2. 教師的文化敏感度	1. 外國人就業法 2. 多元文化家庭支援法
新加坡	1. 一律以英語為第一語言，母語為第二語言 2. 族群特質是人的基本特質 3. 新加坡民族主義	1. 普通雙語課程 2. 延長雙語課程 3. 多元文化價值融入公民與道德教育課程	1. 生活適應輔導 2. 家庭輔導為社會基石 3. 社團輔導社群文化共好 4. 新加坡共同體的想像	1. 教師重視良善的道德行為與教育	1. 各民族專家代表組成教科書委員會 2. 各民族皆採母國教育制度 3. 文化接觸理解

資料來源：作者自行整理

壹、新住民及其子女教育方案背景和理念之比較

我國和美國、加拿大、日本、韓國、新加坡新住民及其子女教育方案背景和理念之比較如表8-2。就新住民教育方案背景而言，我國與美國、加拿大和新加坡均爲多種族、語言與宗教的國家，日本與韓國則爲單一民族的國家，但我國與日、韓、星等國理念相近。就新住民及其子女教育方案理念而言，美國明白的將移民教育定位爲國家整體發展的一部分，認爲移民的教育關乎國家的福祉與競爭力。加拿大可說是多元文化主義第一個真正落實的國家，其理念關鍵重視婚姻移民多元文化與族群和諧措施。

表8-2　我國與其他五國新住民及其子女教育方案背景和理念之比較

	教育方案背景	教育方案理念	其他方面
中華民國	婚姻移民、積極推動新住民及其子女教育	多元開放、尊重人權及吸引優秀人才	與日、韓、星等國理念相近
美國	多種族、語言與宗教的國家、從廣納移民、配額管制、移民法奠基至限縮移民	強調國際競爭力 發展具文化敏感性的服務方案	大熔爐國家 尊重多元族群文化
加拿大	多種族、語言與宗教的國家、採開放政策，為著名的移民接納國	多元文化主義 民族文化教育	多元文化國家 編制多元文化聯絡員
日本	單一民族的國家採鎖國政策，非移民型國家	家庭、學校和社區存在著各種世界民族和文化	與我國國情較相近 制定多文化共生政策
韓國	從單一民族和純血統的時代，邁入多文化時代	跨國婚姻急遽增加 多元文化家庭支援法	與我國國情較相近 訂定新移民婦女支持計畫
新加坡	多種族、語言與宗教的國家、採國家認同政策，海島型及移民型國家	族群融合與多元文化政策	與我國國情較相近 文化接觸理解

資料來源：作者自行整理

貳、移民管轄單位之比較

我國和美國、加拿大、日本、韓國、新加坡新住民及其子女教育方案移民管轄單位之比較如表8-3。移民管轄單位事涉國境第一窗口，大致辦理為外來人口管理、防制人口販運、移民照顧輔導、兩岸交流往來、國際交流合作、移民人權保障及移民政策推動等業務。各國均有移民管轄的專責單位，我國係由內政部所屬的移民署負責；美國因強調移民的公民資格取得與權益，因此由公民及移民局、移民及海關執法局兩個單位負責；加拿大為促進多元文化主義由公民權暨移民部負責；日本、韓國、新加坡等

表8-3　我國與其他五國新住民及其子女教育方案移民管轄單位之比較

	管轄單位	主要任務	其他方面
中華民國	內政部移民署	外來人口管理、防制人口販運、移民照顧輔導、兩岸交流往來、國際交流合作、移民人權保障及移民政策推動等業務	2015年改制，歷經五度變革
美國	公民及移民局 移民及海關執法局	負責移民行政服務事宜 負責移民相關執法事宜	隸屬於美國國土安全部
加拿大	公民權暨移民部	專責處理移民公民權及移民經濟方面相關事務	1994年成立
日本	入國管理局（法務部）	制定移民管制之基本計畫、外國人入出國管理及統計、難民認定及遣返等事宜	該網站有日、英、中、韓、葡、西班牙六語翻譯
韓國	出入國管理事務所（法務部）	系統地執行外國人的政策、幫助建立多元文化社會、並執行外國人融入韓國社會的政策	2007年成立
新加坡	移民及登錄局（法務部）	公民、永久住民、及訪客之服務	1998年成立

資料來源：作者自行整理

三國的移民管轄單位則隸屬於法務部所屬之入國管理局、出入國管理事務所與移民及登錄局負責，此與內政部、國土安全部有所差異。

參、政府和民間團體提供新住民的服務之比較

我國和美國、加拿大、日本、韓國、新加坡新住民教育方案政府和民間團體提供新住民的服務之比較如表8-4，各國政府和民間團體提供的移

表8-4　我國與其他五國新住民及其子女教育方案政府和民間團體提供移民服務之比較

	政府或民間團體	服務內容	其他方面
中華民國	政府主導 社會福利團體協助	提供語文、家庭經營、親職教育、技藝及終身學習、課後之照顧與學習	外籍配偶生活適應輔導實施計畫 外籍與大陸配偶照顧輔導措施
美國	政府與社會福利團體共同辦理	提供補助金方式、間接透過民間團體進行就業、語言訓練、法律諮詢等輔導	設置外來移民子女專門學校 專業發展與研究中心
加拿大	政府主導	移民安置與適應計畫、義工協助計畫、語言輔導計畫	設置學校的補救教育資源 設立學區接待與安置中心
日本	公私協力共同推動	內外部國際化的接軌、直接服務與倡議的並重、民間團體網絡化、志工多元化	人力資源開發 語言文化送到家 日語指導員教師編制
韓國	以女性非營利組織為主要之施行機構	實施精實新住民輔導措施	落實語言與就業能力評估 建置明日學習卡系統
新加坡	由民間團體提供	申請輔導、生活輔導、社團輔導	家庭輔導為社會基石 社團輔導社群文化共好

資料來源：作者自行整理

民服務項目非常多元，我國針對一般國人提供多元文化交流與教育成果展示活動，針對新住民提供語文、家庭經營、技藝及終身學習等活動，針對新住民家庭提供家庭教育學習活動，針對新住民子女提供課後之照顧與學習。美國在輔助措施的設計上，設有全國性專業發展與研究中心，且都能結合各種民間團體或志願性組織共同辦理。加拿大政府爲協助新住民及早適應新生活，特別由政府主導提供移民的服務，相較之下，日本、韓國與新加坡提供的服務則沒有如此完整，其中，日本民間團體承擔婚姻移民各種教育輔導工作；韓國政府主要協助移民婦女社會和文化的統整，以及協助婚姻移民的文化與家庭適應；新加坡則採取歡迎婚姻移民的政策，然政府僅在協助移民申請成爲新住民上做輔導，由民間團體提供生活輔導及社團輔導。

肆、綜合分析

綜合上述，各國新住民及其子女教育方案與實施情況，以下綜合論析其比較中呈現之啓示與可借鏡之處。

一、各國對族群和諧及多元文化政策提倡不遺餘力

各國政府在族群和諧及多元文化的提倡上，以法律保障、教育、語言、文化等爲主。美國、加拿大及韓國係以法律保障爲主要策略，透過法律來保障消除歧視，藉以確保多元文化之推動效果；日本以公私協力共同推動語言爲主要策略，語言文化送到家並有日語指導員教師編制；新加坡以教育爲主要策略，其多元文化策略乃在重視多元文化教育，其將文化認同融入國家認同之中，藉由多元文化教育來培養多元文化意識觀與國際觀。

二、社區與學校成爲新住民及其子女發展適應力的基地

各國著重策略雖略有不同，但大多數國家皆以社區或學校爲主要推

動多元文化之場域。如美國設置外來移民子女專門學校及夜間學校補助方案；加拿大、新加坡則藉由多元文化教育及課程來培養多元文化意識觀；日本家庭、學校和社區連線存在著各種世界民族和文化；韓國藉由教師充分了解語言與文化之間的連結，促進教師的文化敏感度；我國亦透過民間團體與社區舉辦的多元文化相關活動來鼓勵一般民眾參與，在新住民輔導措施方面，諸如辦理新住民家庭關懷訪視、新住民返國學習適應輔導、新住民家長親職教育、新住民識字班及生活適應班及新住民職能訓練等；在新住民子女輔導措施方面，辦理新住民子女輔導活動、新住民家庭及社區親子生活體驗營等。

三、輔導項目最多者為語言識字，其次為生活適應輔導

各國爲落實新住民教育服務以協助新住民能早日適應並融入當地生活，政府擬定多項新住民的實施策略，包括：辦理多元文化交流與教育成果發表、設置相關教育專題網站等，其中更以推動新住民語言識字及生活適應輔導爲首要之務。如美國訂定雙語教育法及編製適宜教材適應不同語言學生，加拿大訂定移民安置和適應計畫以及新移民語言中心落實教學計畫，日本特別編制日語指導員教師進行語言指導，韓國設置免費的語言課程實施語言與傳統文化學習，新加坡設置普通雙語課程並延長雙語學習及生活適應輔導等課程。

綜上所述，當前我國與美國、加拿大、日本、韓國、新加坡在新住民教育方案之背景和理念、移民管轄單位、政府與民間團體提供移民的服務上雖略有差異，但各國對族群和諧及多元文化政策提倡不遺餘力，社區與學校成爲新住民及其子女發展適應力的基地，輔導項目最多者爲語言識字，其次爲生活適應輔導，此三者能以提供教育行政機關及學校以及新住民及其家庭之參考。

第四篇

新住民及其子女語文教育之實踐——以新北市爲例

政策貴在現場實踐，實踐有賴政策引導。新住民相關政策已執行十數年，推行的方案也多元並陳。但如前一篇結論指出：無論國內外，各國為落實新住民教育服務以協助新住民能早日適應並融入當地生活，輔導項目最多者為語言識字。本篇要接續分析新住民及其子女語文教育的政策內容為主軸，並剖析其在學校實踐的相關議題。

各地方政府的新住民及其子女的語文教育措施，也許因當地需求，也許因發展考量，不盡相同，都值得稱許。國內最早投入發展新住民語文教育政策與學校教學的是新北市，為了落實政策的推動，不但成立國內首見的新住民文教輔導科，也成立了新住民語文輔導團，陸續舉辦了三級新住民語文師資培訓、十八冊新住民語文教材編輯、成立了新住民語文教育資源中心、共備社群公開授課，乃至於領航新住民語文教學前導學校之運作，以及多元文化繪本教學應用之研究，都是要讓新住民學生、家長感受到溫暖與尊重，也讓在地學生具備宏觀視野，深入了解東南亞國家各國不同的語言文化與風土民情，足堪稱為國內推動新住民及其子女語文教育的先驅。

所以，本章將以新北市為例，剖析新住民語文學習相關的論述與實踐，探究新住民子女語言學習相關的配套措施。

第九章
新住民語文輔導團

壹、緣起

爲建構「尊重多元、國際理解、教育學習、穩健發展」的幸福、美麗新北市，時任縣長周錫瑋及副縣長李鴻源的催生下，由教育局劉和然局長帶領教育夥伴研議籌設全國首創的新住民文教輔導統籌單位；爲考量完善的學習規劃與教育措施，是提升新移民生活品質與營造友善多元的國際化學習環境的首要基石，特透過教育局統籌辦理相關事務，於2008年5月1日正式設置「新住民文教輔導科」，更是對新住民照顧與輔導最具體的表現。而爲落實關懷照顧新住民及其子女，促進多元文化融合了解，建立溫馨關懷的社會，當時臺北縣政府亦特別編列785萬元，繼續推動並訂定「新住民火炬計畫」。同時運用策略聯盟方式，邀請其它區學校參與，延續火炬熱力，建立新住民政策的推動模式，讓更多的新住民及其子女獲得支持與關懷服務。

期使多元文化教育從小紮根，培養一般民眾對新住民家庭與國際多元文化之理解，以營造繁榮公義社會，建立永續幸福家園，並與全球國際接軌發展，新北市於升格前一年2010年正式成立「新住民文教輔導團」。接著，教育部與內政部自2012年共同推動《全國新住民火炬計畫》，提供新住民關懷、服務與教育輔導，至此，新北市火炬熱力擴散到達全國每一位新住民的身上。

貳、發展歷程與組織

新住民語文的課程於108學年度上路，使得學校在母語文課程實施上產生改變，新住民語文教師的教學知能面臨考驗，也使得地方教育輔導工作必須同步調整因應。輔導團具有教學輔導、訪視輔導、研習進修等功能，期能因應幫助新課綱新住民語文教師的教學。新北市於2010年正式成立「新住民文教輔導團」。

新北市新住民文教輔導團成立即以大規格、全面向進行組織規劃，欲將新住民教育畢其功於一役。當時總召集學校及召集人由時任忠義國小鍾明盛校長擔任，下轄行政服務組、政策發展組、文創教育組、數位資源組、行銷管理組、國際發展組、訪視輔導組、社會教育組、志工服務組、廣播教育組、電視教育組、課程與教學組、多元活動組、補校教育組、親職教育組、教育研究組、教材研發組、藝文展覽組、多元研習組及華語教育組，共計20組46校135人，全團超過百人團員號稱「百人團」。茲將各組組成之對象來源及人數，如表9-1所示。

新北市新住民文教輔導團推動多年成效顯著，階段性任務完成，即思索進行組織調整與瘦身。2014年，先從創團時之百人團規模，降到四個組；2017年，再從四組精簡到二個組，以實際功能爲導向。

2019年起，爲配合新課綱新住民語文課程實施之準備需求，獨立成團定名爲「新北市新住民語文輔導團」。主要任務：⑴教材編纂、⑵師資培訓、⑶共備社群、⑷行政共聘以及⑸承辦教育部或教育局指示工作要項。組織編制除正副局長、主任秘書及學者專家之外，分設八組：行政事務組（越南組）兼新住民文教推廣組、繪本圖書組（印尼組）、師資培育組（泰國組）、教材編輯組（緬甸組）、通譯培訓組（菲律賓組）、團員進修組（馬來西亞組）、昂揚計畫組（柬埔寨組）及政策宣講組（兼國際教育推廣組）等組，各小組置召集人一人，副召集人一人，由教育局遴聘校長兼任；各小組團員若干人，由本局及召集人共同遴聘學有專精者擔任，執行輔導團工作。編制採雙核心（dual core）的分組設計，包括行政分組及七語分組交互支援，組織綿密，分工細膩，如圖9-1所示。

表9-1　初期新住民文教輔導團對象來源及人數概況

諮詢顧問	組別	負責學校	對象來源及人數
詹正信校長（24人）	訪視輔導組	鷺江國小、更寮國小	吳永裕校長等5人
	社會教育組	光榮國中	楊尚青校長等5人
	志工服務組	大豐國小	洪有利校長等5人
	廣播教育組	永定國小	汪素娥校長等6人
	電視教育組	白雲國小、三重國小	吳昌期校長等3人
黃棋楓校長（42人）	課程與教學組	雙城國小等3校	李智賢校長等10人
	多元活動組	五華國小等3校	劉書誌校長等8人
	國小補校組	文化國小等8校	歐亞美校長等11人
	國中補校組	文山國中、欽賢國中	方寶全校長等3人
	國小親職組	仁愛國小	李美秀校長等5人
	國中親職組	明志國中等3校	劉素滿校長等5人
張再興校長（19人）	文創教育組	修德國小	羅富男校長等5人
	數位資源組	大觀國小	魏素鄉校長等5人
	行銷管理組	老梅國小、重陽國小	高元杰校長等4人
	國際發展組	新泰國小	張信務校長等5人
陳江松校長（29人）	教育研究組	昌隆國小等6校	蔡文杰校長等7人
	華語教育組	野柳國小等3校	曾秀珠校長等5人
	藝文展覽組	坪林國小、仁愛國小	劉鳳儀校長等4人
	多元研習組	龍埔國小	林瑞昌校長等3人
	教材研發組	新店國小、重陽國小	林蕙涓校長等10人

資料來源：新北市政府教育局（2008）

參、輔導團隊核心價值與信念

有鑑於新住民語文的學習於108學年度正式列為中小學的學習領域，是國內過去未曾有過的經驗，因此必須鼓勵有興趣及有能力之中小學教師投入教學，更須培訓教學支援教師投入第一線教學工作，因此乃成立

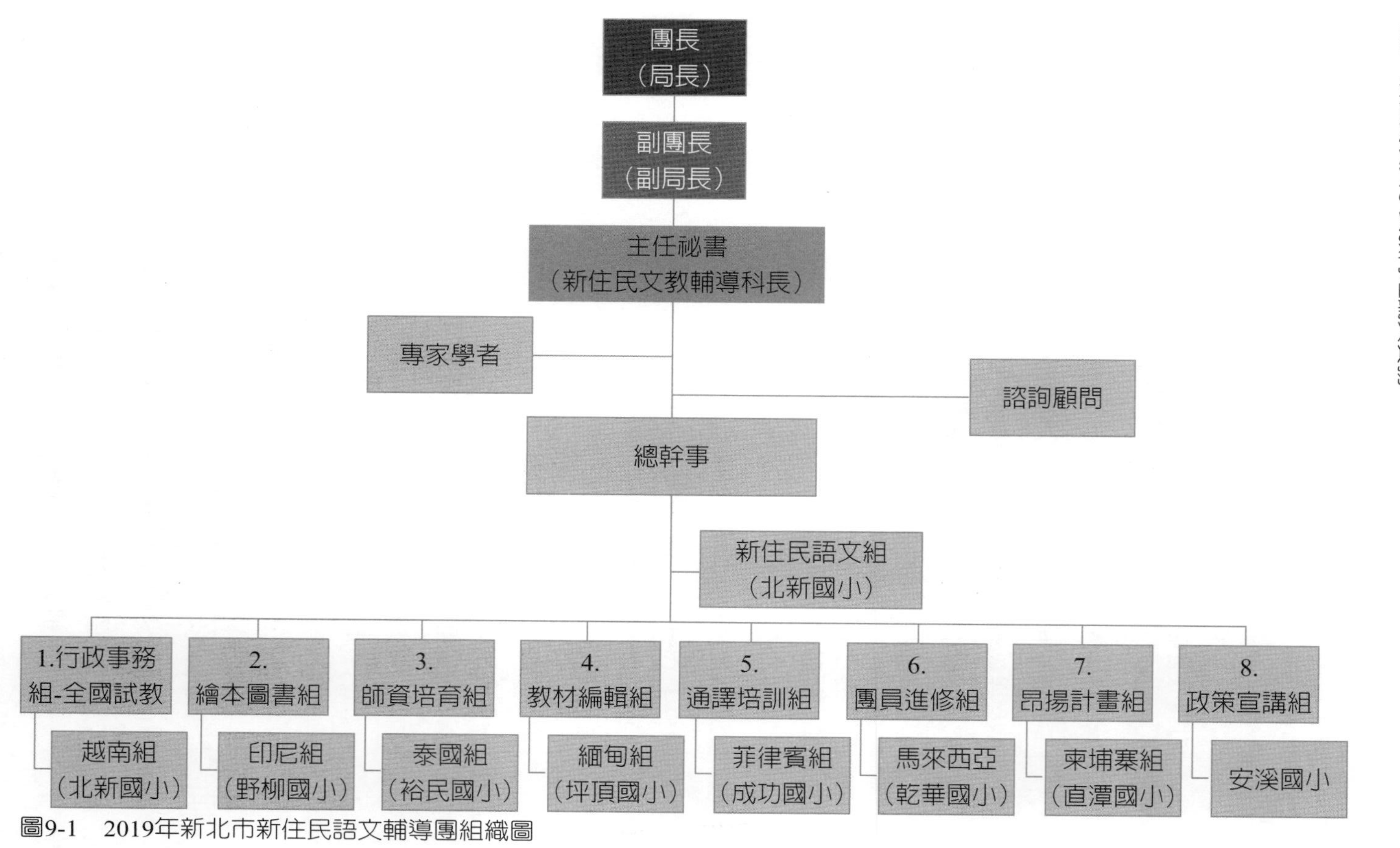

圖9-1　2019年新北市新住民語文輔導團組織圖

資料來源：新北市政府教育局（2019）

「新住民語文課程與教學輔導團」。該團之核心價值爲「多元、尊重與正義」；團隊信念爲「專業支持、進修增能與適配發展」；以此核心價值與信念爲基礎，輔導教師透過領域會議，或是自發組成的校內、跨校的專業學習社群，進行共同備課、教學觀察與回饋、公開分享與交流等多元專業發展活動，以便讓任課教師具備足夠教學知能，進行有效的教學。該團之發展在追求教育正義，促進教育機會均等，進而順性揚才，齊心成爲新住民教育推手，營造充滿尊重、包容與正義的多元文化社會。如圖9-2所示：

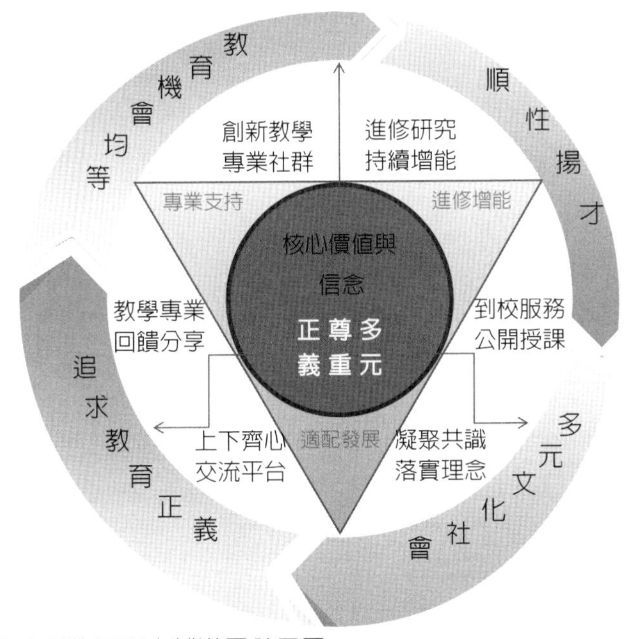

圖9-2　新北市新住民語文輔導團發展圖

資料來源：作者自行整理

肆、輔導團任務與策進作爲

輔導團的主要任務有：(1)教材編纂、(2)師資培訓、(3)共備社群，以及(4)承辦教育部或教育局指示工作要項。

一、教材編纂

在教育部發布《十二年國民基本教育課程綱要》自108學年度依照不同教育階段逐年實施前，新北團隊（新北市政府教育局及新住民語文輔導團）已經扮演領頭羊角色，編寫新北市新住民語文學習教材《快樂學母語》新住民語系列兩套八冊；更與優秀的新住民語文教師合作，偕同編撰《新住民母語生活學習教材》一套五冊，在全國新住民火炬計畫中，供兒童到成人學習；105～107年間接受教育部委託，藉由新北十年經驗，進行教材研發與試教歷程，編輯了新住民語文教材越南、印尼、泰國、緬甸、柬埔寨、菲律賓、馬來西亞七國語文學習教材與教師手冊，四個學習階段，共計學習教材126冊，教師手冊126冊，確保新住民語文學習品質。以落實十二年國民基本教育「成就每一個孩子」的願景。本課程不僅可提供新住民子女傳承新住民原生國之語文學習，亦可拓展臺灣各族群修習新住民語文的環境。

二、師資培訓

2005年，率先開辦36小時新住民師資培訓課程計畫，接續幾年辦理新住民師資培訓實施計畫（基礎班）（進階班），並於2008年全國首創新住民文教輔導科，統籌推動新住民語文師資培訓及相關政策；2012年配合中央新住民火炬計畫推動新住民母語師資培訓，2015年辦理新北市新住民母語師資培訓（無實習機制），2016年持續辦理新住民語文教學支援工作人員培訓課程（資格班），2017年辦理新住民語文教學支援工作人員培訓課程（進階班），2018年開設回流教育班，同時配合中央辦理新住民語文課程遠距教學試行計畫，2018年更爲率先全國辦理新住民語文教學支援工作人員共備社群實施計畫等，以強化並鞏固師資素質。

三、共備社群

新北市爲一、建立新住民語文教學之專業對話機制，建構專業社群支持網絡系統。二、爲研發新住民語文課程與教學實踐策略，促進有效教學與學習的成效。三、爲培訓新住民語文教學支援工作人員種子教師，建構社群擴散分享的平臺，2018年起綿密推動共備社群實施計畫，持續至今。每一社群有4至12位新住民語文教學支援工作人員，並推舉一位擔任領導人，在督導校長及召集校長帶領下，每月舉行共備社群會議，建立「教學專業對話機制」、「社群支持網絡系統」、「社群擴散分享平臺」，促進有效教學與學習的目標。

四、承辦事項

㈠行政共聘

爲普及化乃至全面化新住民語文開班，包括東南亞七語都能開班，且新住民語文教學支援工作人員能實際執行教學，新北市教育局2018年起便啓動師資行政共聘實施計畫。新北市新住民語文教育輔導團成立聯合甄選聘任小組，舖排甄選作業流程，排定甄選工作時程表，設定甄選條件及資格，與甄選類別與名額。以及在甄選方式、兩階段分發作業、成績計算方式、甄選結果公告等。成效如下：

1. 協助各學校延聘師資，保障學習新住民語文之基本受教權。
2. 建立本市聯合甄選制度，架構教學支援工作人員甄選平臺。
3. 透過甄選與評核等程序，促進教學支援工作人員專業成長。

㈡前導學校

爲使十二年國教課綱的準備得以更加穩健踏實，在108學年度前，新北市便視需要進行跨系統的資源連結與整合，輔導團協助成立核心工作小組協助各前導學校執行新住民語文課程之教學與行政。辦理項目如下：

1. 推動交流觀摩前導學校示範新住民語文課程教學實務與經驗學習。
2. 提出新住民語文課程前導學校於課程實施配套措施與建議。
3. 配合新課綱之內容，調整課程發展之組織及運作相關規定。

4. 規劃新課綱之課程，並完成新課綱適用之課程計畫。
5. 試辦推展國家教育研究院所研發之素養導向教材及教學模組。
6. 針對新課綱試辦推展，提出課程規劃與實施問題之檢討及解決策略建議。
7. 辦理行政、教職員及家長之新課綱研習活動。

㈢東南亞語文競賽

新北市舉辦各級學校東南亞語文競賽，辦理組別包括團體朗讀組、幼兒園歌謠組與親子歌謠組四項。參加對象爲公私立各級學校暨幼兒員學生，不限新住民身分，只要對東南亞語文有興趣者皆可報名參加，以學校爲單位受理團體報名。爲引發學生學習東南亞語言興趣及動機，接觸多元文化；提供學生學習東南亞語言成果的展現機會；並鼓勵新住民家庭使用母語溝通，增進親子交流。

伍、輔導團策進作爲

爲精進新住民語文教學支援教師之教學成效，依據十二年國民基本教育政策中有關「課程與教學層面」之教學輔導，從「專業增能」、「行政督導」、「法令規範」、「經費補助」等層面進行多項措施，另亦規劃相關教師社群，其目的均在讓學校及教師有能量提升教學品質。茲就新住民語文領域之三項策進作爲，分述如下：

一、組織運作與增能

㈠輔導團運作

1. 每年度開始前，依新住民教育政策需求策定年度計畫，各執行小組依據輔導團年度計畫及推動重點，訂定小組工作計畫，報教育局核備；並於每年度末了提出小組工作送交團務彙整成果報告。
2. 協助教育部及新北市政府教育局辦理各項新住民語文課程與教學相關

業務及研習。定期召開團務會議，檢視工作計畫進行或工作成果。

3. 採部分時間方式至學校進行支援服務，並辦理分區交流活動，傳達新住民語文課程與教學政策，提供教師及相關人員教學資源、經驗分享、研討互助、教學或行政運作問題諮詢及意見交流，並適時反映各校推行困難處，研提解決策略。

㈡輔導團增能

1. 建立輔導員專業成長培訓制度，並派員參加教育部專業成長培訓課程，增進教師有效教學、多元評量、補救教學等專業知能。
2. 規劃課程與教學成長計畫給予輔導與增能，推動新住民語文教學支援工作人員自主成長學習，激勵教師精益求精，不斷追求自我成長。

二、政策轉化與協作

㈠政策轉化工作項目

1. 建置新住民語文教師人力資源庫，研發有效之教材、教具及教學方法。
2. 規劃新住民語文基本能力檢核工具之發展與施測工作，建立本市課程與教學資源庫。
3. 辦理教學演示、訪視評鑑、諮詢對話等教學輔導工作。
4. 發掘教學優良教師，推廣其教學方法與事蹟，並出版教師優良研究作品教學參考書籍。
5. 規劃到校或區域聯合專業協助活動，傳達課程與教學政策；反映學校推行課程與教學政策之情形，協助研提困難解決策略。
6. 代表參加中央及地方新住民語文政策研討、會議或研習等活動。

㈡政策協作工作項目

1. 辦理教師研習、專題研討、發表分享及編製新住民語文優秀教案，提供教師參酌使用。

2. 建置充實新住民語文教學輔導網站：

(1)開設教學討論區，供教師分享教學心得或研討教學疑難問題。

(2)蒐集並上傳新住民語文教學資源，提供教師分享運用。

3. 實施新住民語文教育調查研究，分析教學現況及問題，研討及反映對策，提供教育行政決策之參考。

4. 結合輔導團及所屬學校、社會資源，成爲支援教師教學與專業發展之系統，進行課程設計及教材教法研究，提供教師教學資源、經驗分享、教學諮詢及意見交流之平臺，促進教師專業發展。

三、專業支持與服務

(一)進行課堂教學研究

1. 協助教師建置學習支援系統，以工作坊實作培育，推廣多元教學策略，如差異化教學、多元評量、補救教學等。

2. 各輔導小組進行課堂教學研究，聚焦於學生學習，發展新住民語文教學知識。

3. 辦理教學支援工作人員（母語老師）公開授課，透過視導校長、輔導團校長、輔導員共同備課、說課、觀課、議課的歷程，進行課程設計、教學策略、學生學習等深度討論。

4. 辦理課堂教學研究優良案例及多元評量案例徵選，並協助學校辦理教材教法案例觀摩、推廣活動，鼓勵各校教師進行有效教學。

(二)協助推動教師專業成長

1. 辦理各校領域召集人研習，引領各校領域小組申辦學習社群或專業社群，並鼓勵進行課堂教學研究。

2. 配合教育部規定辦理初任或初到任教師增能研習。

3. 辦理新住民語文支援教師資格、進階、職前、回流教學研習與認證。

陸、突破困境勇於挑戰

「勇於面對挑戰，敢於突破困境：用核心價值及信念突破困境」，為新北市新住民與文教學輔導團之最高宗旨。該團所面臨之困境包括：組織成員之困境、資源之困境以及中外師語言溝通之困境，茲分述如下：

一、突破組織成員困境

首先，團員彈性分工分成八組，克服人力不足之窘境，並陸續辦理專任輔導員與兼任輔導員推薦及新進輔導員甄選聘任事宜。再者，團員發表創新教學設計作品，蒐集與建置教材及人才資源庫並善加應用，且定期更新網站資料，以豐富教師多元教學資源內涵。三者，團員及教支人員共備輪流公開授課，強化教學專業形象，彙整精進教學成果及期中檢核資料，辦理輔導員工作績效考核事宜。為突破組織成員各項困境，各組正副召集校長兼具專業與熱忱，扮演教師的教師角色，充分發揮領導力。

二、突破師資人力困境

師資不足乃是偏鄉學校教育發展的最大限制。偏鄉學校的師資問題對教育品質影響甚鉅，教師人力不足、流動率高、工作負擔沉重以及專業進修不易等是長期以來存在的問題，新北市政府教育局透過增編教師員額、聘請專任行政人員、整修教師宿舍、建立後備教師系統以及開放多元進修管道等策略，解決偏鄉學校教師人力的窘境。另外，遠距視訊的運用，亦是突破偏鄉師資困境的作法，但遠距視訊仍需搭配師生能進行教學互動的功能，而非單向式教學傳輸，這是偏鄉學生學習的期待。

三、突破中外師語言溝通之困境

基本上，東南亞籍教師（外師）對於本國籍教師（中師）的合作教學有所助益，因為藉由相互交流，彼此交換意見，吸收專業，並溝通教學理念，不僅讓中外師在專業上成長，兩者相互配合，也讓教學效果更加顯著。新住民語文課程由專業且經驗豐富之中外師聯手打造的新住民語文學習環境，學生必能使用新住民語文溝通學習，眞實創造新住民語文使用情境。

不過東南亞籍教師上任教學之後，中外師可能因爲語言溝通障礙，無法了解學生眞正的困難，或會造成中師與外師對課程內容產生歧見。爲突破中外師語言溝通之困境，本團鼓勵外師賡續學習中文，讓他們對學習語言可能遭遇的困難感同身受，以了解小朋友的學習困境。另外，也應提升本國師資在語文溝通能力及對東南亞文化的認知，以期教學更加順暢、豐富。

柒、未來展望

《國民中小學新住民語文課程綱要》自108學年度起，依照不同教育階段逐年實施。未來爲了發揮更大效益，可嘗試輔導團創新及引進新興人力資源，針對師資來源、上課時間地點、學習內容，與現有之臺北教育大學東協人力教育中心、政治大學外語學院或致理科大商貿外語學院等大學相關院所相互結合、師資交流以及大手牽小手學習活動，以逐漸實現新住民語文課程綱要的目標。

一、看見未來

新住民語文的學習係一種權利、一種追尋和一種自我超越，未來可透過各種管道，賡續進入東協十國的學習系統，皆可依孩子生涯發展、家庭角色與任務、社會與國際的變遷，而不斷的學習成長，以開展個人潛能，進而促進新住民及其子女人生觀的重塑，逐步走向態度和價值更新，發展成爲一個健康、快樂、幸福、美滿的東南亞語文的學習者與移動者。

誠如圖9-3所示，新北市新住民語文輔導團乃是一個透過規劃、設計、執行與評鑑，達到目標的系統過程；同時要在「系統」與「創新」之間做呈現。預先看見未來，在尊重、包容和正義的核心價值；在專業支持、進修增能與適配發展的團隊信念；在追求教育正義、促進教育機會均

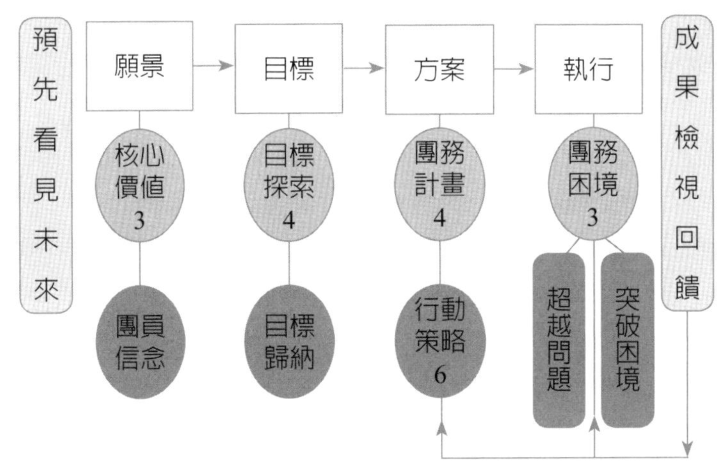

圖9-3　新北市新住民語文輔導團發展示意圖

資料來源：作者自行整理

等、順性揚才以及營造多元文化社會的目標；在創新教學專業社群、進修研習持續增能、教學專業回饋分享、到校服務公開授課、上下齊心交流平臺、凝聚共識落實理念的行動策略及各項團務計畫下，傾全力突破各種困境，輔導團方能帶領現場教師提升新住民語文教學及多元文化教育品質，培育具備國際素養及全球競合力之人才。

二、典範轉移

典範轉移過程是複雜的，且需要長時間的綿密耕耘，在轉移過程中可能有典範間相互競爭，或新典範提出者之動機問題（葉乃靜，2012）。新住民語文輔導團之典範轉移（Paradigm Shift）即指團員涉入不同的國籍背景，打破單一思維框架，將一個粗略的概念落實後，而產生一個新的典範創新策略。總體而言，在種種不足條件下，採取以下創新策略，方使得績效獲得肯定：

㈠召集校長及成員校長發揮領導影響力

理念先行，帶頭前進：校長帶頭發揮領導影響力，新住民語文教學輔導團推動初期由校長擔任社群召集人，研擬推動計畫，規劃行事曆，發展共同理念目標，專業支持與對話，以身作則帶頭前行。針對輔導團特色之相關作為，提出具體成效評估規劃與作法，以提升輔導團計畫之具體成效。

㈡採共備社群的成長模式

普及化教師專業學習社群，各校新住民語文教學研究會採共備學習社群的成長模式運作，以確實發揮教學研究會之效能；另教學支援人員專業學習社群規範以有效教學、多元評量、補救教學為重點，促成學校設計專業成長活動的回饋機制，協助教師落實教學實踐。

㈢團員發表創新教學設計作品

進行典範創新教學之轉移，團員研發並推廣有效教學示例及影帶，俾教師觀摩他人優良之教學活動，扭轉學校均請新進教師進行教學觀摩之現況；另亦辦理教學卓越獎獲獎團隊之推廣研習，推廣得獎之創新教學設計作品，使學校聚焦於教師之合作圖像。

㈣提供教師實用的教學設計

輔導團成立之目的在於協助新住民語文教學支援教師之教學，而提供教師實用的教學設計將有助於教學之規劃與執行。本團提供教師實用的教學設計包括單元計畫、每課計畫、每周計畫、學期或學年計畫等，其作用可使目標切實具體的達成，可選合適的教材以適應需要，採適當的教學方法，並準備充分的教學器材，以增加教師的教學信心。

㈤團員勇於嘗試公開授課

規劃分區研討、教學演示、領域學習社群及跨校教學工作坊等。一堂「眼見爲憑」的團員公開授課，透過共同備課、說課、觀課、議課的歷程，進行課程設計、教學策略、學生學習等深度討論。這樣的演示過程對於教學支援教師是一個重要的學習與成長。

㈥客製化到校服務

到校輔導以教學觀摩、相互研討、意見交流及分享心得等多種方式進行，建立良好互動關係，增進教學輔導效果，以引導省思、提升教育品質，做到客製化服務。另外，到校服務宣導課程政策，了解各校推行現況及困難，研擬解決策略，協助各校辦理課程發展與精進教學之相關事宜。

針對上述看見未來、典範轉移，分別提出新北市新住民語文輔導團（三個範式），包括：法源依據（source of law）的設置要點、組織依據（organization basis）的組織章程以及運作依據（operational basis）的運作實施計畫。茲分述附錄如後。

第十章
新住民語文師資培訓

因應十二年國民基本教育新課綱新的推動，108學年入學的國小新生，每週一次的必選母語文課，可以從本土語（閩南語、客家語、原住民語）或新住民語（越南、印尼、泰國、緬甸、柬埔寨、菲律賓、馬來西亞等國語言）中選一項必修，新住民語文教學的師資需求勢必越來越大。

不論是教學支援工作人員培訓、語文開課、教材編纂及全國國小越語教材試教等計畫，新北市政府教育局在各層面皆持續以「領航者」自居，一直戰戰兢兢，緊鑼密鼓進行相關準備工作，以期順利推動，促進新住民子女教育優質化，落實人才培育及適性發展之教育政策。以下就新住民語文師資培訓部分進行說明。

壹、新北市新住民師資之供需推計

一、新北市新住民概況

㈠新北市新住民人數概況

隨著全球化與經濟自由化趨勢，1990年代以後，臺灣以婚姻移民（新住民）的人數倍增。截至2018年4月底，新住民人數有535,108人，約占臺灣總人口的2.27%。新北市新住民人數有104,167人，約占臺灣新住民總人口的19%，接近五分之一；新住民主要為大陸、港澳籍占69.71%，其次為來自東南亞及其他國家的新住民，目前人數31,549萬人，占30.29%（內政部移民署，2018）。而新北市非陸港澳之新住民人數，其各原生國籍人數及比例，如表10-1所示。就新北市非陸港澳之新住民性別人數而言，女性遠多於男性，柬埔寨新住民皆為女性，但其他國籍之新住民男女人數相當。另外，先行假設各國籍新住民會有2%取得教學支援人員認證，以滿足小一及國一師資需求。

表10-1　新北市非陸港澳之新住民人數（截至107年4月底）

原生國籍		越南	印尼	泰國	菲律賓	柬埔寨	其他國家	合計
性別	男	310	135	427	161	0	3,278	4,311
	女	17,534	3,558	1,206	1,381	439	3,120	27,238
人數		17,844	3,693	1,633	1,542	439	6,398	31,549
2%人數		357	74	33	31	9		504
占比		57%	12%	5%	5%	1%	20%	100%

資料來源：內政部移民署

㈡新北市新住民師資培訓人數推計

就新北市各原生國籍之新住民人數比例而言，以越南籍最多（57%），其餘依序為印尼（12%）、泰國（5%）、菲律賓（5%）、柬埔寨（1%）及其他國家（20%），如圖10-1所示。依此比例初步推估越南籍及印尼籍之新住民參與師資培訓者較多，柬埔寨籍、緬甸籍、馬來西亞籍之新住民參與師資培訓者較為不足。

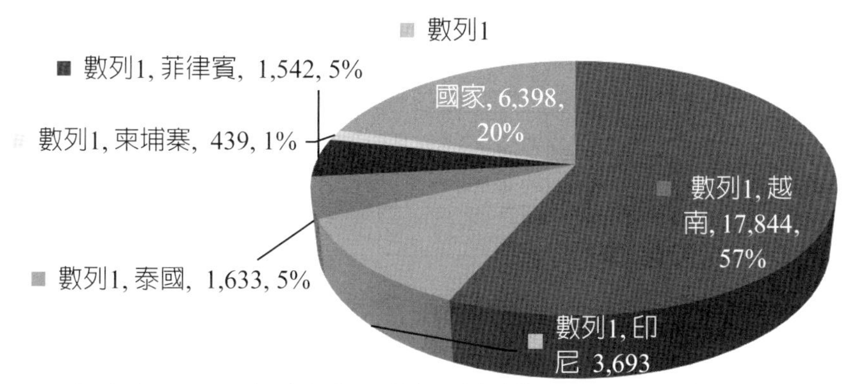

圖10-1　新北市各原生國籍之新住民所占比例（截至107年4月底）

資料來源：內政部移民署

二、新北市新住民子女概況

㈠新北市新住民子女人數概況

隨著新住民的增加，其所生下的「新住民子女」影響臺灣學生人口結構的改變，106學年新住民子女就讀國中、小學生數已有181,301人，占全體學生約10.1%，約每10名國中小學生當中就有1人爲新住民子女，新住民子女爲數不少；若以東南亞七國新住民子女來看，其人數爲102,548人，占所有新住民子女人數約57%。新北市107學年度預估東南亞七國新住民子女就讀國中小新生人數3,728人，如表10-2所示。

表10-2　新北市107學年度預估東南亞七國新住民子女就讀國中小新生人數

新住民子女	越南	印尼	緬甸	菲律賓	泰國	柬埔寨	馬來西亞	小計
國小新生人數	799	183	112	62	62	19	61	1,298
國中新生人數	1820	272	93	82	69	55	39	2,430
合計	2619	455	205	144	131	74	100	3,728
占比	70%	12%	5%	4%	4%	2%	3%	100%

資料來源：教育部國民及學前教育署署長邱乾國（2018）

㈡新北市新住民師資需求人數推計

就新北市107學年度預估東南亞七國新住民子女就讀國中小新生人數，也以越南籍最多（70%），其餘依序爲印尼（12%）、緬甸（5%）、菲律賓（4%）、泰國（4%）、柬埔寨（2%）、馬來西亞（3%）。初步推估越南籍師資及教材需求量最大，約爲印尼籍之五倍多；緬甸籍、菲律賓籍、泰國籍、柬埔寨籍、馬來西亞籍師資及教材之需求量雖不多，但即使學生少，只要有1人選課就必須開班，亦歡迎非新住民子女提出選課。

三、新北市新住民師資之供需預估

前述，從新北市各原生國籍之新住民人數比例預估，可能參與師資培訓人數比例推估越南（57%）、印尼（12%）、泰國（5%）、菲律賓（5%）、柬埔寨（1%）、緬甸（1%）、馬來西亞（1%）。再者，以新北市107學年度東南亞七國新住民子女就讀國中小人數比例預估，108學年度新住民子女可能選課之師資需求人數比例為越南（70%）、印尼（12%）、緬甸（5%）、菲律賓（4%）、泰國（4%）、柬埔寨（2%）、馬來西亞（3%）。若將新住民及其子女比例兩兩加以對照、加以通分，即可看出比例之差異性。「通分」是利用數學擴分，將兩個分母不同的分數，分別化為同分母的分數加以比較，如表10-3所示。筆者初步判斷新北市越南、印尼、泰國、菲律賓籍語文師資數量尚可匹配，但柬埔寨、緬甸籍、馬來西亞籍語文師資數量可能不足。

表10-3　新北市新住民及其子女比例對照表

原生國籍	越南	印尼	泰國	菲律賓	柬埔寨	緬甸	馬來西亞
新住民比例	57%	12%	5%	5%	1%	1%	1%
數學通分	3990	840	350	350	70	70	70

數學通分	3990	684	228	228	114	285	171
新住民子女比例	70%	12%	4%	4%	2%	5%	3%
直親國籍	越南	印尼	泰國	菲律賓	柬埔寨	緬甸	馬來西亞

資料來源：作者自行整理

貳、新北市新住民語文師資培訓措施

2008年5月1日正式設置的「新住民文教輔導科」，在10年後的今日，該科業務計15大項，業務人員計14人，其中辦理國際教育及新住民教材與課程研發、國際教育專業師資及新住民母語師資為當前推動新住民語文課綱之重點工作。以下為新北市10年來新住民師資培訓相關重要施政，如表10-4所示：

表10-4　新北市新住民師資培訓重要施政沿革

年度	政策方案	重要施政
2005年7月	辦理36小時新住民師資培訓課程計畫	課程、教材、教法三位一體。
2006年7月	辦理新住民師資培訓實施計畫（基礎班）（進階班）	新住民研習課程、教材與教法，以提升教學品質。
2008年5月	設置新住民文教輔導科	尊重多元、國際理解、教育學習、穩健發展。
2012年1月	配合中央辦理新住民母語師資培訓計畫	逐步建立新住民母語師資培訓模式，作為未來相關施政規劃推動之參考。
2012年3月	辦理新住民火炬計畫	期使多元文化教育從小紮根，培養一般學生對新住民家庭與國際多元文化之理解。
2014年11月	配合中央執行十二年國民基本教育課程綱要總綱	將新住民語文列入語文領域學習課程。
2015年3月	新北市新住民母語師資培訓第1梯次（北新國小）	為培養母語專業師資，開設母語教學理論及實務課程。
2016年1月	持續辦理新住民語文教學支援人員培訓課程（基礎班後來更名為資格班）	大量培訓新住民語文教學支援人員。
2016年4月	配合中央建置新住民子女教育資訊網路平臺	配合建置新住民語文講師團及教學支援人員人才庫。
2017年1月	辦理新住民語文教學支援人員培訓課程（進階班）	持續培訓新住民語文教學支援人員。
2017年8月	配合中央辦理第一學習階段教材試教	學校試教回饋之意見，作為修正教材之參據。
2018年3月	配合中央辦理新住民語文課程遠距教學試行計畫	依幅員較廣、交通較遠之偏鄉進行試行。

年度	政策方案	重要施政
2018年3月	辦理新住民語文教學支援人員共備社群實施計畫（1.5年）	建立新住民語文教學之專業對話機制，構建專業社群支持網絡系統。
2018年4月	規劃對已在職之教學支援人員開設回流教育課程	建構教學支援人員輔導夥伴機制，提升新住民語文整體師資水準。
2018年4月	成立全國首座新住民語文教育資源中心（北新國小）	支持教師專業及分享教育資源兩大願景。
2019年7月	成立全國首座新住民語文學院（NCLCC, NTPC）	越南語育樂營活動開課

資料來源：作者自行整理

從上表看來，可將新北市新住民語文師資培訓分成四個階段，第一階段爲2005至2007年的師資培訓先鋒階段，新北市新住民師資培訓走在全國之先；第二階段爲2012至2014年的師資培訓火炬階段，新北市點燃新住民師資培訓之火；第三階段爲2016至2018年的師資培訓證照階段，新北市辦理三段式新住民師資培訓；第四階段爲2018至2019年的師資培訓共備社群階段，新北市獨創新住民師資培訓共同備課社群制度。茲臚列四個階段相關內容如下：

一、師資培訓先鋒階段（Pioneer stage）

從新住民增能教育（Empowerment education）觀點，新北市於2005年起辦理新住民師資培訓三屆，走在全國之先，新住民由學習者（learner）、消費者（consumer）的角色，跨越只需要幫助的思維，進而讓新住民經由自己的努力，可以轉換成爲協助者（helper）、教導者（teacher）的層級，促使新住民能夠增能，發揮自我價值服務他人。

二、師資培訓火炬階段（Torch stage）

教育部和內政部爲落實照護新住民及其子女，自2012年起共同推動《全國新住民火炬計畫行動方案》，新北市率先點燃新住民師資培訓之火，配合中央辦理新住民母語師資培訓，期使多元文化教育從小紮根，培養一般民眾對新住民家庭與國際多元文化之理解，以營造繁榮公義社會，並與全球國際接軌發展。其實，在此之前已於新莊地區種下火炬之苗。

三、師資培訓證照階段（Certification stage）

新住民語文教學支援工作人員依國民中小學教學支援工作人員聘任辦法，須取得合格證書始能擔任教學；根據教育部國民及學前教育署之規定，新住民語文教學支援工作人員證照之取得，須完成資格培訓班36節課程。新北市積極辦理三段式新住民師資培訓，證照階段已具體化了師資品質之保證，師資品質又爲教學之絕對條件。

四、師資培訓共備社群階段（Co-study community stage）

新住民語文教學支援工作人員在取得了證照之後，必須持續精進教學知能，除了在職進修之外，新北市獨創新住民師資培訓共同備課社群制度。良好的課務預備爲課堂提供策略的指引，良好的教學計畫爲課堂提供行動的規劃；讓教師共同討論實際課堂的教學，作出省思和改進，協助教師有效規劃教學策略和行動。

茲將新北市10年來新住民語文師資培訓階段與表10-4師資培訓重要施政沿革加以對照，發現師資培訓的面向不僅是師資職前培訓，且包含師資導入輔導、教師在職專業發展與相關支持體系。此支持體系包括：新住民文教輔導科、新住民語文教育資源中心、教育資訊網路平臺、新住民火炬計畫以及共備社群實施計畫等，其相關示意圖如圖10-2所示：

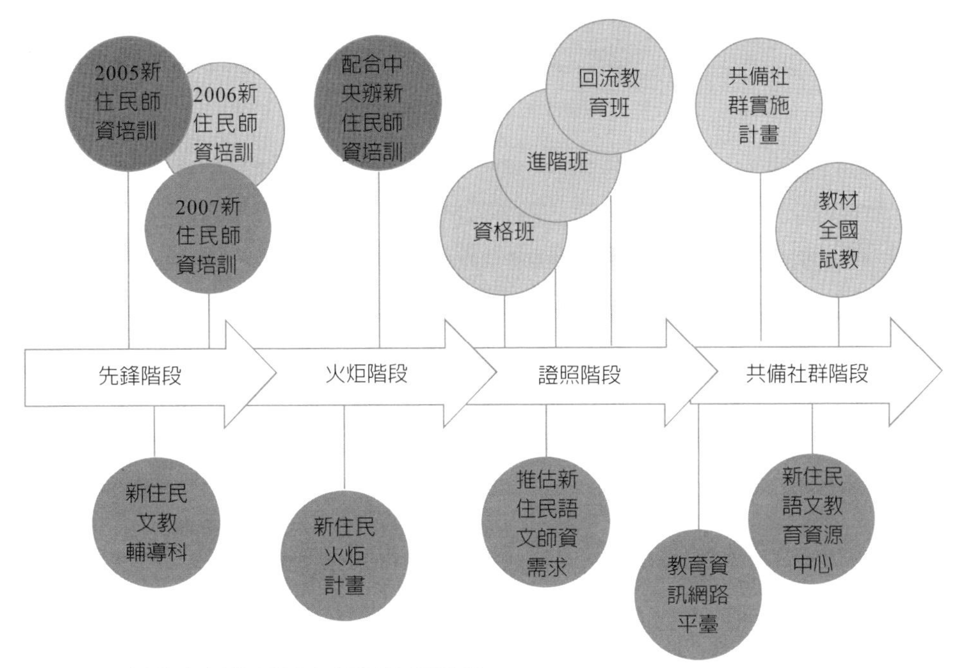

圖10-2　新北市新住民語文師資培訓階段
資料來源：作者自行整理

參、新北市新住民語文師資培訓課程剖析

新住民語文教學支援工作人員之認證程序應涵蓋教學專業培訓，培訓課程應依教育部之相關規定辦理。又，課程爲師資培訓的核心，茲將前述新北市新住民語文師資培訓四個階段之培訓課程加以剖析，以探究新北市新住民語文師資培訓課程之梗概。

一、先鋒階段師資培訓課程

(一)2005年的師資培訓課程

新北市爲培養新住民母語專業師資之構想，早先於2005年即開設新住民母語教學相關理論及實務課程。當時之「臺北縣九十四學年度36小時新住民師資培訓課程表」，如表10-5所示。

表10-5 臺北縣九十四學年度36小時新住民師資培訓課程表

日期 時間	7/4㈠	7/5㈡	7/6㈢	7/7㈣	7/8㈤
08：30 ｜ 09：30		專題演講——行銷與招生	多元文化接受度檢視和平基金會	教案設計㈠ 和平基金會	經驗分享㈠
09：30 ｜ 10：30	報到 長官致詞			教案設計㈡ 和平基金會	經驗分享㈡
10：30 ｜ 11：30		外籍配偶教材	自我意識 v.s 多元文化 和平基金會	教案設計㈢ 賽珍珠基金會	經驗分享㈢
11：30 ｜ 12：30	專題演講—外籍配偶的學習需求			教案設計㈣ 賽珍珠基金會	經驗分享㈣
12：30 ｜ 13：30	午餐時間				
13：30 ｜ 14：30	課程規劃	教學方法與教具製作	新移民處境分享—多元文化衝擊與期待賽珍珠基金會	分組研討㈢ —教案設計	經驗分享㈤
14：30 ｜ 15：30			教師與新移民對談賽珍珠基金會	教學觀摩 北市教師會 王秀津老師	經驗分享㈥
15：30 ｜ 16：30	分組研討	分組研討	新移民現況簡介—新移民需求與社會福利	各組報告—教案試教	綜合座談
16：30 ｜ 17：30	賦歸	賦歸	賦歸	賦歸	種籽教師工作坊招募

「臺北縣九十四學年度36小時新住民師資培訓課程」分析如下：

1. **課程特色分析**

⑴課程結構清晰，包括七種元素：① 專題演講、② 多元文化、③ 課程教材和教法、④ 教案設計、⑤ 觀摩和試教、⑥ 研討和對話、⑦ 經驗分享。

⑵三位一體環環相扣，包括：① 上游課程、② 中游教材、③ 下游教法。

⑶除觀摩和試教外，課程表內各主題元素皆安排有：四至六小時之學習。

2. **課程建議分析**

⑴觀摩和試教爲相當要緊的教學功夫，課程表內分配的時間只有二小時，明顯不足。

⑵經驗分享的課程尚未安排主題，若能有系列主題，由講師引言帶動學員討論，會更加產生課程延伸與內化效果。

㈡2006年的師資培訓課程

次年，賡續培養新住民母語專業師資，規畫爲五天35小時課程，但已區分爲基礎班和進階班，基礎班二天、進階班三天。當時之「臺北縣九十五年度新住民師資培訓實施計畫課程」，如表10-6所示：

表10-6　臺北縣九十五年度新住民師資培訓課程表

班別	基礎班		進階班		
日期／時間	7/3㈠	7/4㈡	7/5㈢	7/6㈣	7/7㈤
08：30 ｜ 09：00	報到		報到		

<table>
<tr><th>班別</th><th colspan="2">基礎班</th><th colspan="3">進階班</th></tr>
<tr><th>日期
時間</th><th>7/3(一)</th><th>7/4(二)</th><th>7/5(三)</th><th>7/6(四)</th><th>7/7(五)</th></tr>
<tr><td>09：00
|
10：00</td><td rowspan="2">外籍配偶成人學習心理

嘉義大學
黃富順教授</td><td rowspan="2">新住民家庭之全人學習與照顧

光寶文教基金會
吳銀玉老師</td><td>新住民教育

大豐國小
洪有利校長</td><td>多元文化教育
土城國小
汪素娥主任</td><td>新住民家庭教育

景新國小
王明玲校長</td></tr>
<tr><td>10：00
|
11：00</td><td rowspan="2">面對新社會需求的成人教育工作者一以外籍配偶為例

教育局社教課
輔導員
包志強主任</td><td rowspan="2">多元文化與族群關係的教育

玄奘大學教育人
力資源與發展系
系主任
張德永教授</td><td>外籍配偶親子共學教學觀摩
安坑國小
林秀娥老師</td></tr>
<tr><td>11：00
|
12：00</td><td>與新住民共舞

大豐國小
陳松平老師</td><td>新移民家庭親子嬉遊三部曲
光寶文教基金會
新住民親子團體</td><td>新住民資料庫及研習時數列印證明課程
林威志先生</td></tr>
<tr><td>12：00
|
13：30</td><td colspan="2">午餐時間</td><td colspan="3">午餐時間</td></tr>
<tr><td>13：00
|
14：00</td><td>新住民學習教材三峽國小

林月娥老師</td><td rowspan="2">外籍配偶教學實務

萬里國小
鄭雅云主任</td><td rowspan="2">如何協助外籍配偶生活適應

賽珍珠基金會
柯宇玲執行長</td><td rowspan="2">跨國婚姻家庭面面觀

善牧文教基金會
陳淑芬主任督導</td><td rowspan="2">新住民家庭互動與訪視親職教育

婦女新知基金會

王君琳老師</td></tr>
<tr><td>14：00
|
15：00</td><td>外籍配偶學員心理輔導

北峰國小
黃鈺樺校長</td></tr>
</table>

班別	基礎班		進階班		
日期 時間	7/3㈠	7/4㈡	7/5㈢	7/6㈣	7/7㈤
15：00 | 16：00	分組研討（分四組）	分組研討（分四組）	分組研討（分四組）	分組研討（分四組）	分組研討（分四組）
16：00 | 17：00	分組報告	綜合座談	分組報告	分組報告	綜合座談

資料來源：新北市政府教育局

「臺北縣九十五年度新住民師資培訓課程」分析如下：

1. **課程特色分析**

⑴師資培訓之目的：① 辦理新住民教育課程、教材與教法研習，以提升教學品質。② 了解新住民學員的特性與需求，以增進教學效能。③ 鼓勵實際從事新住民教學教師積極進修，以改進教學方法。

⑵師資培訓區分爲基礎班和進階班：基礎班爲二天14小時課程，專題演講占比50%，教材和教學約20%和分組研討約30%，未受過成教班相關研習，但有意願擔任新住民教師者參加。進階班三天21小時課程，專題演講占比約66%，教學觀摩約5%和分組研討約30%，已受過成教相關基礎研習，現任或即將擔任新住民教師者參加。兩班次課程內容元素：包含學習心理、招生策略、課程規劃、教材教法等。

2. **課程建議分析**

⑴教材和教學之課程在基礎班和進階班中占比甚低，分別爲20%和5%。教材和教學爲教師之核心能力，建議爲日後辦理新住民師資培訓課程之改進依據。

⑵分組研討分四組尚未安排各自主題，若能將主題結構化由分組組長帶動學員討論，會更加產生課程延伸與內化效果。

㈢2007年的師資培訓課程

2007年，新北市第三屆辦理新住民母語專業師資培訓研習，亦爲五天35小時課程，基礎班二天、進階班三天，與2006年課程結構相似。「臺北縣九十六年度新住民師資培訓實施計畫」之基礎班爲二天14小時課程，專題演講占比50%，教材和教學約10%和分組研討約40%，教學課程仍然偏少。但進階班三天21小時課程，專題演講占比約30%，教學課程約40%和分組研討約30%，教學課程比例大大提升。另外，亦增加了「他鄉日久變故鄉」影片欣賞，很能吸引新住民之目光並感同身受，當時之「臺北縣九十六年度新住民師資培訓實施計畫課程」，如表10-7所示：

表10-7　臺北縣九十六年度新住民師資培訓課程表

<table>
<tr><th>班別</th><th colspan="2">基礎班</th><th colspan="3">進階班</th></tr>
<tr><th>日期
時間</th><th>7/2㈠</th><th>7/3㈡</th><th>7/4㈢</th><th>7/5㈣</th><th>7/6㈤</th></tr>
<tr><td>08：30
｜
09：00</td><td colspan="2">活動緣起及致歡迎詞
「他鄉日久變故鄉」影片欣賞</td><td colspan="3">「他鄉日久變故鄉」影片欣賞</td></tr>
<tr><td>09：00
｜
10：00</td><td rowspan="2">認識多元文化「以東南亞文化為主」
臺灣師範大學
潘朝陽教授</td><td rowspan="2">新住民成人學習心理
中正大學
黃富順教授</td><td>新住民的學習需求
復興國小
石玉森校長</td><td rowspan="2">成人基本教育教學方法與技巧
北峰國小
黃鈺樺校長</td><td rowspan="2">多元文化課程教案設計
天生國小
歐亞美校長</td></tr>
<tr><td>10：00
｜
11：00</td><td rowspan="2">96年補校生活語文能力檢測研究報告
臺北市立教育大學
邱世明教授</td></tr>
<tr><td>11：00
｜
12：00</td><td>新住民教育經驗談
大豐國小
洪福明主任</td><td>行銷與招生
萬里國小
林桂枝主任</td><td>新住民親子共學教學觀摩
安坑國小
林秀娥老師</td><td>多元文化課程教案實作
天生國小
歐亞美校長</td></tr>
</table>

班別	基礎班		進階班		
時間＼日期	7/2(一)	7/3(二)	7/4(三)	7/5(四)	7/6(五)
12：00 ｜ 13：30	午餐時間		午餐時間		
13：00 ｜ 14：00	新住民家庭教育 景新國小 王明玲校長	如何協助新住民渡過學習困境 賽珍珠基金會 柯宇玲執行長	越語發音之介紹與練習 賽珍珠基金會 越語講師 陳清淨小姐	跨國婚姻家庭面面觀 善牧文教基金會 陳淑芬主任督導	教師與新住民對談 賽珍珠基金會 兩位新移民
14：00 ｜ 15：00	新住民教學實務 萬里國小 鄭雅云主任				
15：00 ｜ 16：00	分組研討 （分四組）	賽珍珠基金會分組研討 （分四組）	分組研討 （分四組）	分組研討 （分四組）	分組研討 （分四組）
16：00 ｜ 17：00	分組報告	綜合座談	分組報告	分組報告	綜合座談

資料來源：新北市政府教育局

二、火炬階段師資培訓課程

2012至2014年，新北市爲引發社會各界對新住民母語學習的興趣，並培植新住民母語師資，火炬階段特結合大專院校資源，提供實務導向課程之教學互動平臺，匯聚創新教學方式，提升新住民母語教學專業知能，以推動學校新住民母語學習課程。當時之「新住民母語師資培訓計畫課程」，如表10-8所示。

表10-8 新住民母語師資培訓計畫課程

時間	課程內容
第一天	
8:00～10:00	全國新住民火炬計畫及移民輔導簡介
10:10～12:10	多元文化繪本運用
12:10～13:00	午餐
13:00～15:00	活動設計理論與實踐
15:10～17:10	母語專業人員服務倫理
第二天	
8:00～10:00	教學內容 ①生活篇（含飲食、穿著、居住、交通、教育及休閒）
10:10～12:10	①生活篇（含飲食、穿著、居住、交通、教育及休閒） ②方式篇（含母語之繪本故事、歌謠韻文及中西節慶等）
12:10～13:00	午餐
13:00～15:00	②方式篇（含母語之繪本故事、歌謠韻文及中西節慶等）
15:10～17:10	③技巧篇（聽說、肢體、情境、課堂教學與班級經營）
第三天	
8:00～10:00	③技巧篇（聽說、肢體、情境、課堂教學與班級經營） ④方案設計（含編寫方案、聽說讀寫、主題式教學活動設計）
10:10～12:10	④方案設計（含編寫方案、聽說讀寫、主題式教學活動設計）
12:10～13:00	午餐
13:00～15:00	④方案設計（含編寫方案、聽說讀寫、主題式教學活動設計）
15:10～17:10	方案報告
第四天	
8:00～10:00	方案報告
10:10～12:10	教學觀摩
12:10～13:00	午餐
13:00～15:00	教學觀摩
15:10～16:10	筆試
16:10～17:10	試教

資料來源：新北市政府教育局

由上述之「新住民母語師資培訓計畫課程」分析如下：

㈠課程特色分析

1. 師資培訓課程流程走向：以4天為原則，其中3.5天進行專業培訓課程，0.5天進行筆試及試教。其課程安排如圖10-3所示：

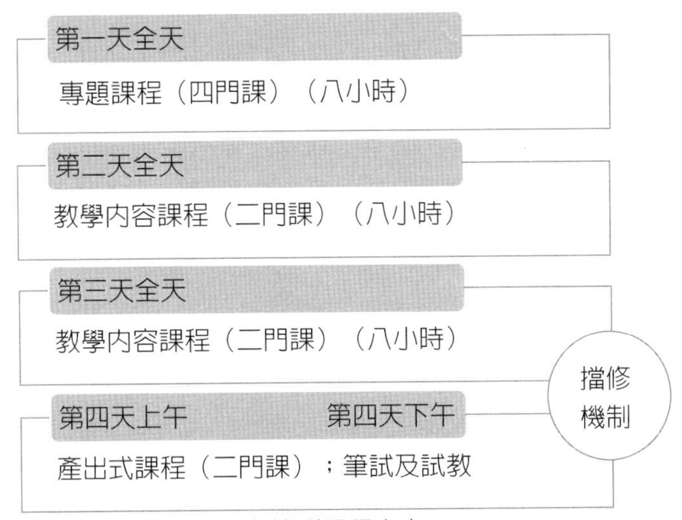

圖10-3　火炬計畫新住民語文師資培訓課程走向
資料來源：作者自行整理

2. 火炬階段師資培訓課程已逐步建立新住民母語師資培訓的模式，作為未來相關施政規劃推動之參考。其師資培訓課程趨向結構化，包括：⑴專題課程、⑵教學內容課程、⑶產出式課程。其課程結構詳如圖10-4。

㈡課程建議分析

1. 教學觀摩建議安排在前三天，有助於第四天的試教準備；教學觀摩若排於試教當天，已無心於觀摩，反而更加造成試教與筆試之畏懼感。

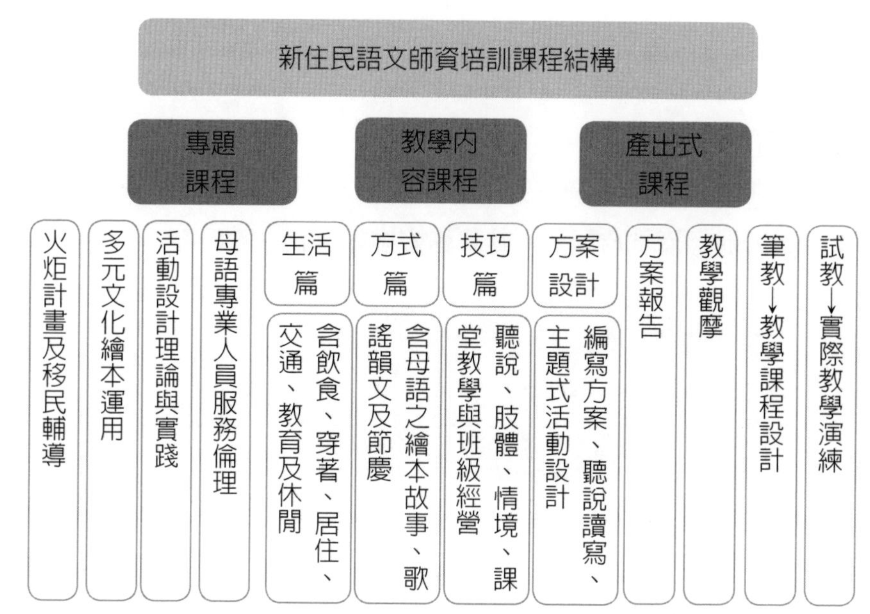

圖10-4　火炬計畫新住民語文師資培訓課程結構化

資料來源：作者自行整理

2. 本案採政府採購法，委託民間團體辦理師資培訓；主辦單位研擬需求說明書、計畫簽核、公告招標、評選、議價簽約等程序。建議簽約後應搭配於開班前舉開目標共識會議，開班進行中派員督課，結訓後應辦理驗收並舉開檢討會議，確保新住民語文師資委外培訓之品質。

三、證書階段師資培訓課程

從2016年8月起，新住民語文師資培訓由教育部規劃接手，並將正式名稱定名爲「新住民語文教學支援工作人員培訓」，由各縣市政府舉辦的師資培訓正式走入歷史。教育部統籌新住民語文師資培訓的工作，所開辦的班級統稱爲新住民語文教學支援工作人員資格班後來更名爲認證班（2016年起）和進階班（2017年起），另有回流教育班（2018年起）。培訓結束通過教學實習與評量後，始發予研習證書。新北市配合教育部亦申辦開班，三年來持續開辦「新住民語文教學支援工作人員培訓」課程基礎班（後來更名爲資格班）、進階班和回流教育班，如表10-9、表10-10、表10-11所示：

表10-9　「新住民語文教學支援工作人員培訓」資格班課程表（36節）

課程項目	課程名稱	節數	備註
第一天			
8:30～8:50	開訓典禮		
8:50～10:20	臺灣國中小教育概況	2	
10:30～12:00	教學資源與運用	2	
13:30～16:10	新住民語文語音與拼音教學	3	分組上課
第二天			
8:30～11:10	新住民語文讀寫教學	3	分組上課
11:20～12:10	新住民語文聽力教學	1	分組上課
13:30～15:00	新住民語文聽力教學	2	分組上課
15:20～16:10	新住民語文文化教學	1	分組上課
第三天			
8:30～10:00	新住民語文文化教學	2	分組上課
10:00～14:00	新住民語文口語教學	3	分組上課
14:10～16:40	新住民語文語法與教學	3	分組上課
第四天			
9:00～12:00	新住民語文詞彙教學與應用（初級）	3	分組上課
13:30～16:30	新住民語文教材分析與實踐	3	分組上課
第五天			
8:30～10:00	教材教法㈠	2	
10:20～11:50	新住民語文教材教法㈡	2	分組上課
13:10～14:40	班級經營	2	
14:50～16:20	教學實習與評量	2	分組評量

資料來源：新北市政府教育局

表10-10　「新住民語文教學支援工作人員」進階班課程表（36節）

課程項目	課程名稱	節數	備註
第一天			
8:50～9:20	開訓典禮		
9:30～12:00	教案設計及撰寫	3	
13:30～16:00	教案設計及撰寫	3	
第二天			
8:50～12:10	教具製作與應用	4	
13:30～16:00	電腦資訊應用	3	
第三天			
8:50～12:10	電腦資訊應用	4	
13:10～16:30	新住民語文教材教法實務	4	分組上課
第四天			
8:50～12:10	新住民語文教材教法實務	4	分組上課
13:10～16:30	新住民語文教材教法實務	4	分組上課
第五天			
8:50～12:10	新住民語文教材教法實務	4	分組上課
13:30～16:30	教學實習與評量	3	分組評量

表10-11　「新住民語文教學支援工作人員培訓」回流教育班課程表（8節）

時間	課程類別與主題內容	上課節數	備註
8:00～8:30	報到		
8:30～8:50	開訓典禮		
8:50～10:20	主題：課程與教學	2	
10:30～12:00	主題：班級經營	2	
12:00～13:00	午餐		
13:10～14:40	主題：輔導知能	2	

時間	課程類別與主題內容	上課節數	備註
14:50～16:20	主題：危機處理	2	
16:20～16:40	綜合座談		
16:40～	賦歸		

資料來源：新北市政府教育局

㈠課程特色分析

1. 先前火炬階段「新住民母語師資培訓」，僅32小時的培訓課程，且無實習機制，是不符合《國民中小學教學支援工作人員聘任辦法》的規定。本證書階段師資培訓課程則依政府對教學支援人員（第2條）之定義爲具有特定科目、領域之專長，以部分時間擔任教學支援工作者，包括英語及第二外國語、鄉土語言、藝術與人文、綜合活動等，（第3條）且經直轄市、縣（市）主管教育行政機關所舉辦之教學支援工作人員認證，取得合格證書者。
2. 本證書階段師資培訓課程及行政標準化，建基於火炬階段師資培訓課程所建立之新住民語文師資培訓的模式。資格班後來更名爲認證班之課程結構涵蓋了教育基礎課程、教學方法課程、教學基本學科課程、教材教法與教學實習課程。行政標準化涵蓋了辦理說明會、各縣市研訂開班計畫、提報申請計畫、計畫審查、經費核撥、計畫核結以及成效考核等七項標準作業流程。
3. 新北市所辦資格班後來更名爲認證班和進階班最明顯之不同，就是採行擋修機制以及教學實習與評量時間加倍。所謂擋修機制：學員應繳交作業（含教案設計及撰寫、教具製作與應用、電腦資訊應用）並經授課講師評定合格，始可參加教學實習與評量。而教學實習與評量在資格班後來更名爲認證班和進階班分別爲10分鐘和20分鐘。

㈡課程建議分析

1. 在資格班後來更名爲認證班培訓對象方面，未設基本學歷門檻；未知原生國語文程度；來臺時間久而未用原生國語文而致退化等，這些疑慮皆須有所釐清。
2. 在進階班和回流教育班培訓對象方面，雖提到已取得「教學支援工作人員」研習證書者，並有授課證明者之規定，但看似乎較爲寬鬆。建議進階班培訓對象，加設並曾有授課證明40小時以上者；回流教育班培訓對象，則加設並爲現職之授課證明者。進階班和回流教育班本皆有教學增能作用，於此加設條件可發揮研習資源之應有功效。

肆、新北市新住民語文師資培訓之課程地圖

由上述三大階段課程之剖析，可梳理出新北市新住民語文師資之培育，包括師資職前教育、教育實習及教師在職進修。新北市新住民語文教學支援工作人員培訓之課程，包括普通課程、教育專業課程及專門課程。普通課程：爲培育教師人文博雅及教育志業精神之共同課程。教育專業課程：爲培育教師依師資類科所需教育知能之教育學分課程。專門課程：爲培育教師任教學科、領域、群科專長之專門知能課程。茲從課程地圖構想與圖像、課程地圖特色與結構、教學演示與評量分述如下：

一、課程地圖構想與圖像

㈠基本構想

1. 師資培訓的面向除了師資職前培育，且包含師資導入輔導、教師在職專業發展與相關支持體系。
2. 師資職前培育的課程除了修習教育專業課程學分，且包含師資專門課程任教語文別的教學能力。
3. 師資培育資格的取得除了通過教學實習，且包含師資普通課程之教育志業精神及涵養師道品德。

㈡師資培訓圖像

1. 標準本位的專業培訓系統：教師專業標準學習的教學意象。
2. 培用理念的政策運作網絡：師資培訓品質提升的教學意象。

二、課程地圖特色與結構

㈠師資培訓課程特色

1. 兼顧課程理論與實務應用。
2. 培養師資班級經營能力與學生輔導知能。
3. 開設教育專業倫理課程，增強師資信念及道德理念。
4. 培養師資的情意教育，重視文化潛在課程的影響。

㈡師資培訓課程結構

本文課程結構是指課程各部分的架構和聯繫，即課程內容有機連結在一起的組織方式。主要架構包含教育基礎課程（education basic course）、教學方法課程（teaching method course）、教學基本學科課程（teaching basic course）、教材教法與教學實習課程（teaching material and teaching internship course）、必選課程（required course）及選修課程（elective course），如圖10-5。

1. 教育基礎課程：如臺灣國中小教育概況、電腦資訊應用。
2. 教育方法課程：如教案設計及撰寫、學習評量。
3. 教學基本學科課程：如新住民語文語音與拼音教學、新住民語文讀寫教學、新住民語文聽力教學、新住民語文文化教學、新住民語文口語教學、新住民語文語法與教學、新住民語文詞彙教學與應用。
4. 教材教法與教學實習課程：如新住民語文教材分析與實踐、新住民語文教材教法、教學實習。
5. 必選課程：如班級經營、輔導原理與實務、教學資源與運用、教具製作與應用以及國語文課程（溝通之用）。

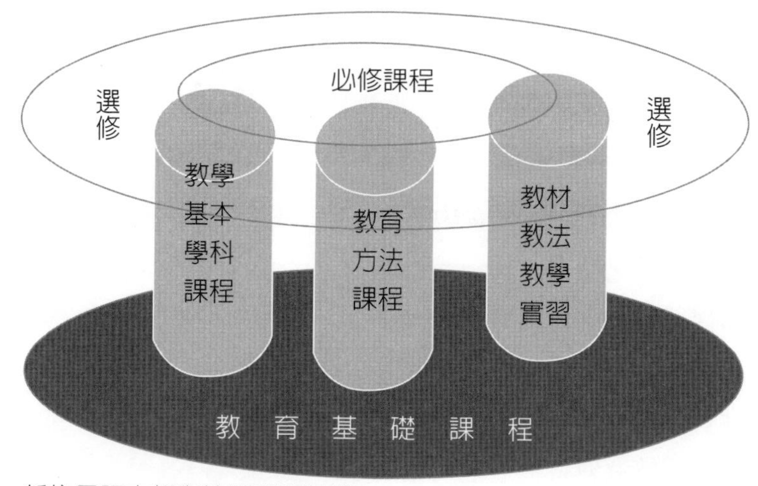

圖10-5　新住民語文師資培訓課程結構
資料來源：作者自行整理

6. 選修課程：如課程與教學、班級經營、輔導知能及危機處理。

三、教學演示與評量

㈠評量架構

新住民語文教學支援工作人員之結業認證條件，須通過教學演示評定合格，始發給結業證明。教學演示評量表之評量項目共分五大項，包括「教材知識」、「教學內容」、「教學策略」、「班級經營」及「溝通技巧」，分述如下：

1. 教材知識，包括：充分掌握教材內容，有效連結學習者的舊知識，結合學習者的生活經驗等三項。
2. 教學內容，包括：說出學習目標或重點，有條理的呈現教材內容，正確而清楚講解重要概念，多舉例說明或示範，澄清迷思概念或價值觀，有效使用教學媒體與資源（含教具、圖片等），提供適當的練習，適時歸納總結學習的重點等八項。
3. 教學策略，包括：引發學習者學習動機，善用教學活動或策略，教學活動順暢進行，善於使用問答技巧，引發學習者思考，適時檢視學習者的學習情形（含口頭提問），根據學習者個別差異實施補救或充實教學，採用適當的評量（含家庭作業）等八項。

4. 班級經營，包括：教室秩序常規良好，妥善運用獎懲技巧，學習者能積極參與學習，有效掌握教學節奏和時間，妥善處理學習者的不當行爲等五項。

5. 溝通技巧，包括：適當運用肢體語言，教室走動關照學習者，教師展現教學熱忱，師生互動良好，板書正確、工整，口語清晰、音量適中等六項。

㈡評量計分

教學演示之評量計分相當嚴謹且具體，對於受試者及評審人員皆可有所遵循。教學演示評量表之評量項目共分五大項30小項，每項評量成績分列：「優良」、「普通」、「待加強」，得加註文字敘述。總評：分爲合格或不合格，評量成績10項（含）以上待加強者，總評爲不合格；亦即總評合格（普通以上）項數須占比2/3以上，不合格（待加強）項數占比1/3以下。

㈢評量流程

教學演示之評量規範及流程，包括評量時間、評量範圍、教學演示內容、評量前應完成作業、抽題時間、講師講評等。評審人員於事前召開評量行前會議，並於事後召開評量後評審會議，決定合格與否。如表10-12所示。

表10-12　新住民語文教學演示與評量流程SOP

班別	進階班	基礎班（後來更名為資格班）
評量時間	20分鐘	10分鐘
評量範圍	第一冊　第一課～第四課	第一冊　第一課～第二課
教學演示內容	以課文中的每兩頁為一張抽籤單，作為試教的抽籤考題。	同左
評量前應完成作業	(1) 再次確認學員母語能力（聽說讀寫）及中文聽與說能力。 (2) 作業（教案、教具、電腦應用）需繳交並評定合格方能參加教學演示評量。 (3) 確認學員的出缺席紀錄。	(1) 再次確認學員母語能力（聽說讀寫）及中文聽與說能力。 (2) 缺課時數不得超過6節。
抽題時間	第五天　上午十一點過後	第五天　上午十一點過後
講師講評	2-3分鐘/每學員	2-3分鐘/每學員
重點提示	(1) 務必要求進階班講師依照課程大綱授課，資格班後來更名為認證班必須以培訓教材內容為依據，講師可補充。 (2) 針對新住民二代或是東南亞系之學生的語文能力，於報到第一天，務必請母語講師給予口考上的能力鑑定，確定有具備學習條件，方可讓其進行後續天數的課程研習。 (3) 授課其間，母語講師與學員進行課程教學母語對話時，母語與中文表達能交錯使用，避免說些與課程無關的內容。	
評量進行	(1) 準備教學演示評量表。 (2) 召開評量行前會議。 (3) 教學演示時間。 (4) 評量教師務必明確寫明該學員值得稱許及改進事項。 (5) 召開評量後評審會議，決定合格與否。	

資料來源：教育部

伍、新北市新住民師資培訓之發展方向

隨著全球化、多元化發展，爲尊重與欣賞新住民的語言及文化，並保存與發展成爲一種文化的資產，教育部於2014年公布的《十二年國民基本教育課程綱要》中，將新住民語文增列為國小必修課程。緊接著重點工作之一就是新住民語文教學支援工作人員之培訓，師資培訓絕對是重中之重。2005年以來不論在質與量，新北市政府已辦理新住民語文教學人才之師資培訓課程，針對新住民師資給予訓練使成為語文、文化教師，為十二年國民基本教育新住民語文之推進做出了不可磨滅的貢獻。

在此基礎上，本文期能精進師資培訓課程及制度，厚植新住民語文師資對專業能力重視程度，提出未來新住民語文教學支援工作人員培訓方案之規劃系統，包括情境分析次系統、需求評估次系統、規劃設計次系統、支持支援次系統、師培執行次系統及成效評估等六個次系統。如圖10-6所示。情境分析次系統是指目前或未來所處的大環境對師資培訓之分析；需求評估次系統是指師資培訓之願景、目標、構想；規劃設計次系統是指師資培訓細部之方案、計畫、活動；支援支持次系統是指輔導機制及共備社群之深化；師培執行次系統是指師資職前教育、教育實習及教師在職進修

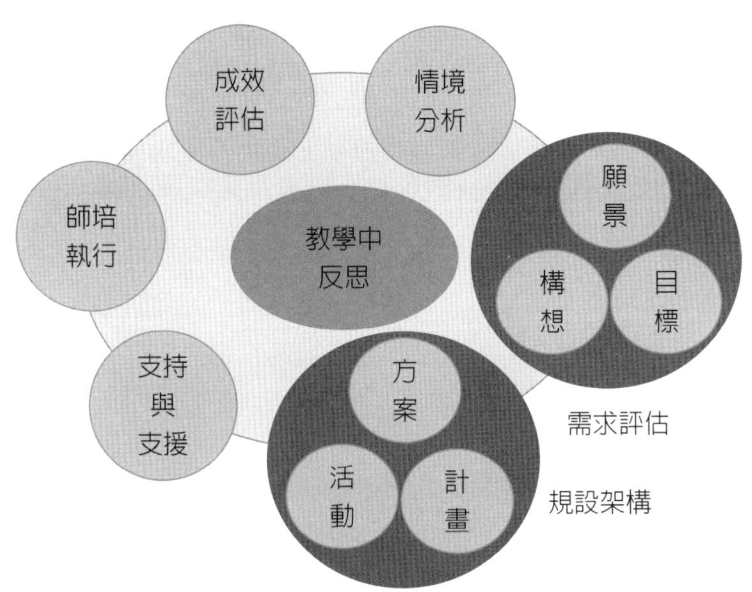

圖10-6　新住民語文師資培訓方案之規劃
資料來源：作者自行整理

之統整；成效評估次系統是指師培課程教學演示與評量之落實。此師資培訓方案之六個次系統，都要建構在新住民語文教學支援工作人員本職教學能力之提升以及孩子學習之成效，是故此一透過規劃、設計、執行與評鑑過程中之不斷反思，依此系統從輔導機制、共備社群、資源中心、教學專業、師資認證、配套措施等方面，分述新北市新住民師資培訓之發展方向。

一、輔導機制方面

將新北市現有之國際文教輔導團新住民文教推廣組獨立成團。有鑑於新住民語文的學習將於108學年度正式列爲中小學的學習領域，是國內過去未曾有過的經驗，因此必須鼓勵有興趣及有能力之中小學教師投入教學，更須培訓教學支援教師投入第一線教學工作。此輔導運作須有計畫有組織地規劃，新住民語文課程教學輔導團所需之運作及人員遴聘亦須有所規定，始能發揮新住民師資輔導穩定之教學效果。

二、共備社群方面

爲精進教師的教學，未來對於新住民師資強調四個重點：㈠共備社群以共同學習爲目標；㈡共備社群進行分享交流學習；㈢共備社群促進相互激勵學習；㈣共備社群能持續性分享，進而提升成員與團體的知識。新北市首創之共備社群是指一群具有共同學習興趣或學習目標的成員所組成，經由持續性分享交流、參與學習、相互激勵，提升彼此的知識、技能或態度。相關規劃重點內容之剖析，請詳閱本篇第五章。

三、資源中心方面

建議善用資源中心新住民文化圖書資源庫，鼓勵教學支援教師運用雲端資訊科技與素材；並能在資源中心定期辦理在職進修及研習，同時陳列新住民語文教學成果。新北市政府教育局規劃新住民語文教育資源中心之目的即在此，該中心結合「教師研習」、「研究發展」、「文化圖書」及

「網路平臺」等四大功能，以做爲師資培訓及教學資源整合平臺，完善教學支援人員支持及輔導系統，提供新住民教學工作人員教學所需之文化圖書及網路資源，以利精進教學。相關規劃重點內容之剖析，請詳閱本篇第四章。

四、教學專業方面

新北市爲提升教師教學水準與專業化，不只是培養新住民單一語種的教學能力，而且培養具備多元文化教學、能設計差異化教育計畫以及重視故事敘說等綜合能力。在課程與教材方面進行滾動式修正，實施分級教學，評估學習者起點行爲來細化課程與教學。當然，所謂教學專業相對於分級教學，顯現在教學支援工作人員能達到某一級別教材教法表現所需的標準，亦即顯示透過師資培訓晉級課程使其達到某一精通水準，訂下深厚教學經驗與能力之基礎。

五、師資認證方面

目前新住民語文教學支援工作人員之結業認證條件寬鬆，通過10分鐘之教學演示評定合格，即能發給結業證明。此僅與研習本體相連一小部分，未來能與課程分離爲主要部分，讓師資培訓課程被專注課程學習，教學演示評量被專注實習教師認證。又，新北市師資培訓課程結構專注於教學方法的專業、語言教學的實際運用、語言整合教與學、課程準備以及文化知識傳遞等；師資認證方面相對於能分級分項加以評定並發給教師證書。但到目前爲止，教師資格證書制度還不完善，因此沒有接受過分級分項評量的教師仍可以進入學校從事課堂教學。未來希望建構師資認證制度，讓「教學支援工作人員」提升爲「新住民語文專長教師」。

六、配套措施方面

本文前述分析截至目前爲止，部分國籍語言師資人才不足之配套措施建議：(1)國小可鼓勵新住民家長參與學校事務與教學支援人員培訓，就近滿足學校所需求；⑵提醒有意願之足18歲新住民二代接受教學支援人員培訓，尤其是柬埔寨籍師資。另外，新北市幅員遼闊，區域師資分布不均，偏鄉地區開課不易，配套措施建議：⑴跨校共聘師資，核實補助交通費用；⑵遠距網路廣播，可進行互動教學；⑶實施混齡編班，混教材差異教學。

陸、結語

新北市近年來積極展開一連串的師資培訓改革政策，但在新住民語文專業師資方面仍有努力進步的空間，本文乃就新住民語文師資，首先針對培訓課程包括「華語學分」、「教學學分」、「實習學分」、「班級經營學分」等之強化。其次，建立新住民師資「教學社群」及「成長團體」等支持系統。再者，師資培訓除職前教育還有在職教育，在職教育似乎更為重要、更需長久。因之，建立新住民師資「課程地圖」及「共備社群」可為「在職教育」直接而有效之方式，亦可隨時提供教師平日教學之協助，如課程計畫書寫協助、班級教學疑難問題釋疑以及教學評量與回饋等協助。

整體而言，新北市在新住民語文教學支援工作人員師資培訓之課程結構、輔導機制、共備社群、資源中心、教學專業、師資認證及配套措施上，在在促進新住民語文教師的地位提升；在增加專業知識的同時，也增進了教師自我效能的提升，等於鼓勵新住民語文教師進修與素質的增進。讓新住民語文教學支援工作人員受重視程度，經由教師專業所發揮之功能，一方面所表現之能力，一方面所顯現工作態度，比實質上獎勵是更形重要。當然提升教師專業地位之形象，向來是教育界努力的目標，也是廣大教師和新住民家長的殷切期盼。

第十一章
新住民語文學習教材

壹、緣起

爲尊重人權、多元文化及增進族群關係和諧，並保存與發展成爲族群文化的資產，103年11月28日發布之《十二年國民基本教育課程綱要總綱》，已將新住民語文增列爲國小必修課程。國小階段，每位學生可以依據實際需求，選擇閩南語文、客家語文、原住民族語文或新住民語文等其中一項，每週進行一節課的學習；國民中學／高級中等學校階段將新住民語文列爲選修，依學生需求於彈性學習課程或校訂課程開設。而爲了強化母語文課程的延伸成效，在總綱的實施要點中也鼓勵教師在各領域教學時，可使用雙語或多語言；並在學校生活中，也鼓勵師生養成使用雙語或多語的習慣。

近年來，政府已辦理新住民語文教學人才之培訓課程，針對新住民給予訓練使成爲語文、文化教師。然而，過往新住民語文教材多爲自編或補充教材，正式教科書付之闕如，新住民語文教學亟待系統性教材；因而，教育部已於105年至107年間委託新北市編輯越南、印尼、泰國、緬甸、柬埔寨、菲律賓、馬來西亞等七國語文學習教材與教師手冊，從小學到高中，四個學習階段，共計學習教材126冊，教師手冊126冊。

貳、背景脈絡與現況分析

一、背景脈絡

自從103年公布新住民語文課綱之後，中央及地方、各級學校及民間組織如火如荼展開教材編輯的工作，以下將教材編寫、試教相關期程加以說明：

1. 103年11月28日發布之《十二年國民基本教育課程綱要總綱》，已將新住民語文列入語文領域學習課程。
2. 105年1月起投入經費開始編撰七國126冊教材。
3. 106年8月起補助縣市政府，辦理第一學習階段教材試教。
4. 107年1月審查通過之試行教材試教回饋修正。
5. 107年2月起持續補助縣市政府辦理第一學習階段教材試教。
6. 107年4月全國首座「新住民語文教育資源中心」於新北市新店區北新國小盛大舉行揭牌儀式，象徵新住民語文學習邁入新的里程碑。
7. 107年8月完成新住民語文學習第一階段數位教材。
8. 107年8月賡續補助縣市政府辦理第一及第二學習階段教材試教。
9. 107年8月完成評估設置中央新住民語文課程與教學輔導團之可行性。
10. 107年9月賡續研發新住民語文學習第二階段數位教材。
11. 107年12月前研發新住民語文教學或學習教材，並彙整至單一網站。
12. 108年2月前成立各縣市新住民課程與教學輔導團。
13. 自108學年度，依照不同教育階段由一年級起逐年實施。

二、現況分析

因應新課綱的推動，相關配套皆需到位，包括課程、師資、設備、經費乃至於家長觀念等。而師資培育與教材編纂為重要的二大關鍵，且二者息息相關。目前師資培育大致到位，但偏鄉尚須共聘師資；有關教材編纂其歷程及展示現況一併說明如下：

㈠編輯團隊對教材的深切投入與精準詮釋

教育部發布《十二年國民基本教育課程綱要總綱》之後，即馬不停蹄的籌編七國新住民語文教材相關事宜，同時亦邀請學者專家及新北市新住民語文輔導團組成編輯團隊。職是之故，新北團隊扮演領頭羊角色，不畏時間緊迫，從105年至107年接受教育部委託編纂新住民語文學習教材，期藉由新北十年經驗，深切投入教材研發與試教歷程，透由母語教師和中文教師雙向交流與無縫詮釋，精準修正教材內容，確保新住民語文學習品質，以落實十二年國民基本教育「成就每一個孩子」的願景。本教材不僅可提供新住民及其子女傳承新住民原生國之語文學習，亦可拓展臺灣各族群修習新住民語文的課程學習之用。

㈡新住民語文教材編纂、審查、試教、修正、再審查，嚴格把關

為因應新住民語文課程之實施，有關學生學習教材，教育部國教署已積極編撰，國小第一至第三學習階段各4冊，國中第四學習階段共6冊，7種語言別共計126冊，以因應各級學校新住民語文課程教學之需求。目前，七國新住民語文皆已審訂完成。新住民語文教材編製完成後，期望藉由教材試教的歷程，修正教材內容以臻完善；學校試辦完成後之實際教學概況、教材使用意見，填寫於教學觀察表及教材回饋單，可作為編撰單位修正教材之參據。新住民語文教材試教計畫從106年8月至107年1月實施，參與試教班次計有15縣市44校，共計開設58班。新住民語文教材之編纂嚴格把關，確保108學年度新住民語文課程之正式實施（教育部國教署，2017）。

㈢新北市成立全國首座「新住民語文教育資源中心」

新北市政府教育局107年4月於新店區北新國小盛大舉行「新住民語文教育資源中心」揭牌儀式，象徵新住民語文學習邁入新的里程碑。該中心結合「教師研習」、「研究發展」、「文化圖書」及「網路平臺」等四大功能，做為師資培訓及教學資源整合平臺，提供新住民7語教學支援人員教學所需之圖書及網路資源，以利精進教學。

參、新住民語文教材架構與各階段方法

一、新住民語文教材架構

新住民語文課程的開設內容依據「十二年國民基本教育課程綱要語文領域——新住民語文」，初期開設語別以目前在我國婚姻移民及其二代子女中，人數最多的越南、印尼、泰國、緬甸、柬埔寨、菲律賓、馬來西亞等東南亞地區七國的官方語文爲主。故本教材之架構以語別和能力分級兩軸交織，並以核心素養和單元主題交互構建。

教材水平架構是就七國不同語別之特性分別研發，並著重生活情境的語言應用及文化理解。教材垂直架構而言，課程編排採能力分級，包括四個學習階段，每一年段爲2冊，共18冊，第1至12冊以溝通對話爲編寫體例，第13至18冊以短文爲主。18冊是規範在4個學習階段的能力表現，1～4冊是第1學習階段，5～8冊是第二學習階段，9～12冊是第3學習階段，13～18冊是第4學習階段。所以，從沒有上過越南語的國中1年級學生，也必須從第1學習階段第1冊開始上課；同理，已有上過越南語的國小1年級學生，也未必從第1學習階段第1冊開始上課，因爲新住民語文是以能力分級，而不是以學級分級。

課程開始前，學校應採用合宜的方式了解學生的語文程度，規劃合適的語文程度級別課程，實施適性教學。本教材之課名配合文化情境及核心素養編排、學習重點及議題融入，教材每一冊體例爲「課文」、「基本詞彙」、「認讀詞彙」、「語文活動」、「文化教室」，第二冊起有「字母拼音」，從課文、詞彙及語句帶動學生融入到文化議題。其教材架構如表11-1所示（以越南語爲例）：

表11-1　新住民語文越南語教材架構—各冊課文主題與內涵

		單元名稱			
第一冊	課次	第一課	第二課	第三課	第四課
	課名	我的名字	請坐	我的家	爺爺您好
	內涵	學校稱謂	學校問候	家人稱謂	家人問候
第二冊	課次	第一課	第二課	第三課	第四課
	課名	我們的校園很美麗	鉛筆盒裡有什麼？	外公、外婆，您們好嗎？	今天吃什麼？
	內涵	顏色	文具	家族稱謂	三餐
第三冊	課次	第一課	第二課	第三課	第四課
	課名	下雨天	看書	打鼓	舅舅家
	內涵	天氣	五官	母國家庭生活環境	居住環境的差別
第四冊	課次	第一課	第二課	第三課	第四課
	課名	我現在念二年級	下課了	阿姨好	你今年幾歲？
	內涵	校園生活、星期	校園環境	數字、打電話	住址、年紀
第五冊	課次	第一課	第二課	第三課	第四課
	課名	新同學	我的興趣	校園走一走	踢足球
	內涵	特徵	興趣	校園設施	運動種類
第六冊	課次	第一課	第二課	第三課	第四課
	課名	歡迎來作客	參加喜宴	周末去哪裡	放學回家
	內涵	菜餚	服飾	休閒活動	交通工具
第七冊	課次	第一課	第二課	第三課	第四課
	課名	中秋節	胡伯伯	水上木偶	奶果
	內涵	節慶	人物	戲劇	水果
第八冊	課次	第一課	第二課	第三課	第四課
	課名	尊敬	生日快樂	水上市場	外婆的家
	內涵	身體部位	習俗	水上市場	家庭設施

		單元名稱			
第九冊	課次	第一課	第二課	第三課	第四課
	課名	美麗的S形	多加一件外套	到市場走一走	問路
	內涵	地理	氣候差異	與社區陌生人互動、方向	與社區陌生人互動、時間
第十冊	課次	第一課	第二課	第三課	第四課
	課名	拜訪村長	逛超市	迎親	過新年
	內涵	互動禮儀	認識錢幣	傳統婚禮	節慶食物
第十一冊	課次	第一課	第二課	第三課	第四課
	課名	送花	買玩具	土地公	鳳阿姨
	內涵	性別規範	互動禁忌	宗教信仰	姓氏
第十二冊	課次	第一課	第二課	第三課	第四課
	課名	上網學越南話	越南語老師	外公外婆來臺灣	給外婆的一封信
	內涵	資訊媒體應用	文化差異	接待親友	能書寫簡單的生活用語
第十三冊	課次	第一課	第二課	第三課	第四課
	課名	婚禮的祝福	外公的壽宴	舅舅是人民委員代表	改良劇
	內涵	正式場合中言語規範	正式場合中非語言規範	原生國的政治特色	原生國的藝文特色
第十四冊	課次	第一課	第二課	第三課	第四課
	課名	買一雙運動鞋	河內與胡志明	下龍灣	鴨仔蛋與臭豆腐
	內涵	原生國與我國的未來發展	原生國歷史與政治	原生國世界物質文化遺產	新住民的飲食
第十五冊	課次	第一課	第二課	第三課	第四課
	課名	去順化旅行	越南斗笠	麵包及咖啡	粽子和麻糬
	內涵	原生國的歷史	原生國的藝文特色	原生國的歷史	新住民年節食物的特殊文化意涵

		單元名稱			
第十六冊	課次	第一課	第二課	第三課	第四課
	課名	峴港	護照遺失	要學好越語	北寧官賀
	內涵	原生國經貿與觀光	認識駐外單位	認同新住民母語的重要和發展	原生國的音樂
第十七冊	課次	第一課	第二課	第三課	第四課
	課名	越南的宗教	東湖畫	灶神節	國際移民日
	內涵	認識新住民國家之宗教差異	原生國的藝文特色	新住民節慶的特殊文化意涵	新住民良好的社會互動
第十八冊	課次	第一課	第二課	第三課	第四課
	課名	鳳阿姨去工作了	新住民的投票權	媽媽是導遊	畢業後的計畫
	內涵	工作保障	新住民的政治參與權益	重視新住民的學習表現	升學進路

資料來源：教育部

二、各階段方法

新住民語文課綱之規劃上，依照學生的語文程度，將學習表現與學習內容所構成的學習重點，劃分成一級（Ⅰ）、二級（Ⅱ）、三級（Ⅲ）、四級（Ⅳ）等四個學習階段，可提供學生在不同的基礎上接續學習。茲以學習內容之「語言要素」加以說明（教育部，2018）：

㈠國小一級（Ⅰ）

第一學習階段方法以培養聆聽、說話、兒歌展演能力爲主、拼音及基本寫字能力爲輔；在字母與語音方面，擔心學生負擔重，所以不教拼音、字母；在詞彙方面，爲簡單自我介紹時以及家庭和學校生活中的新住民語言基本詞彙；在語句方面，爲簡單自我介紹時以及家庭和學校生活中的新住民語言基本語句。

㈡國小二級（Ⅱ）

第二學習階段方法著重拼音、基本寫字能力及閱讀；在字母與語音方面，學習內容爲新住民語言的發音與語調、聲調標記以及字母與拼讀系統；在詞彙方面，爲家庭和學校生活中的新住民語言常用詞彙；在語句方面，爲家庭和學校生活中的新住民語言常用語句。

㈢國小三級（Ⅲ）

第三學習階段方法強調句型語法及該國教科書短文欣賞、寫作及跨文化理解；在字母與語音方面，學習內容爲新住民語言的發音與語調、聲調標記；在詞彙方面，爲社區生活中的新住民語言常用詞彙；在語句方面，爲社區生活中的新住民語言常用語句。

㈣國中四級（Ⅳ）

第四學習階段方法融入跨國職涯體驗與經貿議題；在字母與語音方面，學習內容同國小三級（Ⅲ）；在詞彙方面，爲社會生活中的新住民語言常用詞彙；在語句方面，爲社會生活中的新住民語言常用語句。

肆、新住民語文教材編輯分析與論述

一、分析課綱核心素養之發展

新住民語文教材編輯原則之一爲語言與文化學習並重：除了培養學生聽、說、讀、寫基本的語言能力外，尙重視新住民文化的認識、理解與欣賞，以培養學生具備跨文化、跨族群溝通的能力。新住民語文教材編輯原則之二強調跨文化行動力：在全球化的發展下，跨國的教育、工作、婚姻、資訊連結等現象日益普遍，不同文化的接觸也帶來某些文化的衝擊與誤解。其學習重點（learning focus）包含學習表現、學習內容兩大部分（parts），如圖11-1所示。學習表現（learning performance）

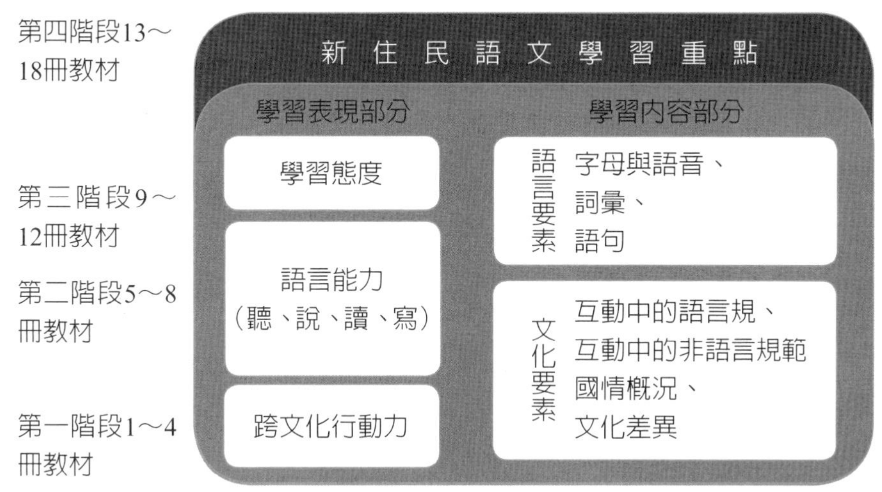

圖11-1　新住民語文教材編輯重點方法

資料來源：作者自行整理

包含「學習態度」、「語言能力」、「跨文化行動力」三面向（learning orientations），合計47項學習表現：

1. **學習態度**：樂於學習、結交朋友、主動分享、議題關心等，計有8項學習表現。
2. **語言能力**：聽說讀寫其字母、詞彙、句子、生活用語、文本等，計有25項學習表現。
3. **跨文化行動力**：跨文化的人際互動能力、組織互動能力與國際互動能力等，計有14項學習表現。

第二部分新住民語文教材之學習內容（learning content）包含「語言要素」、「文化要素」二面向，合計50項學習內容茲分析如下：

1. **語言要素**：字母與語音、詞彙、語句，計有20項學習內容。
2. **文化要素**：互動中的語言規範、互動中的非語言規範、國情概況、文化差異，計有30項學習內容。

茲舉新住民越南語文課本「第一冊第一課：我的名字」做爲核心素養學習重點的說明，這一課主要是教學生在學校生活中的新住民語言基本詞彙和認讀詞彙。學生在學校的稱謂，基本詞彙有：「bạn（bạn học）同學」、「thầy（thầy giáo）男老師」、「cô（cô giáo）女老師」、「em我」等四個，這四個詞彙構成了課文內容，一定要學會聽說讀並記住；認讀詞彙有三個：「tên名字」、「của em我的」、「là是」，只要會聽說就可以了。課文有20個字，內容的學習重點要呼應課綱的學習表現和學習內容，學習表現包含「學習態度」、「語言能力」、「跨文化行動力」三面向，學習內容包含「語言要素」、「文化要素」二面向。其中「1-Ⅰ-1」對應到核心素養具體內涵的「新-E-A1」理解新住民語言與文化，並樂於學習新住民語文。「3-I-1」及「Bd-I-1」皆對應到核心素養具體內涵的「新-E-C2」樂於與不同文化背景的人建立友誼。如表11-2所示。

二、論述學生導向之教材編輯

㈠語法、語境、語用之考量

新住民語文教材之編輯並非用本國語文翻譯爲各種新住民語文，而是以課程內容主題架構爲主，融入各國文化、語言特色於學校或家庭情境。倘若編輯模式是以臺灣專家編寫中文教材，再請各國人士翻譯爲該國語言，是奇怪的編輯模式，再者，因是從中文翻譯過來，會有很多中文用詞與新住民語文用詞不同，語境不同、語法也不同，會變成一種不自然、不道地的語言。故本教材以學生心理與生活情境出發，兼顧該國語言文化及其生活情境經驗。新住民語文教材依據新住民母國情境來撰寫課文內容，避免中文式的思考，以免母語教學淪爲翻譯式的學習，新住民語文學習教材尊重雙邊文化的差異，能因應各級學校新住民語文課程教學之需求。

㈡以學生心理出發

本教材組織方式以心理的組織法爲主，論理的組織法爲輔。新住民語文學習教材雖依據教材自身的系統，作一種有規則的排列，但仍顧及學習的難易和學生的需要爲前提。所謂心理的組織法（Psychological

表11-2　越南語文學習教材「第一冊第一課我的名字」學習重點的說明

<table>
<tr><td colspan="3">冊別</td><td>第一冊</td><td>教學年級</td><td>一年級</td></tr>
<tr><td colspan="3">適用程度</td><td>第一學習階段</td><td>字數（含標點）</td><td>20</td></tr>
<tr><td colspan="3">課名</td><td>第一課我的名字</td><td>主要內涵</td><td>在學校的稱謂</td></tr>
<tr><td rowspan="6">學習重點</td><td rowspan="3">學習表現</td><td>學習態度</td><td colspan="3">1-I-1能樂於參與新住民語文學習活動。（新-E-A1）</td></tr>
<tr><td>語言能力</td><td colspan="3">2a-I-1能聽辨新住民語言的字母。
2a-I-2能聽辨所學習的簡單詞彙。
2b-I-1能掌握新住民語的發音。
2b-I-2能說出所學習的新住民母國語言的簡單詞彙。
2c-I-2能聽辨所學習的新住民母國語言的簡單詞彙。</td></tr>
<tr><td>跨文化行動</td><td colspan="3">3-I-1能與來自新住民家庭的同儕和樂相處。
（新-E-C2）</td></tr>
<tr><td rowspan="2">學習內容</td><td>語言要素</td><td colspan="3">Aa-I-1新住民母國語言的發音與語調。
Ac-I-2家庭及學校生活中的基本語句（如：招呼語、感謝語等）。</td></tr>
<tr><td>文化要素</td><td colspan="3">Bd-I-1新住民母國的親屬、師長、同學互動方式（包括語言與非語言）與我國的異同。（新-E-C2）</td></tr>
<tr><td colspan="6">課本內容（字母第二冊再教）</td></tr>
<tr><td colspan="4">課文內容</td><td>基本詞彙</td><td>認讀詞彙</td></tr>
<tr><td colspan="4">Bài 1: Tên của em
第一課我的名字
Em chào cô ạ! Chào các bạn!
老師好！同學（們）好!
Em tên là Nguyễn ThịLý.
我的名字是阮氏理。</td><td>bạn（bạn học）同學
thầy（thầy giáo）
男老師
cô（cô giáo）女老師
em我</td><td>tên名字
của em我的
là是</td></tr>
</table>

資料來源：修改自（歐亞美，2016）

Organization）係依據學生的經驗、能力、興趣和需要來組織教材，以學生的心理爲教材的出發點，而逐漸擴大其經驗範圍。再者，擔心學生負擔重，所以第一冊不教拼音、字母，各國拼音字母數量，盡量在3～6冊完成。三者，語言要素中「詞彙和語句」的設計，乃依循語言習得的自然歷程，以學習者爲中心，由自我逐漸擴展到家庭、學校、社區至社會。

㈢以生活情境出發

新住民語文教材應依學生的學習程度及學習節數進行研發，著重生活情境的語言應用與文化的理解，並須將學習內容之「語言要素」與「文化要素」均衡結合，使學習不偏於一方。教材編選時，可結合其生活情境，如介紹家人稱謂或學校生活，或納入自然環境相關的題材，供學生學習。學生需要從口頭語言的聽和說過渡到書面語言的讀和寫，因此結合情境的教學，引導學生從學習活動中搭配生活經驗，提高對新住民語文的興趣與信心。同時，兼顧語文的實用性，強調語文在日常生活中運用思考的能力。

三、採取滾動式修正歷程

所謂「滾動式修正」並非不斷變更計畫，而是逐年在既有基礎上做檢討教材之編纂，確保十二年國教新住民語文108學年度可確實上路，如圖11-2所示。

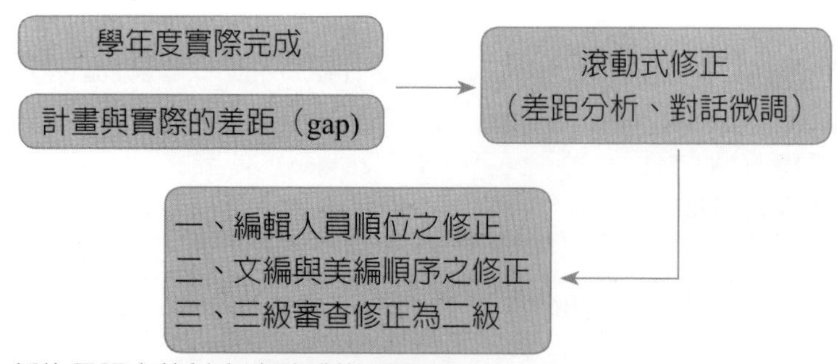

圖11-2　新住民語文教材之滾動式修正歷程

資料來源：作者自行整理

1. 編輯人員順位之修正

編輯人員原從中文定稿後交由新住民語文作者編輯之順位，經過越南語及印尼語教材編輯之後，發現中文轉譯之教材不符七國語言及文化要求，故編輯人員順位修正爲中文作者、新住民語文作者共同討論後編輯，甚至新住民語文作者編輯後再將中文部分交由中文作者修正。

2. 文編與美編順序之修正

編輯人員原爲教材內文與繪圖同步送審，茲因修正太過頻繁，影響美編人員無所適從，故在教材文字一審通過後，才進行繪圖美編之送審順序。

3. 三級審查修正爲二級

新住民語文教材三級審查修正爲二級，茲因審查委員難找、專長人員太少、審查時間難以聚集，甚至出現審查委員意見不一致，原生國籍南北地方差異大（如南北越）等因素，故第二年起審查修正爲二級，省卻縣市層級，直接送部審查，但嚴謹度因此無法預期。

伍、新住民語文學習教材編輯的協作歷程

教育部扮演的角色與協作爲委託與審查，不僅需要協助審查，還必須協助編寫及修正教材內容，以及檢核與對應課綱內涵，並確認中文及新住民語文作者跨文化的溝通。同時須扮演教育部、教育局、和作者之間的互動歷程，例如緬甸柬埔寨的字型需要透過教育部的協作，提供安裝軟體，以利於教材編纂及師生日後課堂教學，此謂「溫暖的協作」。進而協作歷程再由兩個以上的個人或團體爲一個共同的目標而交織在一起工作，透過合作的關係分享知識，經由工作圈之內外激盪和共識而達到教材創作的目標，此謂「信任的協作」。上述二種協作共同交織了這樣一個「信任團隊—溫暖協作—試教回饋—平衡審查」的歷程。如圖11-3所示。

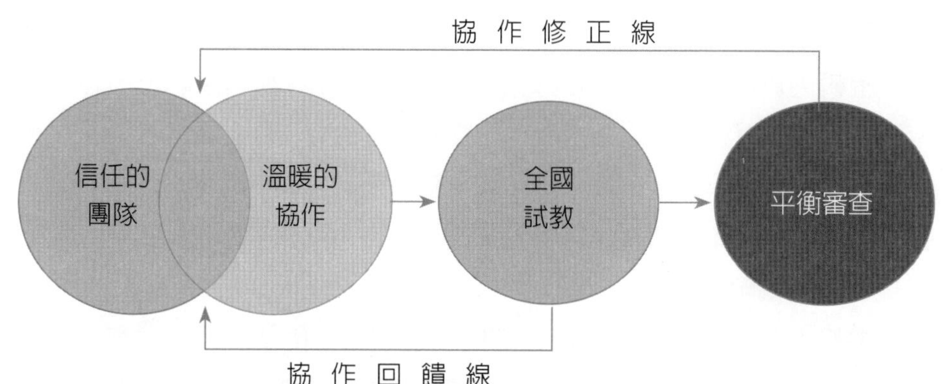

圖11-3　新住民語文學習教材編輯協作歷程
資料來源：作者自行整理

一、組織編輯團隊

透由新住民文教輔導團成立「新住民語文教材編輯團隊」，並形成輔導責任區，首先進行四個學習階段別的分組，再由七國語文主責校長率領臺師、外師執行編纂工作，進行階段別內的分工小組，如圖11-4所示。教材編輯團隊投入新住民七國語文教材編纂，最初的發想係以教學效能提升

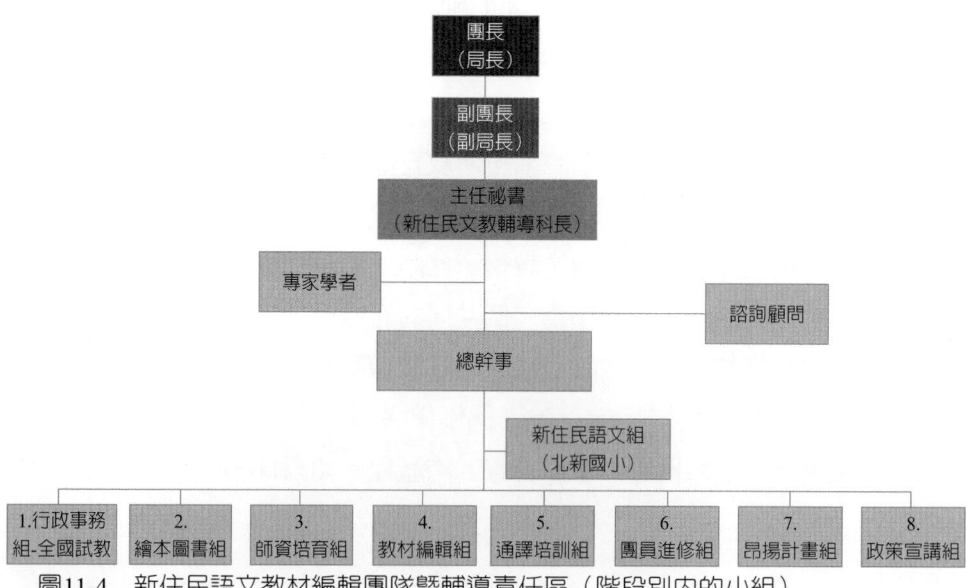

圖11-4　新住民語文教材編輯團隊暨輔導責任區（階段別內的小組）
資料來源：作者自行整理

爲主，隨著幾年下來，建立良好的默契，教材編輯團隊配合新住民教師課程設計實施，從會議討論內容、研習活動辦理、討論分享心得、進行多次會議，透過課程不斷地滾動式修正，近年來，已獲得教育當局的肯定，我們將信念化爲實際產出，儼然形成臺師、外師融合一體編纂的教材創作。

二、教材編輯協作歷程

教材編纂依據十二年國民基本教育總綱及新住民語文課綱，其編輯歷程從小三角編輯開始，教育局主導並發動本市團員及新住民語文教材編輯教師共同起草。首先，中文、新住民語審查委員爲起草人員和教育部初審定調，對新住民語文教材之編纂達成初步共識。編輯完後，送入複審程序，隨即安排全國試教。試教之後，所得之教師回饋意見即供編輯教師修正之參考，最後送進教育部審查定案。如圖11-5所示。

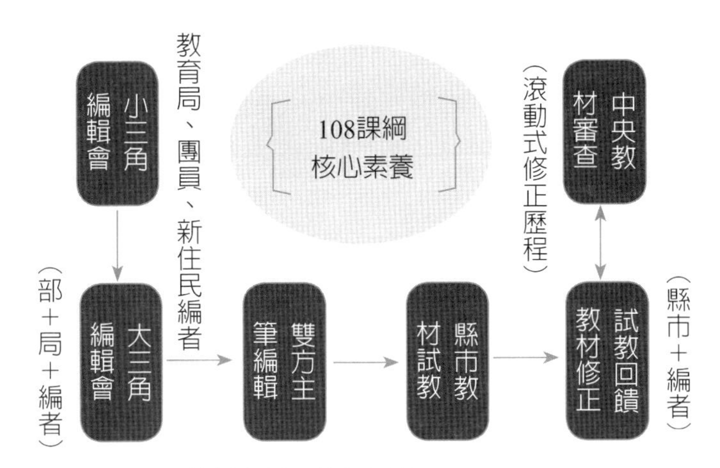

圖11-5　新住民語文學習教材之編輯協作歷程

資料來源：作者自行整理

三、教材全國試教

新住民語文教材（試行版教材）編製完成後，期望藉由教材試教的歷程，修正教材內容以臻完善，學校試教完成後之實際教學概況、教材使用及意見回饋，均作爲編撰單位修正教材之參據。新住民語文教材試教計畫從106年8月至107年1月辦理第一學習階段教材試教，參與試教計有15縣市44校，共計開設印語8班、泰語2班、馬語1班、菲語1班、越語44班、柬語1班及緬語1班，合計58班。預留107年度做爲教材修正的時程，以利108學年度新住民語文課程之正式實施。後續仍委託南投高商賡續辦理進行教材試行工作。

106學年第1學期起，教育部補助各縣市政府辦理第一學習階段教材試教。參與教材試教計畫之學校，授課需使用新住民語文試行版教材，聘任教育部研習通過且具備證書之教學支援工作人員，委託安排專人配合學校行政觀課及錄影，每個單元試教課程完成，於該節授課結束後舉開教學觀課研討會，將師生之回饋學習意見，填寫於教材回饋單及教學觀察表，作爲教材修改依據。新住民語文教材全國試教協作組織之規劃，如圖11-6所示。

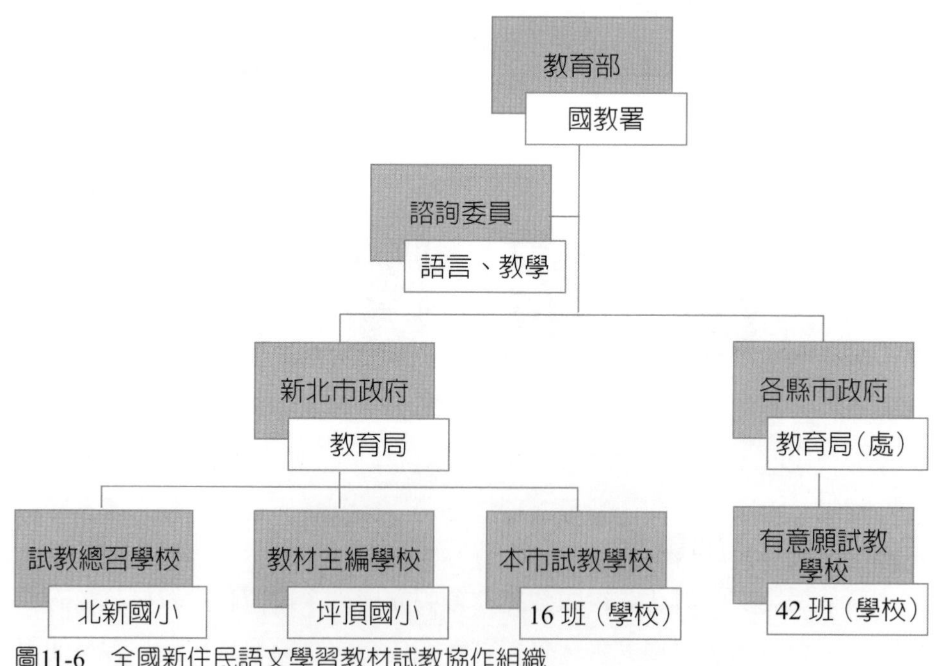

圖11-6　全國新住民語文學習教材試教協作組織

資料來源：作者自行整理

四、建構三級審查機制

新住民語文教材之審查，建構了二級二審審查機制，至爲完備。二級審查包括：小三角（small triangle）、大三角（big triangle），均植基於三角平等對話模式（triangular equality dialogue model）。如圖11-7所示。

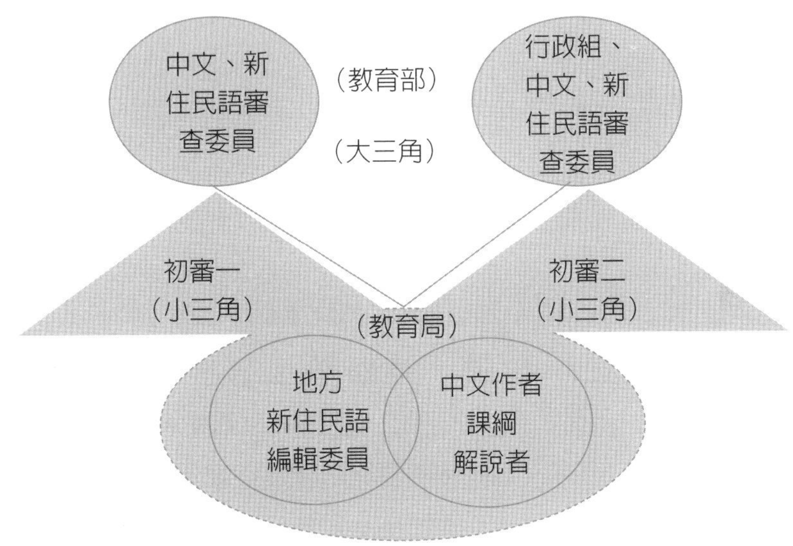

圖11-7　三角平衡對話審查模式
資料來源：作者自行整理

㈠初審之小三角審查

小三角平等對話模式之成員分別爲：中文作者（課綱解說者）、新住民語編輯老師（新住民語國別文化提供者）和教育部初審中文、新住民語審查委員（仲裁與定調者）。其目的有二：第一，教育部一開始即進入初審圈，其目的在與編輯者共同定調教材之元素與集合，此爲平等對話展現之一（教育部人員沒有介入但派審查委員與談）。第二，在共同定調下，中文作者和新住民語編輯老師亦隨即溝通協調教材之編纂，過程中不斷交互作用，此爲平等對話展現之二。

㈡複審之大三角審查

大三角平等對話模式之成員分別爲：中文作者、新住民語編輯老師和教育部複審（行政組、中文、新住民語審查委員）。此階段新住民語編輯老師已將初審圈之意見修正過後再送入，教育部委員仍進入複審圈，與編輯者進行教材編纂之對話，同時教育部決策人員亦在現場進行形成性審查（formal review）。接著，此階段新住民語編輯老師已將複審圈之意見修正過後再送入總審圈，教育部決策人員和課程專家在現場與編輯者進行深度匯談，並進行總結性審查（summary review），教材審查經二級二審修正後，至此定案。

陸、新住民語文教材編輯的挑戰

一、七國語言文化各異，編輯難度甚高

東南亞越南、印尼、泰國、緬甸、柬埔寨、馬來西亞、菲律賓等七國擁有四百多萬平方公里、六億多人口，語言文化豐沛，風土民情互異，要完整編輯符合不同年齡層、不同國籍之新住民子女，實屬不易。況且文化要素中的「互動中的語言規範」、「互動中的非語言規範」、「國情概況」及「文化差異」，七國文化迴異。教育部針對新住民語文教教材採能力分級，包括第一學習階段（一級）、第二學習階段（二級）、第三學習階段（三級）、第四學習階段（四級），共計十八冊，每冊再分七國語言編纂，實際上應有一百廿六冊，編輯工程難度甚高。

二、各國內部語言不同，翻譯者意見不一

任何一個國家之內，除了該國「國語」（通行語言），必然又有很多「家鄉話」或者「土話」，而一般國內人也可能聽不懂，翻譯當然意見不一。例如：越南官方正式認定公布的民族共有54族，越南的語言遠多於54個，有關越南話官方語之定位，光是越南南部、中部和北部翻譯者意

見就有所不同；更何況東南亞等國內部是一個多民族、多語言、多文化的國家。另外，審查委員國籍別不足，如欠缺緬甸語審查委員。除編輯者之外，當然審查委員也需突破各國內部語言翻譯不一致的困境。

三、新住民要求比照國中小英語教材模式

語文領域的學習可以國語文、母語文、英語文三者兼具，新住民語文界定爲母語文。母語文是本土族群及新住民文化的資產，更是學生與臺灣不同族群溝通的工具；英語文是世界語文，作爲與國際溝通的工具。但新住民要求比照國中小英語教材模式，並以外國語文列入課程與教學，非僅是母語文。然而，新住民語文採用七國語文不同的拼音系統，其課程目標、核心素養、學習重點、教材編選、教學實施及學習評量不同於英語文或外國語文，故新住民語文教材不能與英語教材相提並論。進一步而言，舒兆民（2002）認爲英語文爲第二語言的學習，是有意識的學習（Conscious Learning of Language），不同於母語無意識的習得（Unconscious Acquiring of Language）。

四、語言形式加上文化素材之呈現方式

要了解新住民文化，就須學習新住民的語言；要了解一個不同的語言，就要去認識它的文化。語言與文化是息息相關的，語言的組成方式、呈現方式，在在反映其文化的思維。語言是文化的載體之一，不同的語言必須在實際情境脈絡中發生，則教材之呈現方式勢必也要著眼於語言形式加上文化素材，透過語境的指導與文化觀念的導入，其語言交際才能準確無誤。然而，文化素材之選擇，將優先選擇下列五項：⑴互動行爲規範；⑵支撐互動行爲規範的文化背景；⑶與學生生活經驗有關者；⑷文化對比差異性較大者；⑸易造成跨文化誤解者；亦爲新住民語文教材編輯的另一項挑戰。

柒、建議

茲針對新住民語文教材之編輯、試教、審查、校對修正與行銷等方面提出六項建議如下：

1. **教材之編輯方面：**教材編輯中文作者團隊堅強，但缺乏新住民語文專長編輯人員，包含語言學專長及文化專長，影響編輯品質。建議透由教學支援工作人員師資培訓及編輯前講習，強化編輯能力。
2. **教材之試教方面：**各語言別一至十八冊眞正試教冊數之進度無法預期及推算。建議持續賦予原編輯團隊（含中文作者及新住民語文作者）後續年度之試教計畫及編列經費，以讓中文作者及新住民語文作者從編輯起始至試教修正，完成教材編輯歷程；另建議能讓前導學校持續配合辦理試教計畫，儘快趕上原有進度。
3. **柬埔寨語文教材之試教方面：**全國七語皆開班學校甚少，無法有相同情境試教場地、教師共同備課；尤其缺乏柬埔寨語教學支援師資與試教學生。建議儘速培訓各縣市柬埔寨語教學支援工作人員，以利柬埔寨語教材之試教工作進行。
4. **教材之審查方面：**國內僅有少數新住民語文教材審查人員，包含語言學專長及文化專長，恐影響審查品質。建議亦邀請七國學者擔任新住民語文審查人員，藉由七國學者之審查歷程，讓國內審查人員及編輯人員有所學習，可全面提升審查品質。
5. **教材之校對修正方面：**新住民語文教材文字及拼音、繪圖之校對、修正極爲困難，包含七語「文字軟體」修正不易以及美編圖案因各國風俗之差異繪製困難，致教材修正過程及次數過於頻繁、耗時。建議教育部統一購置合於編輯修正之七語「文字軟體」，授權編輯人員使用；另再建議邀請七國學者擔任新住民語文審查人員，包含文編及美編，以利教材文字及拼音、繪圖之校對與修正。
6. **其他方面：**建議辦理教學支援人員教材教法培訓，使教學者熟悉使用新住民語文教材及教學手冊；另建議辦理新住民語文教材之行銷推廣，讓各縣市教學支援工作人員及家長了解新教材，促進新住民語文課程之必選修嘉惠學子。

捌、結語

一、引發興趣為動機，避免增加學童負擔

新住民語文之學習首要在引發興趣爲動機（drive interest for motivation），即在符應本課程目標之一：啓發學習新住民語言與文化的興趣。興趣是行爲的動機，有了興趣，才能沈浸於學習之中；有了動機，才能促進行爲的持續性。興趣是學習成功的重要因素，一個人在學習時，全神貫注，專心致志，一心向著標竿前進，這是興趣使然；而勇於突破學習上的困境，樂在其中，使之朝著所期望的目標前進的過程，這是興趣引發動機使然。因此，教師在新住民語文教學過程中，需不斷利用各種方法，誘發學生的興趣與動機，增進學習的效能。

二、生活理解與應用，避免機械式背誦記憶

在《十二年國民基本教育課程總綱》之核心素養的滾動圓輪意象圖中，清楚的指出核心素養非常強調「應用在生活情境的能力」，應關注學習與生活的結合，透過實踐力行而彰顯學習者的全人發展。新住民語文之學習亦應聚焦於生活理解與應用（life understanding and application），即在符應本課程目標之二：增進對新住民及其文化的認識、理解、尊重與欣賞，以及符應本課程目標之三：培養新住民語言基本聽、說、讀、寫能力，並能應用於日常生活溝通。日常生活是人們每天所做、所想、所感覺的事物，生活理解與應用在日常生活中的表述可彰顯學習者的主體性，避免以機械式背誦記憶的唯一方法，而是關照學習者可整合新住民語文學習運用於「生活情境」，強調其在生活中能夠實踐力行的特質。

三、開展新住民語文國際理解與跨文化行動力

在21世紀這一波的全球化競爭中，國際移動基本上包括具國際理解能力及跨文化思維，更重要的是人才的移動。國際理解（international understanding）代表一種希望，在符應本課程目標之四：拓展國際視野，能運用多重的文化視角進行思維與判斷；跨文化行動力（cross-cultural action）代表一種機會，在符應本課程目標之五：培養跨文化溝通與跨國行動能力與素養。職是之故，國際人才的移動應具備自我文化認同的信念，並尊重與欣賞多元文化，積極關心全球議題及國際情勢，且能經由新住民語文之習得，發展國際理解、多元文化價值觀與跨文化思維的胸懷。

教育部爲充分因應108學年度新住民語文課程實施，致力於新住民語文課程、師資培育及教材研發等相關配套措施，以如期如質順利推動；而新住民語文教材之編纂實爲三大關鍵措施之一，又新住民語文教材牽動著學生的學習，故本文提出「新住民語文學習新思維（ILIC構想）」，如圖11-8所示。總體而言，新住民語文學習教材之編纂係依據課綱、理論、架構、重點、原則、試教、審查，不斷修正編寫而成，希冀新住民語文課程注入學習新思維，能以引發興趣（I）與動機爲主軸，在語文生活（L）情境中理解與實踐，目標在培養學生具有新住民語文基本的聽、說、讀、寫能力以及國際（I）理解與跨文化（C）的行動力。

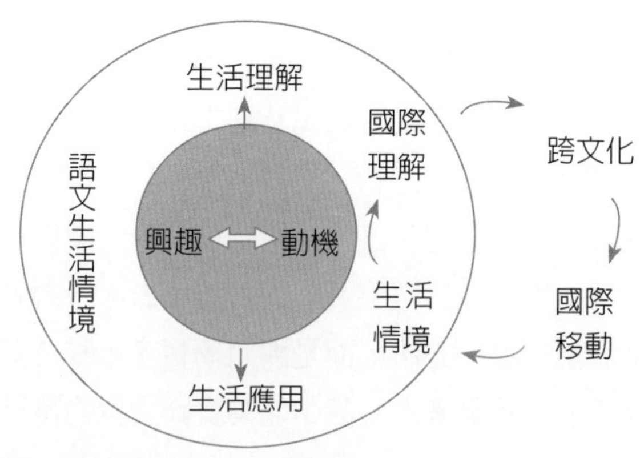

圖11-8　新住民語文學習新思維（ILIC構想）
資料來源：作者自行整理

第十二章
新住民語文教育資源中心

新北市推行新住民語文教學不遺餘力，因應自108學年度起新住民語文領域納入課綱，積極培育7語教學支援人員，且接受教育部委託編纂新住民語文教科書；爲精進新住民「師資培訓」及「教學資源」新平臺，新北市政府教育局規劃新住民語文教育資源中心，107年4月於新店區北新國小揭牌開放使用。該中心結合「教師研習」、「研究發展」、「文化圖書」及「網路平臺」等四大功能，以做爲師資培訓及教學資源整合平臺，完善教學支援人員支持及輔導系統，提供新住民7語教學支援人員教學所需之文化圖書及網路資源，以利精進教學。

資源中心內設置視訊教學、圖書資料庫、語文學習教室以及提供新住民師資培訓平臺，替新課綱作教學暖身；一樓設有漂書站可以隨時取閱；二樓設國際文教中心，做爲資料查詢、書籍借閱、教師社群研討等用途；三樓規劃語文學習教室，供選修新住民語文學生上課使用。目前資源中心內有7語教材及圖書，部分圖書可以提供教支人員借閱，部分爲館內參考書籍，而除實體的教材及圖書之外，亦與駐外館處合作於新北市政府教育局國際教育資訊網（多元文化教育/課程資源/新住民語文教育資源中心）連結越南及印尼電子圖書資料庫（新北市政府教育局，2018），使教學支援人員方便取得以運用於教學，優化學生學習效能。

壹、資源中心的定位

新住民語文教育資源中心設定爲範圍廣泛且資源豐富的教育推廣中心，在新住民語文教學中扮演著極爲重要的角色；同時在資源中心潛能方面，提供教學者一個探索、沉思、啓迪、分享與他人對話交流的場所。作者於籌備過程試圖提出新住民語文教育資源中心之定義：「一座以新住民語文教育爲宗旨的非營利機構，它負有蒐集、保存、溝通和展示的功能，並以教師研習、研究發展、提供文化圖書和網路平臺爲目的，做常態展出以饗新住民語文教學者。」從這個定義中，我們歸納出下列四種有關新住民語文教育資源中心的定位：

㈠可親近的（Closeness）：它設有常態性的開放時間表，竭誠歡迎新住民語文教學者利用，並維持一定程度正向的積極態度。

㈡分享的（Shared）：它是爲公眾、教育整體的福祉而存在的，經由資源中心軟硬體主動向教學者開放展示，甚或資源送到家。

㈢交流的（Communicative）：新住民語文教育資源中心的目的爲教師研習、研究發展、提供文化圖書和網路平臺，其存在是爲了交互分享的。

㈣專業的（Professional）：它是一座有願景、有目的、有組織，設有專業服務人員，並有教師專業發展系統的常設性機構。

貳、資源中心的理論基礎

Annis（1986）提出了在博物館內，三個層次的象徵性參與；分別是認知的空間、實際的空間與夢想的空間。本文應用阿尼斯（Sheldon Annis）的象徵空間理論（Symbolic Space Theory），將新住民語文教育資源中心描述成一個具有表達力的媒介。象徵空間理論在資源中心和觀眾之間，創造著共享的關係並具備了知識功能、社會功能和想像功能。

一、認知空間：知識功能

認知空間（cognitive space）通常是新住民語文教育資源中心的主要教育目的之所在，也是知識功能之所在。一般空間操作原則大多是希望通過對展覽事物和整體展示內容的理性和次序安排，提供學習和認知的便利。然而，這種目的之達成與否，完全視資源中心對其展出主題知識的掌握程度，以及使用者對這些知識的需求程度而定。認知空間意義的建立，事實上也就是資源中心能否發揮教育功能，或者能否滿足教學支援人員使用場所的根本概念。新住民語文教育資源中心的認知空間是雙向的概念。

二、實用空間：社會功能

新住民語文教育資源中心的第二種空間，是實用空間或社會空間（pragmatic or social space），它是社會功能之所在。在參觀資源中心時，教學支援人員並不是以單純的觀眾身分出現，他們會因爲所伴隨的參觀對象而改變，有時是同儕，有時是師生，有時是鄉親，即使是一個人走訪資源中心時，他們也會以社會學者視角、象徵非孤獨感的踽踽獨行者身分出現。然而，這些造訪的契機，參觀者利用自己可安排的時間，依照個人意願，選擇和某些團體或社群的人作爲共同參觀資源中心的同伴，在這種和特定的人共享某一經驗的同時，這個行動顯然可以增進彼此的友誼或情感，社會角色也隨之證成。蘇啓明（2000）指出參與博物館，雖然說是一種學習活動。但，有時更像一種社會活動，各階層的人民，家庭或團體將參觀博物館視爲休閒行爲和社交行爲，彼此在展示場共同討論，或以展示的內容爲共同專注之對象，這就形成一種可以連結彼此文化心理的社會互動關係。在此空間經驗當中，展覽主題並不緊要，共同參與的經驗才是參觀者所預期的。

三、夢想空間：想像功能

新住民語文教育資源中心的第三種空間，稱爲夢想空間（dream space），它是想像功能之所在。在這種空間經驗當中，資源中心會激發觀眾的情意性意識，和所觀看的對象或知識或展示產生互動；夢想空間會和前述兩種空間經驗互相交纏，從而讓觀賞活動成爲活生生的、最具有想像的經驗。在夢想空間當中，他們的想像力和記憶都受到鼓舞，情感被激發；人沒有階級高下，思想自由飛翔，完全不可預測。他們通過想像空間，讓自我翱翔在資源中心和策展者所無法預見的各種可能領域之中。新住民語文教育資源中心的夢想空間是無限寬廣的，且是無縫隙而廣包的網。

綜上所述，新住民語文教育資源中心展示場域的空間型構了三種空間和三種功能，在運用資源中心的同時，是在認知空間、實用空間、夢想空間這三種象徵性空間中游移與跳躍，並將資源中心描述為一個具有表達力的媒介；也是在知識功能、社會功能和想像功能這三種象徵性功能中，將其所見、所思、所得加以組織貫串，從而獲得意義，並且和自己的教學關聯起來。

參、資源中心的內涵及特點

由資源中心的定位及其理論基礎可知，本中心有兩大內涵及三大特點，茲分別闡述如下：

一、資源中心的內涵

㈠資源中心學習

教學支援人員進入資源中心的學習可從四個象限思考：1.正式學習（Formal Learning）：由學習機構主控一切，包括資源學習目的及方法；2.非正規學習（Non-formal Learning）：由學習者主控目標，而無預定的學習工具或方式；3.非正式學習（Informal Learning）：工具或方式由學習者主控，無預定學習目標；4.自導式學習（Self-Directed Learning）：由學習者主控一切，包括資源學習目的及方法（如圖12-1）。基本上，在資源中心學習將鼓勵採用非正規學習，以學習者為導向，搭配資源中心為學習活動的核心。

㈡資源中心經驗

新住民語文教育資源中心對於訪客而言，是一段遊程（program），

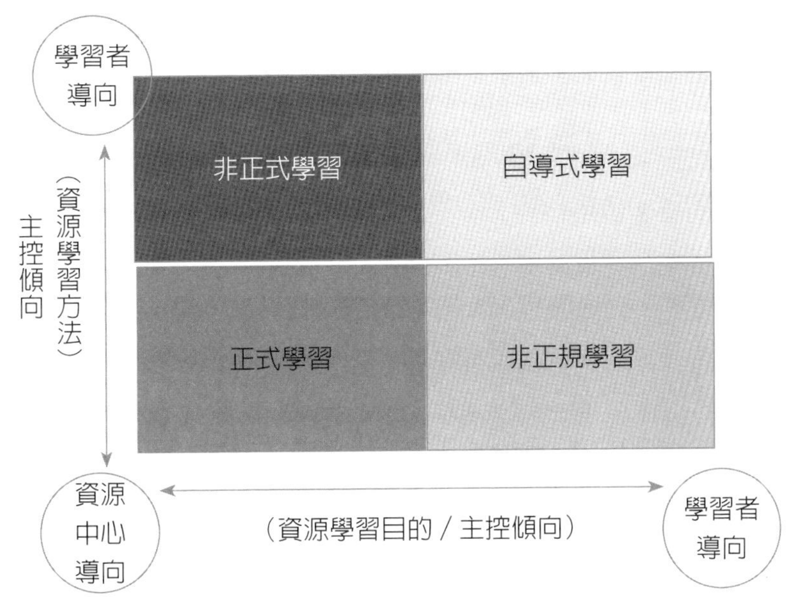

圖12-1　資源學習目的與學習方法的矩陣架構

資料來源：作者自行整理

或是遊程中計畫的一個活動（activity），抑或是活動伴隨的一種心理歷程（Psychological Process）；是與訪客們到訪資源中心前所發生的預期事件，是當下生活世界中具有個人意義與特質的一個事件，是體驗或觀察某一事件所應用的後續作業，稱之爲「資源中心經驗（Resource Center Experience）」。非正規的傳達方式，將資源中心環境的價值以學習者所能接納的方式建立起印象。一個有價值的「資源中心經驗」方案，即能是一種非正規的學習方案。

從上述四種學習看來，新住民語文教育資源中心的學習模式傾向非正規學習；新住民語文教學支援人員以資源學習目的主控較多，學習方法傾向由資源中心主控。非正規學習的重要目標是爲了滿足人們探索的本性，讓學習者帶著自己的學習興趣進來，滿足自身的學習目標。新住民語文教育資源中心提供的經驗，如果是以學習者爲導向，且兼顧資源中心的使命與方式，兩者必須互相交流；所交流的包括學習者的經驗、信念、思維和靈感。

二、資源中心的特點

1. 資源中心的主題情境性

新住民語文教育資源中心以其多樣化的展示手法、豐富的展品內容，營造出語文、生活及教學探究的教育情境，讓教學支援人員在其中通過親身參與和與展品互動，獲得眞實而深刻的體驗。教學支援人員都能夠結合相關主題進行情境化學習，這種學習方式在較大程度上避免了惰性知識的產生，有利於學習意義的加深和學習效果，實現了讓參觀者在情境活動中感知和學習的目的。

2. 資源中心的自主選擇性

資源中心爲使用者提供的學習內容豐富多樣、形象生動，且無固定順序。使用者在資源中心被賦予充分的自主選擇權，可以自由的控制學習進度，根據個人安排去發現、思考和解決自己感興趣的問題，最終學有所獲。資源中心的自主選擇性特徵眞正將學習的主動權交給學習者，其自主性越強，探索和思考的深度就越深，學習效果自然也就越好。

3. 資源中心的主動探究性

資源中心不同於正規學校，自由開放的氛圍和主題豐富的展品形成以使用者爲中心的環境，使用者非常容易積極投身於探究各類問題或者現象的過程之中，去觀察發現、操作體驗和思考感悟。資源中心以使用者爲中心，讓教學支援人員在體驗中學習，在探究中成長。

從資源中心的學習模式到經驗產出，從資源學習目的到學習方法，讓初次到訪的學習者（觀眾）在龐大而複雜的資源中心環境中，有能力自己掌握行動方向，以及讓經常利用資源中心的學習者有能力建立一個探索資源中心的個人學習地圖（Personal Learning Map）。

肆、資源中心的現況

因應自108學年度起新住民語文領域納入課綱，新北市政府教育局規劃成立了新住民語文教育資源中心，結合「教師研習」、「研究發展」、「文化圖書」及「網路平臺」等四大功能，做爲師資培訓及教學資源整合平臺，提供新住民教學支援人員教學所需之圖書及網路資源，以順利、活絡及精進教學。茲將資源中心之願景、功能、目的及配置分述如下：

一、資源中心的願景

㈠支持教師專業的願景

教師專業化已成爲教師及社會共同的期望。教師專業化係指教學者應具備教育專業的要件，必須有專門知能與態度，亦應有健全的養成制度，並嚴守專業信條與倫理。新住民語文教學支援人員亦爲廣義的教學者，自應在職前及在職教育上走向專業化。新住民語文教育資源中心第一個願景爲支持教師專業，需要從端正教育專業觀念，建立嚴格教師職前教育，健全教師專業社群，嚴守教師專業紀律，及改善教師工作環境等方面共同努力，才能使教師專業化臻於理想。

當108學年度新住民語文課程起跑，新住民語文教育資源中心與學校應提供新住民語文教學支援人員專業發展之相關資源，如安排教學研究會或教師專業學習社群的共同時間、支持新進教師與有需求教師的專業發展，提供並協助爭取相關設備與經費等資源。尤其在支持方面，應給予教師專業支持（Teacher Professional Support）、情感支持（Emotional Support）與共同面對問題的支持（Face Problem Support），讓教學支援人員做好教學和帶好學生的能力。

㈡分享教育資源的願景

分享教育資源係指人力、物力等資源在教育上配置情形及其交流效果而言。在人力方面，主要包括教學支援人員質與量的配置是否允當；而物力方面，則是指教材教具等在交流運用的效果。新住民語文教育資源中心第二個願景為分享教育資源，需要著力於人力、物力等資源之分享，在人力分享方面，應使新住民語文教學支援人員交互分享其教學心得和解決教學上之疑難；而物力分享方面，應使新住民語文教育資源中心之軟硬體充分分享各校使用，特別是圖書、教科書、視聽資料等。

新住民語文教育資源中心係提供教學支援人員有關教育活動、學習活動等訊息的諮詢機構。所辦理的工作主要包括圖書資料的蒐集，新住民教育活動資訊的提供，新住民教育活動的辦理，新住民教育刊物的出版及新住民教育問題之諮詢等。目前一樓設有漂書站可以隨時取閱或捐書；二樓設國際文教中心，做為資料查詢、書籍借閱、教師社群研討等用途；三樓規劃語文學習教室，供選修新住民語文學生上課使用。資源中心各層樓的設置目的，皆以分享教育資源為依歸。

二、資源中心的功能

㈠「教師研習」（teacher study）功能

教師研習顧名思義，即是對在職教師及行政人員繼續進行教育專業上的指導及輔助，並促進教育人員的專業成長。新住民語文教育資源中心教師研習主要任務有三：研討新住民語文教材教法，以增進教學效果；研討新住民語文教學實際問題及交換經驗，以期解決教學上之疑難；鼓勵新住民語文教學支援人員及行政人員繼續教師進修，研習新知，以提升師資素質。

其中心功能為：⑴著重於各校新住民語文教學支援人員的在職訓練，部分也會與學校合作辦理教師研習；⑵分享教學經驗並解決教學上之疑難；⑶提供教學支援人員與一般教師之溝通及合作教學；⑷鼓勵教師負擔起專業責任並組教師專業社群；⑸發展並支持教師之專業成長計畫；⑹提供教師各項教學資源，如參考教材、電子書等。總之，在108學年度起新住民語文領域納入課綱，積極培育7種語文教學支援人員勢在必行，教師研習可有效提升教師專業知能，發揮教學效果，而本中心正可爲教育人員等提供教學知能與進德修業的場所。

㈡「研究發展」（Research and Development）功能

研究發展一般係指各種研究機構、企業爲獲得科學技術新知識，創造性運用該知識，或實質性改進技術、產品和服務，具有明確目標且持續進行的系統性活動。新住民語文教育資源中心之研究發展乃指實質性改進新住民語文課程、教材和教法，具有明確目標且持續進行的系統性作爲。其主要任務爲：⑴新住民學生人數之統計、學生素質之研究；⑵新住民語文教學方法與學習成效、個別差異之研究；⑶新住民語文教材之研發；⑷教師在職進修成效之探討；⑸新住民語文教育評鑑模式之探討；⑹接受委託辦理有關新住民語文教育專題研究。

新住民語文教育資源中心的成立，朝支持教師專業及分享教育資源的願景邁進，全方位協助學生了解及欣賞不同的語言與文化，創造新北市成爲多元友善的城市。爲達到此目標，中心乃積極推動全市新住民語文教育在支持教師專業及分享教育資源上之研究發展，進行全面規劃，以建構一個優質的研究及教學合作校園環境，強化新住民語文教育研究與教學合作能量，整合市內相關資源，以積極培養優秀的新住民語文教育基礎研究人力。

㈢「文化圖書」（Cultural Books）功能

爲因應全球化潮流及多元文化的緊密交會，於中心建置「多元文化圖書區」，備有多國語言之報章雜誌、圖書、教科書、視聽資料，提供各族群一個閱讀、休閒和學習的專屬空間。同時爲體現多元文化價值，中心不定期舉辦東南亞各國文化交流推廣，辦理國際教育交流活動，提供各族群即時多元的活動訊息。新住民語文教育資源中心文化圖書主要任務有三：負責多元文化與新住民語文教學支援人員之圖書服務及推廣；負責多元文化圖書與教科書之典藏維護及管理；與駐外館處合作連結東南亞各國電子圖書資料庫。

文化圖書之功能乃爲資源中心之重要任務，國內不易取得正規教學的文化圖書，中心有必要強化此一功能。目前中心內有越、印、泰、緬、柬、馬、菲等7國語言教材及圖書，部分圖書可以提供教學支援人員借閱，部分爲館內參考書籍，而除實體的教材及圖書之外，亦與駐外館處合作於新北市政府教育局國際教育資訊網連結越南及印尼電子圖書資料庫，使教學支援人員方便取得學習資源，以運用於教學，優化學生學習網絡。

㈣「網路平臺」（Network Platform）功能

網路平臺是一種新的網際網路方式，通過網路應用（Web Applications）促進網路上人與人間的資訊交換和協同合作。典型的網路平臺主要包括：部落格（BLOG）、RSS、wiki百科全書（Wiki）、部落格、社群網站（SNS）、P2P、即時訊息（IM）、基於地理訊息服務（LBS）等。由於網路平臺的網路互動性，資訊的快速傳播性，以及透明性，新住民語文教育資源中心網路平臺利用此等特性，將資料聯合和訊息傳送，建立一個更加緊密的社群構造。

進一步而言，北新國小多年來推動的智慧教育社群，亦在網路平臺的功能性概念訂定了良好的基礎。北新國小智慧教育之教師專業發展模式爲LEAD模式，L是指智慧社群（Learning Community）、E是指智慧教室（Equipment Support）、A是指智慧教學（Smarter teAching）、D是指智慧決策（Decision-Making），此LEAD模式爲網路平臺型態下了最佳注解。北新國小智慧教育社群引爆了對傳統教育帶來顛覆以往的思維，讓學生自主發掘各種知識，學習自我思考，培養其建立邏輯分析的能力，以及科技分享的強大力量，亦成爲未來教育的關鍵。新住民語文教育資源中心網路平臺結合智慧教育社群，將發揮相輔相成強大的功能。

三、資源中心的配置

(一)設置目的

資源中心專設爲新住民語文教學基地，提供新住民語文教學服務，爲其首要目的。資源中心定期召開新住民語文會議，促進工作檢討及觀摩交流，爲其重要目的。資源中心編輯新住民語文學習教材，提供新住民語文學習資源，爲其緊要目的。資源中心辦理新住民語文師資培訓，提升新住民語文教學品質，爲其長期目的。資源中心符應十二年國教課綱規定，協助全市各級學校開班事宜，爲其近期目的。另外，資源中心建置新住民語文儲放書庫，提供展示、借用或販售服務，則爲其永續存在之目的（新北市新住民語文教學資源中心設置計畫，2017）。

(二)空間配置

1. 一樓設有多元文化學習教材漂書站可以隨時取閱；漂書站是一個爲新住民語文閱讀的大公無私行爲，當你拿取了一本放漂書，並沒有規定限定時間內歸還之需求。相反的，你可以視需求閱覽此書。當書閱覽完時請記得放回原漂書站，供其他有需要之民眾閱覽。
2. 二樓設國際文教研習中心，做爲資料查詢、書籍借閱、教師社群研討等用途；特別是教師社群研討，資源中心一個重要目的，即是定期召開新住民語文會議，促進工作檢討及觀摩交流，讓研習中心成爲教師專業發展系統的常設性機構。
3. 三樓規劃語文學習教室、語文競賽資料室，供選修新住民語文學生上課使用；資源中心具備師生教與學雙重功能，學生可在資源中心進行平日之新住民語文課程，以及實施新住民語文競賽培訓，讓新住民語文學習效果極大化。
4. 建置東南亞情境走廊（各國介紹）及多元文化教育走廊；語言結構和使用語言情境的營造有密切的關聯性，目前部編教科書內容架構也只不過是以句型和字彙爲主，上課時教師仍需透過實物及情境之營造讓學生對該課句型和字彙有所了解。

有關資源中心的整體現況，以支持教師專業及分享教育資源爲願景，以認知空間、社會空間與夢想空間三種象徵性空間以及各樓層和走廊實體性空間配置，發揮教師研習、研究發展、文化圖書及網路平臺四種功能建構而成，如圖12-2所示。

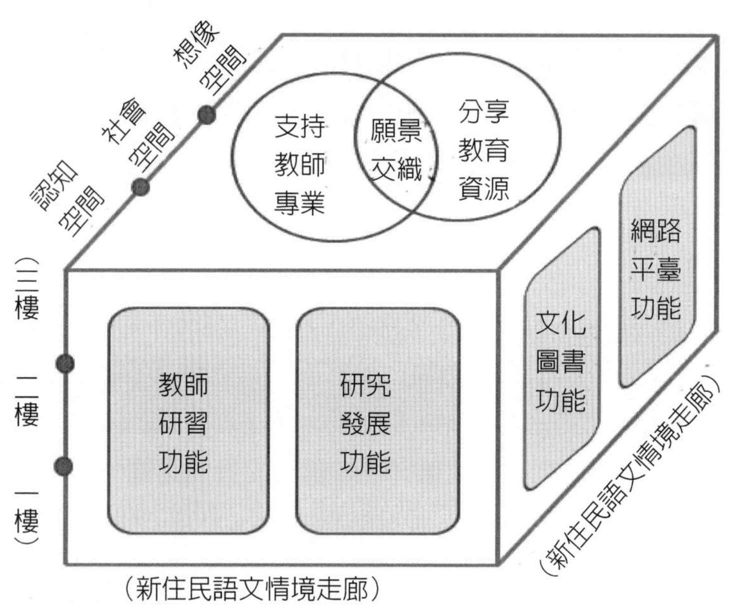

圖12-2　新住民語文教育資源中心設置意象

資料來源：作者自行整理

伍、資源中心的發展構念

從上述新住民語文教育資源中心的設置意象延伸，其發展構念有四：素養爲重，深度整合，資源分享，更趨專業，茲分別說明如下：

一、提升新住民語文教學支援人員之綜合素養為目標

資源中心的目標不應僅僅停留於相關知識、技能的普及與傳播，而應著力提升新住民語文教學支援人員之綜合素養爲目標，在豐富其知識、態度、能力體驗的同時，激發其求知欲、孕知與產知，促使參與者能夠勇於創新、樂在教學，全力指向綜合素養的提升與發展。

二、新住民語文教育資源中心與學校教學走向深度合作

當前，多數館校合作仍停留於零散的活動現象，沒有實現連結化和系列化，缺乏長效合作機制。而館校教育的深度合作，既可以彌補學校課程資源不足等問題，也有利於解決資源中心可能呈現出的參觀者走馬觀花式學習所造成的資源低效現象。爲極大化發揮資源中心的效能，推動資源中心與學校教學的深度合作，可以採用以下四種合作形式發展：

1. 先校後中心（PreSchool Center），新住民語文教學支援人員先在學校研討相關知識或實務經驗後再進入資源中心，以實物爲載體進行親身參與和互動體驗，在運用與實踐中深化拓展所學，厚實經驗密度。
2. 先中心後校（PreCenter School），新住民語文教學支援人員先進入資源中心，在得到豐富的體驗與經歷後，帶著自己的收穫與獨特的感受回到學校，將習得的相關知識和原理實踐檢驗在教學上。
3. 校本課程共同體（School-based Curriculum Community），即資源中心人員和學校教師形成課程開發共同體，共同設計一門集學校和資源中心優勢爲一體的特色課程，供學校學生長期學習。
4. 資源中心進校園（Resource Center into the Campus），即資源中心人員與教學支援人員共同挖掘資源中心自身的教育資源，開發各類課程專案，送進校園或由學校學生選擇並參與學習。

三、建置虛擬資源中心，充分實現資源分享

借助資訊技術構築虛擬資源中心，將成爲未來資源中心發展的新趨勢。資源中心的建立將切實解決場館中一些資源難以陳列、資源被動、資源淺碟化及地域分佈不均衡等問題。參觀者只要登錄資源中心網站，就可以便捷的下載視頻和文本等線上素材，使展品得到最大限度的分享與傳播。通過虛擬課堂參與線上的學習和探索活動，並且可以通過資源中心構建的網路交流平臺分享觀點、結交朋友，在線上互動式學習的同時，充分實現跨區域資源分享。

四、新住民語文教育資源中心更趨專業化

實務上，資源中心爲求專業化展現，資源中心人員專業化爲其首要；資源中心人員的職能不應侷限於引導參觀場館展品等基本工作，而要求其能設計和組織豐富多樣的教育活動，帶領學校和新住民語文教學支援人員進行深入體驗與探索等。其具體作法：第一，在延攬資源中心人員或志工時，除了注重其表達能力、與人交往能力，還應更加看重其專業背景以及組織課程與教學的相關知識和技能。第二，著重提升現有資源中心人員的專業化知識，此專業化知識主要包括新住民語文相關學科專業知識、教學理論與班級經營實踐知識三方面。若能夠延攬具新住民語文教學支援人員資格者擔任更好。

陸、資源中心的未來展望

從資源中心的定義與定位、象徵性空間、內涵與特點以及現況與發展基礎上，本文提出四大建議，以爲資源中心未來努力的方向。

一、發展新住民語文教育資源中心為教師研習的基地。

規劃設置新住民語文教育資源中心能夠以當事者爲中心設計，支援未來雲端與行動學習需求，塑造公平、開放、自主的學習環境。從教師

研習效益層面而言，新住民語文教育資源中心正可結合北新國小醍摩豆（TEAM Model）智慧教育師資培訓中心，透過醍摩豆智慧教室系統、IRS即時反饋器和電子白板等智慧教學支持系統，打造出數位智慧教室；在智慧教室裡，學習者可以運用電腦、平板、即時反饋器等設備作反應，教學者也可以透過這個系統，即時掌握學習者認知情況，隨時修正教學進度和方法。相信新住民語文之教與學能夠藉由科技與課程教學的整合，回歸學生爲主體，以新科技帶動教學，讓孩子學得有趣，學得有效率。

二、運用雲端資訊科技與素材，建構虛擬實境的新住民文化圖書資源庫。

隨著網路科技的快速進展，電腦軟、硬體與技術的突飛猛進，利用電腦與網際網路來傳遞資訊正不斷上演，新住民語文教育資源中心的經營方式也將呈現不同的展示手法與面貌。本文建議存在實體的互動展示，以新住民語文設計原則爲基礎，發展一套文化圖書虛擬實境多媒體展示系統。虛擬實境（Virtual Reality）是利用電腦模擬產生一個三度空間的虛擬世界，提供使用者關於視覺、聽覺、觸覺等感官的模擬，如同身歷其境，可及時觀察與操作三度空間內的事物。新北市新住民語文教育資源中心應從雲端教育的網路平臺、連結世界各著名的新住民教育資源中心，讓雲端資源中心可取代實體場館，教育效果更佳；運用科技建構虛擬實境，賦予新住民語文教育資源中心一個新的故事。

三、媒合學校與新住民語文教育資源中心合作，擬定長期推展方案及配套措施

在推展方案上，教學支援人員能備妥參觀計畫，以及資源中心把年度檔期都排好，並邀約學校教師共同參與，無論是自發性籌組教師專業社群，自主成立各社團及讀書會，或是定期聚會研討整合，都是合作的契機。在配套措施上，建議學校單位搭配新住民語文教育資源中心學者專家

共同制定課程計畫，並研擬相關配套措施；而資源中心有計畫「館校合作備忘錄」之分期推進，以建立館校的長期合作型態，同時教學支援人員可利用資源中心發展學校本位課程。最後建議未來資源中心可提供的資源或合作型態有：多舉辦教師研習，增進教師對新住民語文教育資源中心之了解；擴大到校服務範圍，主動將新住民語文教育資源中心送到校等；另外，雙方行政配合更是館校合作成功的關鍵，期盼長期合作加深加廣加以推動。

四、連結九大分區國際文教中心，擴散新住民語文教育的種子

新北市國際文教中心爲多元文化活動學習而設立，新住民語文教育資源中心爲課程學習而設立，資源中心實爲國際文教中心之延伸，兩者不但息息相關而且相輔相成。就前者而言，爲充分運用新北市政府國際資源，普及服務更多市民，特於九大分區設立國際文教中心；透過國際情境建置及多元文化教育活動推廣，統籌展示各項資源，辦理國際教育相關課程，擴散國際教育的種子。2018年4月12日，新北市教育局於文山分區大豐國際文教中心辦理「百校好多元——文化體驗活動」啓動儀式，現場由新北市9校國際文教中心辦理多元文化舞蹈、文物導覽、各國文化主題DIY活動等，熱鬧非凡。九大分區國際文教中心年度推出印尼、緬甸、日本、越南、菲律賓、紐澳、義大利、巴西、秘魯、英國、美國與史瓦濟蘭等動靜態主題展及活動。現場有超過十種的各國主題展DIY展攤活動，例如Batik扇是蠟染布中各式各樣圖案包裝紙與竹筷子做成的印尼扇；緬甸戲耍懸絲傀儡則可完成後透過提、撥、勾、挑、扭、掄、閃、搖等技巧，讓木偶作出充滿生命力的動作；還有椰子之國菲律賓展活動，透過椰殼DIY串珠讓學生們體驗異國風情。如此豐沛而精彩的國際文教活動，可見資源中心串連國際文教中心，必能發揮相加相乘的效果，並使新住民語文教育開花結果。

第十三章
新住民語文共備社群

有人說：「只要認得越南字，會帶著唸越南語，教書應該不會有問題！」事實上不然。有教學經驗的老師都知道，教學工作以及伴隨的班級經營乃是一件相當複雜的任務，其原因是教師必須在有限的時間內，運用有限的精力，公平的對待全班學生，又要照顧到學生個別差懸殊的情況。從教學歷程而言，一般教學模式包括分析教學目標，診斷起點行為，設計教學流程，評量學習成果及至回饋環線，都需要全程關照（郭生玉，1990）。職是之故，有關新住民語文教學支援人員之教學設計、教學技巧、教學情境、教學媒體、教學評量及至教學省思，甚至華——新雙語溝通都需要予以支持。

新北市政府教育局早在2005年，即辦理新住民語文師資培訓，迄今培育了許多教學師資，也在學校現場進行課外教學；2018年起，率先全國辦理新住民語文教學支援人員共備社群實施計畫，為建立新住民語文教學之專業對話機制，建構專業社群支持網絡系統，研發課程與教學實踐策略，強化並鞏固師資素質，以促進教學與學習的成效。除此之外，目前亦積極規劃致力於新住民語文課程與教學社群之建置等教學支持配套措施，以如期讓新住民語文教學支援人員於108學年度順利上路。為持續提升教學品質及學生學習成效，目前共備社群持續進行，並舉辦新住民語文公開授課，分享共備社群推動的經驗。

基於此，以下從教學支持系統理論層面談起，繼之說明新北市共備社群實施計畫、共備社群公開授課之理念，進而將教師專業學習社群和新北市新住民語文輔導團建構成綿密的教學支持系統，茲分述如下。

壹、教學支持系統

新北市新住民語文教學支持系統實施之目的乃是希望透過此制度的辦理，促發教師間的對話、分享與學習，提供教師教學改善機制，進而提升教師教學與學生學習成效。因此，此制度可說是一項兼重教師教學專業性、自願性與自主性的形成性教師支持，所以是一個立意良善的教育政策活動。然而，教師成長與發展之歷程，觀摩教學和發表分享爲必要的方式，相對的爲壓力之所在；持平而論，觀摩教學和發表分享之實施實具有提供同儕善意另外一雙眼之功效，同時亦扮演另外一雙手之支持。

教學支持系統政策推動的成效將是不言可喻。而細究前述觀摩教學和發表分享，教師個人方面問題之出現其實都在於「疑慮」、「排斥」、「缺乏信任」、「意願不足」等個人心理、情緒之負面感受。準此，要深入了解個體或組織中個人的心理、情緒感受，則似可從動機理論與激勵理論的觀點加以探究，而較爲教學支持系統所關聯的動機與激勵理論則有Maslow需求層次理論（Hierarchy of Needs）及Festiger社會比較理論（Social Comparison Theory）：

一、教學支持系統理論

㈠需求層次理論

心理學大師馬斯洛（Maslow, 1943）需求層次理論中指出，人類具有五種需求，教師可在服務過程中滿足五種需求，從而提升他們的動力。Maslow需求層次理論認爲可排成一個階梯式的順序：⑴生理的需求：係指維持個體生存所需的各項資源，乃是屬最基本的需求；⑵安全的需求：使個體安全、受人保護且免於恐懼的各種需求；⑶愛與歸屬的需求：需要愛與被愛、別人接納、與他人建立親密關係，且免於孤獨的需求；⑷尊重的需求：係指自尊與希望被人尊重的需求；⑸自我實現的需求：對自我願望的完成與實現。馬斯洛又在1954年提出需求層次論升級版，他將人類的需求再加二種層次，全部爲：生理需求、安全需求、愛與隸屬需求、尊重需求、自我實現需求、認知需求和審美需求。

馬斯洛將七層需求分爲兩大類：較低的前四層稱之爲基本需求（Basic Needs），較高的後三層稱之爲成長需求（Growth Needs）。基本需求有一共同性質，都是由於生理上或心理上之缺失而導致，故稱補缺需求（Demand to Fill a Vacancy）。而成長需求亦有一共同性質，都是由於心理上或心靈上之想望而尋繹，故稱增外需求（Demand to Growth Outside）。馬斯洛提出需求階層論，強調人類的動機是由多種不同性質的需求所組成，各種需求之間又有先後順序之分（如圖13-1所示）。

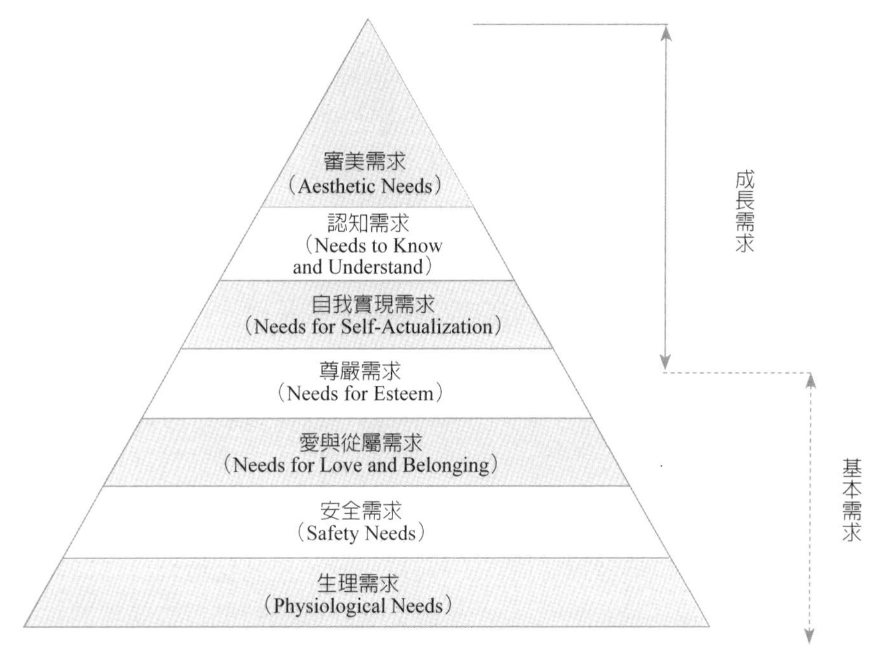

圖13-1　馬斯洛（Maslow, 1954）需求層次理論
資料來源：Maslow

就需求層次理論來看，Maslow認爲人類各種需求間是有層次的關係，其間順序是不能改變的，越低層的需求對生存威脅越大。而且，只有低一層需求獲得滿足之後，高一層的需求才會產生。因此，當個人基本的

生理需求、安全需求、愛與歸屬需求等無法獲得滿足時，個體就不可能有高層次的「自我實現」需求出現（張春興、林清山，1987）。教師成長與發展的歷程雖不致於對教師的生理需求有所影響，但卻可能無法滿足教師安全、愛與歸屬的需求。如此，遑論要教師願意參與觀摩教學和發表分享來達到教學專業的自我實現。因而，其對教師成長與發展所產生負面的心理情緒與排斥，就不足爲奇了。教學支持系統貴在促成教學專業的自我實現，也在消除負面的心理情緒與排斥。

㈡社會比較理論

馬斯洛在1954年提出需求層次理論（七種）的同一年，美國社會心理學家利昂·費斯廷格（L. Festiger）在1954年亦提出社會比較理論的構思，此理論是指每個個體在缺乏客觀的基準點下，會利用他人作爲比較的尺度，來進行與支持自我評價。費斯廷格指出，在向上的社會比較中，跟那些更社會化的人比較；在向下的社會比較中，作逆向比較。社會比較可以爲個體提高優越感，並且成爲合理自我完善的基礎。可是，當比較建立了不切實際的標準或差距過大，這些功能都會失效。

社會比較是一種普遍存在的大眾心理現象。其理論基本觀點是：人人都自覺或不自覺地想要了解自己的地位如何，自己的能力如何，自己的貢獻如何。而一個人只有在社會中，透過與他人進行比較，才能眞正認識到自己和他人；只有在社會的脈絡中進行比較，才能認識到自己的價值和能力，對自己作出正確的評價。由此可見，社會比較可以幫助人們認識自身，激發人們的行爲動機。

一般的觀點認爲，構成社會比較後之支持應具備以下三個基本條件：

第一，每個人自覺或不自覺地透過與他人進行比較，想要清楚的評價自己的意義和能力的動機，此有支持之需求。

第二，如果有效標參照，有評價自己意義和能力的鼓勵、讚美和獎賞客觀的手段，就優先使用這種手段，此爲正向支持之呈現。

第三，如果有常模參照，就會透過與他人進行比較來判明自己的意義和能力。因爲與類似自己的人對評價自己的意義和能力較能參照，所以類似自己的人容易被選作比較對象且形成支持系統。

費斯廷格的社會比較理論指出，當情境有點模糊不清時，則個體會觀看與比較其他人的狀況，以作爲適當情緒反應的訊息。而於作比較時，亦僅與自己相似狀況者進行比較，而此所謂的相似狀況則係指態度或個性的相似。以觀摩教學和發表分享爲例，教師成長與發展的遂行，除了肯定受觀摩教師的優點外，當然也在於發現受觀摩教師的不足。然一旦受觀摩教師有所謂的「教學問題」或「教學困境」時，此時受觀摩教師最大的壓力在於要與何者（教學優良教師或教學困難教師）比較與討論教學問題，才會讓自己不會產生壓力。尤其當此種教學問題又可能造成其羞愧時，此時，在種種心理壓力與焦慮下，轉而與教學有困難教師比較或能相互取暖。所以，提供適當且正向的支持系統，就有其必要性與重要性了。如圖13-2所示。

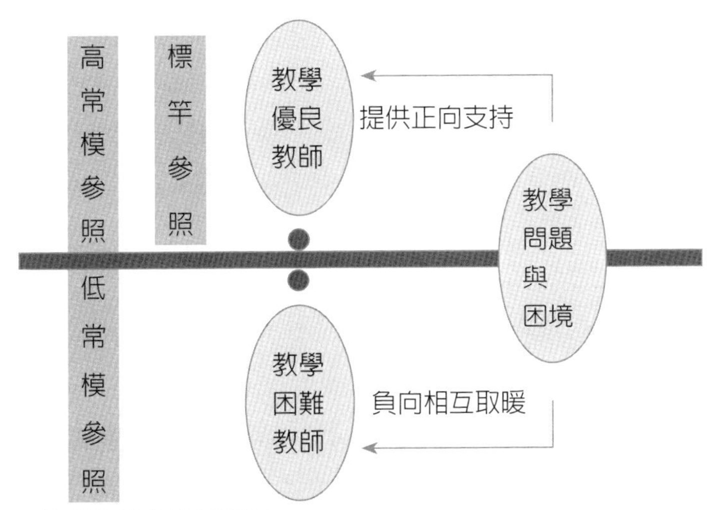

圖13-2　社會比較理論示意圖

資料來源：作者自行整理

二、支持的意涵與要素

每個人生存於社會群體中，相互依賴與互動乃是必然的，而透過個體間的人際互動、相互依賴（社會面）、愛、關懷、理解（情緒面）及其間交互作用（社會面與情緒面）等之支持，以滿足每個人的基本需求或減緩壓力，即爲「社會—情緒」支持。而當前教師成長與發展的推動也造成教師些許的負面（消極）情緒與壓力，然要減緩或改善受觀摩教師的負面情緒與威脅，則宜提供受觀摩教師適當的支持。此爲支持的重要意涵。

支持是一種心理的實體，亦是一種行動的實踐，更是一種名詞轉化成動詞的歷程。作者認爲支持是由人、環境和制度所組成的有機體。所謂「人」包括學校教職員工、學生和家長，所以校長、主任、組長、教師、學生和家長都是構成支持的核心要素；而「環境」則包括硬體環境和軟體環境，前者如學校校舍、校園、操場、設備等；後者如學校氣氛、人員觀念、人際互動等；至於「制度」包括學校規範、典章規定、共備社群等。茲將支持之基本要素，歸納如圖13-3所示。

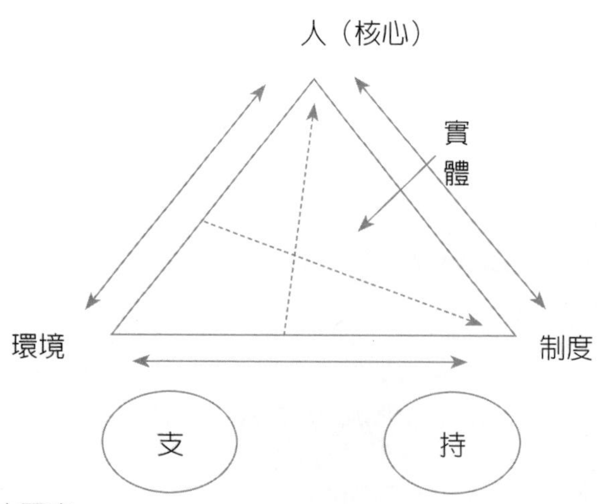

圖13-3　支持的基本要素

資料來源：作者自行整理

從支持的基本要素可以感受到相對的另一股支持需求的力量，支持需求與提供支持是相應而生的。就如同要減緩或改善受觀摩教師的負面情緒與威脅是爲支持需求，則宜提供受觀摩教師適當的支持。作者認爲支持的三個重要意涵是：⑴從支持需求而言（需求程度），需要去界定、描述以及了解人們所需要的支持模式與支持強度；⑵從提供支持而言（幫助程度），需要將焦點放在提供支持的策劃與服務輸送，其所提供的支持必須減少「個人能力程度與所屬環境要求間」的落差；⑶從雙向交互而言，支持不只機動化，也要個別化，按照個人特質量身打造極大化。準此，支持的意涵在探究支持需求的個別化與提供支持的極大化，及其交互作用的機動化，如圖13-4所示。

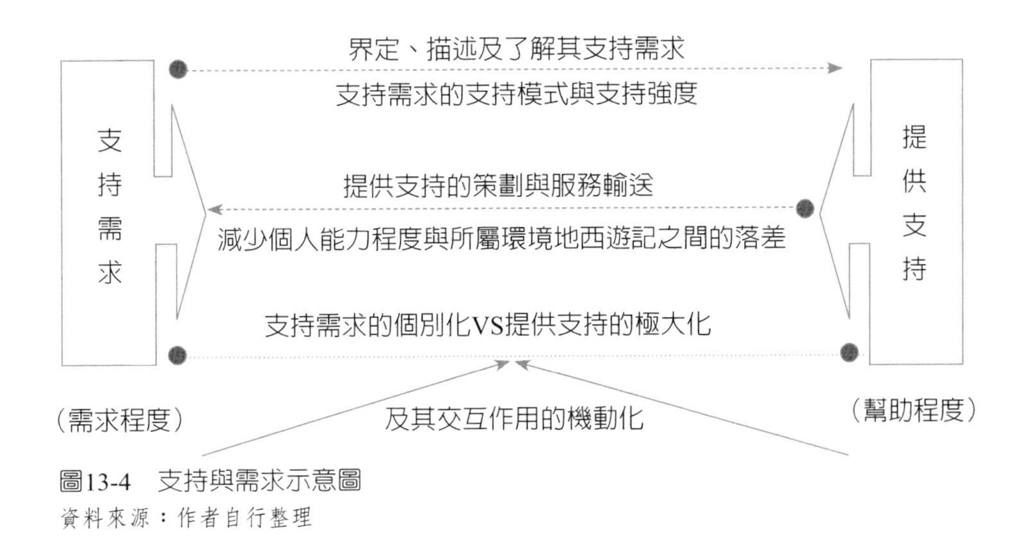

圖13-4　支持與需求示意圖
資料來源：作者自行整理

三、教學支持系統的種類

㈠支持的樣態

教師普遍認爲校長的領導角色是營造學習社群重要的關鍵，亦顯示校長採用民主參與的領導風格，較利於社群之發展（陳如意，2009）。而共備社群與專業學習社群對於教學支援人員之影響，本文提出三大支持種類：給予教師專業支持（Teacher Professional Support）、情感支持（Emotional Support）與共同面對問題的支持（Face Problem Support）。教師專業支持在分享領導權，情感支持在發揮功能與影響，共同面對問題的支持在提供相關訊息與訓練，讓老師有做好決定的能力。

準此，本文認爲，新住民語文教學支援人員成長與發展教學支持系統亦應包括：⑴「專業的支持」：提供受觀摩教師改善表現的專業工具或策略，讓專業增能成爲支持的力量；⑵「個人的支持」：提供受觀摩教師情緒的支持或關係的建立，讓社會增能成爲支持的能量；⑶「面對問題的支持」：協助受觀摩教師接受問題並進行問題解決的意願，讓教學方法增能成爲支持的動量。檢視目前教師成長與發展的實施，於教師專業發展整合系統（Teachernet）上有所謂的「支持體系」，內容包括：教學諮詢、專家請益、教師專業發展工作坊等。相較於上述三大支持種類，規劃與推動教師成長與發展之際，已將教學指導人員與教師專業學習社群作爲其重要之相關配套；另新北市於推動「精進教學品質計畫辦理教師專業學習社群」時，亦鼓勵學校將領域共備小組與社群作結合，推動所謂的共備社群。

依據費斯廷格的社會比較理論指出，與類似自己的人對評價自己的意義和能力較能參照，所以類似自己的人容易被選作比較對象且形成支持系統。這是一種務實的做法，此教學支持系統的種類可分爲教學指導人員、領域共備小組、教師專業學習社群、信任之同儕教師及專業輔導人員等，茲分述如下：

1. **教學指導人員之支持**

教學指導人員通常爲校長、主任（教務處主任）、組長（教務處組長）、專業教師或退休教師等師傅級教師，教學指導人員主要能提供教學支援人員於教學方面有系統、有計畫、有效能的協助，這是一種最直接支持與輔導的師傅教師。教學支援人員也因此獲得師徒關係與肯定、接觸各種教學模式、調整自我教學及從事教學思考等。而教學指導人員制度的推展，對於初任教師而言，可以獲得心理與情緒上的支持。綜上而論，教學指導人員實具有分享教學專業（從事教學省思、改善專業孤立）、促進協同合作、獲得友伴關係、獲得心理與情緒支持以及協助面對問題解決，省思教學不足等作爲與功能。

2. **領域共備小組之支持**

前文已述，當前學校對教師成長的規劃方式，除研習進修、教師自我成長、教學指導人員外，另外則是類似社群的領域共備小組。因此，各校爲促進教師教學研究、改善教學方法、交換教學心得、提高教學效率等目的，都會於校內設置各領域共備小組，希望教師間透過同儕之探究、省思、對話、分享等，以達到課程、教學、評量以及班級經營知能之精進。筆者認爲新住民語文領域不但是一個以教學爲主的討論團體，也是一種以領域爲單位的教師專業成長團體，更可採教學感動示例故事分享之方式進行之。顯見，領域共備小組應該具有分享教學、集體學習、解決教學相關問題等專業支持的重要特質。

3. **教師專業學習社群之支持**

丁一顧（2011）研究指出，教師專業學習社群乃是一群教師，共同對話、分享、合作、探究、學習，以解決教學問題或創新教學，而且其對教師集體效能感亦有正向之影響。此即指出了教師專業學習社群之支持基礎。進而張德銳、王淑珍（2010）研究發現，教師專業學習社群的重要效益之一爲「滿足情感需求」，在專業學習社群當中，教師間不但彼此討論與工作有關的專業知能，同時，也會透過關懷、鼓勵與支持社群中每一位教師，除促使教師在社群中獲得情感需求的滿足，也能減低教師的孤立感。具體而言，教學支援人員在教師專業學習社群中獲得專業、情緒、面對問題的支持，在此團體中，教師同儕相互分享教學專業、集體合作、協助解決教學問題、互相關懷與鼓勵、獲得情感需求的滿足，所以應該是學校中最値得倡導的永續性支持團體。

4. **信任的同儕教師之支持**

德國廿世紀最爲重要的社會學家尼克拉斯．盧曼（N. Luhmann）定義「信任」爲：「信任是爲了簡化人與人之間的合作關係。」在心理學中，信任亦是人與人之間影響概念中不可或缺的一部分，因之影響或說服一個信任你的人是容易的。然而，信任是讓教學支援人員再次感受到誠實、安全和可靠的相似性，使教學支援人員能量再發動，能在溫馨、和諧中教學創新。這是一種不可忽視的支持力量。許多研究均指出信任的同儕教師之支持力量對教師同儕正向之社會面與情緒面有所幫助，諸如：Matthews與Crow（2010）認爲，當教師同儕間具信任感，則其間就更可能進行分享、協助與支持。Prestridge（2009）則認爲，教師間具有信任感，則同儕對談就會成爲教師間發展相互理解的方法。張逸超、蔡素琴、陳韻如（2011）研究發現，教師同儕間可透過相關之專業發展活動（如行動研究、教師成長與發展等）促成教師間之教學專業成長解決學生學習問題。職是之故，在信任關係的基礎上，教師同儕間就較會知無不言、言無不盡，對於問題的探究也較可展現包容、尊重，此外，也更可激盪出對教學的創意以及澄清對教學的想法。準此，令教師信任的同儕教師，其實是可促發教師之尊重、包容、協助與支持的態度，而此種尊重、包容、支持的態度，不但對教師教學專業有所助益之外，亦會對教師同儕正向之個人情緒有所幫助，也足以引導教師願意面對問題、解決問題。

5. 專業輔導人員之支持

《直轄市縣（市）政府國民中小學置專任專業輔導人員辦法》第十條第一項，就其職掌與功能來看，有兩款是與教師諮商與輔導較具相關者：⑷提供教師與家長輔導專業諮詢及協助以及⑸提供學校輔導諮詢服務。學校輔導室與專業輔導人員應有此認知，新住民語文領域已納入十二年課綱正式課程之際，教學支援人員亦爲學習領域正式教學人員，乃爲專任專業輔導人員之服務對象。雖說其工作重點還都是較偏向於對學生之輔導與協助。不過，學校教師如因情緒或心理有所壓力與挫折時，其實校內相關之諮詢與輔導相關人力就可介入，提供教師適當之心理輔導，或對教師心理壓力與挫折提供必要的紓壓與因應。

貳、新北獨創共備社群

爲鞏固新住民語文教學支援人員之教學能力，新北市政府教育局2018年起綿密推動共備社群實施計畫。新住民語文教學支援人員在取得了證照之後，必須持續精進教學知能，除了在職進修之外，新北市獨創新住民師資培訓共同備課社群制度。有教學經驗的老師都知道，良好的課務預備爲課堂提供策略的指引，良好的教學計畫爲課堂提供行動的規劃；讓教師共同討論實際課堂的教學，作出省思和改進，乃爲教師直接有效的教學支持系統。

一、共備社群之目的

新北市新住民語文教學支援人員共備社群實施計畫之目的有三：一爲建立新住民語文教學之專業對話機制，建構專業社群支持網絡系統。二爲研發新住民語文課程與教學實踐策略，促進有效教學與學習的成效。三爲培訓新住民語文教學支援人員種子教師，建構社群擴散分享的平臺。一言以蔽之，推動共備社群之主要目的：建立「教學專業對話機制」、「社群支持網絡系統」、「社群擴散分享平臺」，促進有效教學與學習的目標。

二、共備社群之要項

新北市新住民語文教學支援人員共備社群基於上述之目的，其工作要項有十項：1.研擬實施計畫、2.召開共識會議、3.邀聘社群夥伴、4.社群授業研究、5.完成教學設計、6.進行觀課議課、7.整體經驗交流、8.辦理教學觀摩、9.發表結案成果、10.撰寫結案報告；採半年制一個循環，每個循環的關鍵要項爲：「社群授課研究」、「辦理教學觀摩」、「進行觀課議課」等三項，此爲相當要緊的教學功夫。

共備社群以一個「學習單元」爲中心，其內涵爲：共同備課、公開觀課、集體議課、修訂單元課程、教授修改的課程和對課程分享省思，將「社群授課研究」、「辦理教學觀摩」、「進行觀課議課」三者關鍵要項連貫與統整。共同備課乃設計教材知識，公開觀課乃觀察學生表現，集體議課乃分析學生表現，爲共備社群關鍵要項之核心。

三、共備社群之組織

新住民語文教學共備社群，共分六組（如圖13-5），每一社群有4至12位新住民語文教學支援人員，並推舉一位擔任領導人，各組設有督導校長及視督導校長，每月舉開共備社群會議，依上述工作期程運作。本共備社群之組織運作直屬於新北市政府教育局，統籌共備社群計畫、邀請諮詢委員、輔導團員，定期召集本案會議。

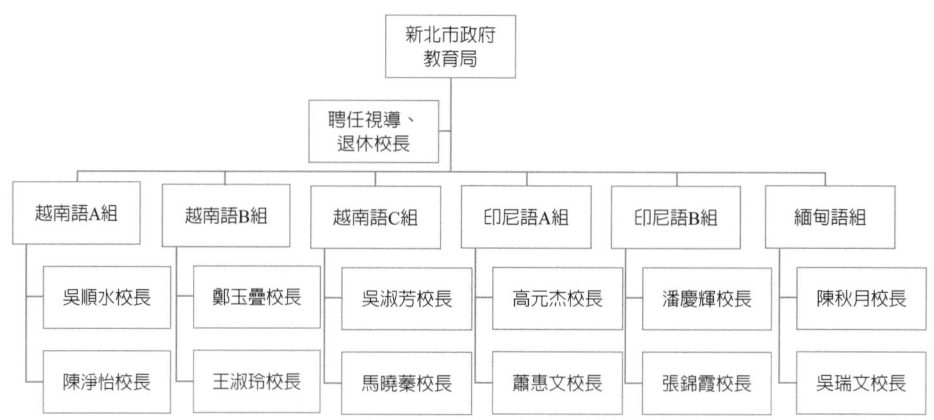

圖13-5　新住民語文教學共備社群組織架構
資料來源：吳順火，2018

四、共備社群之運作

新住民語文教學支援人員授業研究包括「共同備課」、「觀摩教學」與「發表分享」三個階段之運作。共同備課階段強調教學方法和策略規劃並進行教與學的設計；觀摩教學階段並經過「說課」、「觀課」與「議課（專業回饋）」三個步驟；發表分享階段在連結教師專業學習社群，其內容如圖13-6所示。

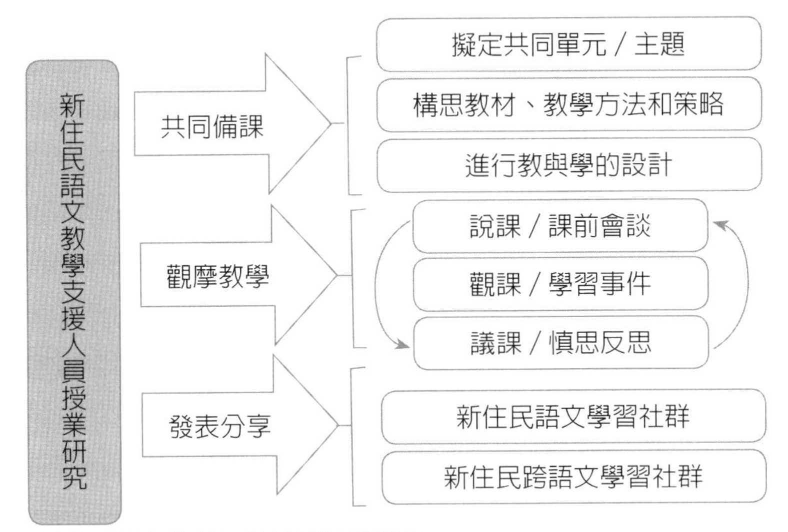

圖13-6 新住民語文教學共備社群授業研究

資料來源：吳順火（2018）

五、共備社群之特色

㈠共同備課理解教材教法

教師需要縱橫理解教材教法，所以需要共同備課。備課範圍：教材方面，概念、屬性、核心素養；教法方面，差異化教學、分組教學。共備社群提供了新住民語文教學支援人員一個互動專業對話的平臺，也提供了一個課程計畫研究的園地，建立互相協作的教師文化，可嘗試新的課程設計、教學策略等，持續精進老師的教學。

㈡公開觀課學生理解教材

教師無法邊上課邊了解所有孩子學習情形，因此以相互觀察一起共備出來的課，了解學生表現爲何？公開觀課主要觀察學生對教材的理解、學生互動討論等。共備社群的產出豐沛，新住民語文教學支援人員可自我決定適合的教學策略和所需要的教學資源，進行單元的內容設計，補充教材的編寫，觀察對於學生可能遇到的學習問題及困難，透過共同檢討和反思，共備社群是一種增能的作用。

㈢集體議課分析學生表現

議課比觀課重要，觀課後一定要議課，不要只給回饋；議課分析學生表現，不是討論教學者的好壞。社群的運作讓教師增進人際互動、教學思維與持續學習；集體議課的運作更強調新住民語文教學支援人員共建願景、價值觀及目標，民主平等、互動對話，採協同合作，聚焦在學生學習，同儕議課與回饋，議課結果願意持續不斷改進、教學優化和創新。

參、共備社群公開授課之理念

爲持續提升教學品質及學生學習成效，形塑同儕共學（Peer Learning）之教學文化，學校校長及每位教師每學年應在學校或社群整體規劃下，公開授課並進行專業回饋。十二年國教課綱，裡面規範著教師要參加社群，教師每學年度至少要辦理一次公開授課，這是校園的一種氛圍，也是學校的一種文化，不是一紙公文規定就可以完成的。至於公開授課的形式，包括教學活動設計的格式，備課的人數，觀課的技術以及專業回饋，都可以由夥伴們相互研討確認。首先與公開授課相連結的即是教學活動設計，其格式有傳統式、重理解課程設計（Understanding by Design, UBD）以及素養導向的教學活動設計。公開授課伴隨著即是教學觀課，授課人員得提出教學活動設計或教學媒體，供觀課教師參考，以利專業回饋之進行。再者是專業回饋，得由授課人員及觀課教師於公開授課後，就該公開授課之學生課堂學習情形及教學觀課結果，進行研討。此爲一脈絡系列的理念，以下將以公開授課的微視系統（Microvision System）與巨視系統（Giant Vision System）加以剖析。

一、公開授課運作系統

公開授課的共備社群爲一專業學習社群（Professional Learning Community, PLC），其運作系統聚焦於教師專業成長與學生的有效學習，此系統亦爲共備社群公開授課的微視系統。社群運作從課程計畫到學生學習評量設計與分析都可處理，PLC為研發與創造的基地（base），亦為回饋與協作的平臺（platform）。其運作系統之順序為：1.觀察前會談 2.教學觀察 3.回饋會談 4.回饋意見，以達致教師專業成長及學生學習成效提升，即為備觀議課的專業學習社群。有關觀察前會談、教學觀察、回饋會談及回饋意見之說明，如圖13-7所示。

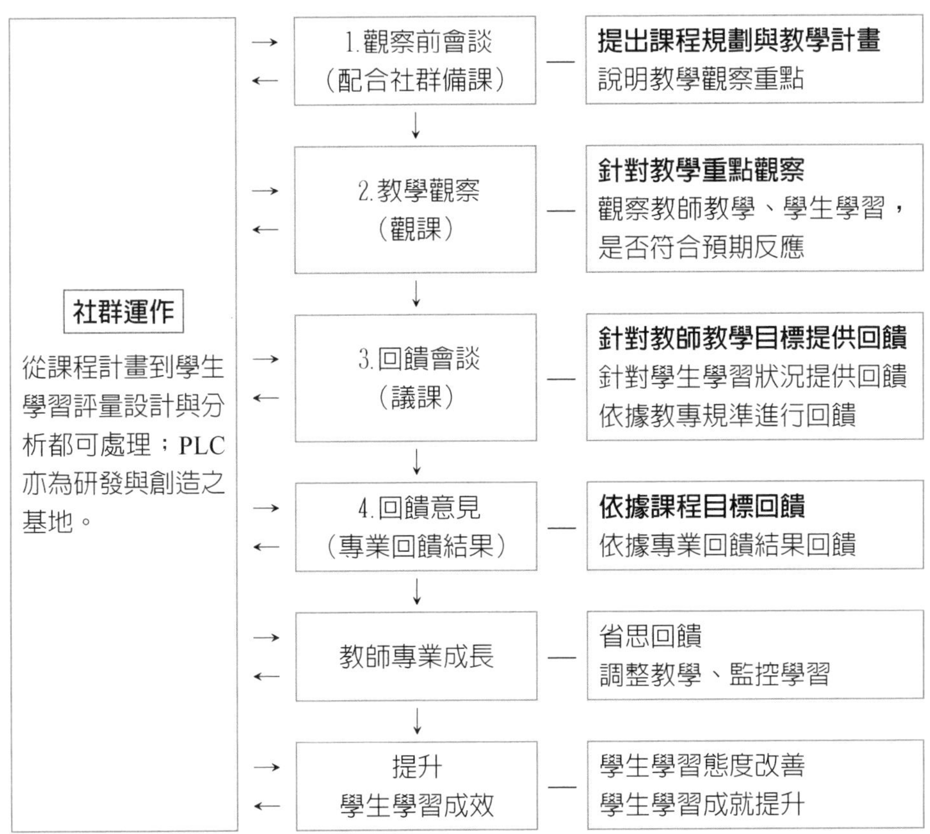

圖13-7　專業學習社群運作系統

資料來源：作者自行整理

二、校本特色創新模式之研發機制

相較於公開授課運作系統，校本特色創新模式之研發機制為一共備社群公開授課的巨視系統，以北新國小為例。橫向研發機制上，智慧北新校本特色發展的三大進程：成爲學習型組織、教師專業發展內涵、專業成長學校。縱向推動策略上，以現有的九大校本特色爲基石，各項專業組織之運作，落實組織學習，力促創新擴散，型塑專業文化形塑，促進學校品牌形象效應，成爲學習型組織及專業成長學校，其推動機制爲：支援系統（Support System）、回饋機制（Feedback Mechanism）、配套措施（Supporting Measures），如圖13-8所示。

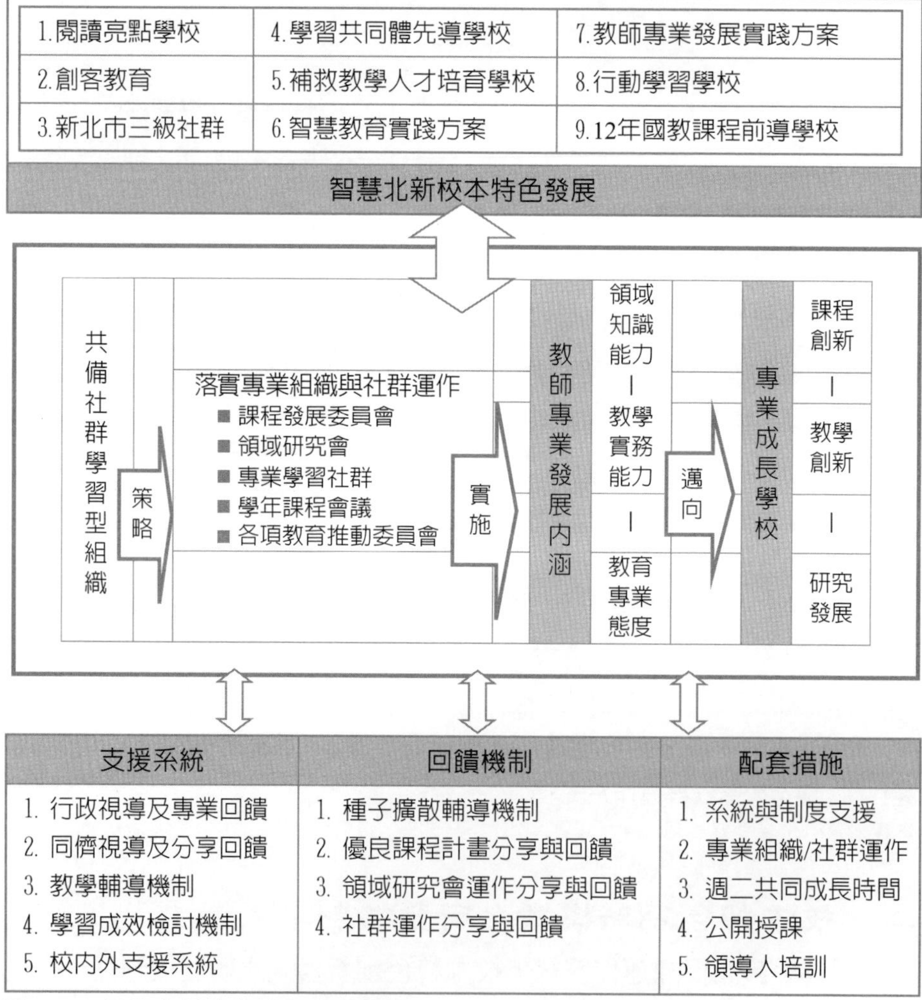

圖13-8　智慧北新校本特色發展架構

資料來源：作者自行整理

肆、共備社群公開授課之萃取

共備社群公開授課發表，包括介紹「共同備課」歷程，實踐「公開授課」，以及「發表分享」三個階段，其中第二階段公開授課並經過「備課」、「觀課」與「議課（專業回饋）」三個步驟，讓與會者了解專業分享的教師學習文化。因爲打開教室大門讓老師同儕進行教學觀察，而自己也有機會去其他教室觀察，藉由同儕視導及夥伴老師間持續的專業對話、意見回饋與經驗交流，不僅因此學習到許多難得的教學經驗，更可以反思自己教學上的不足，並尋求精進教學的途徑，讓老師提升足夠的專業，必能有效提升其教學品質和學生的學習成效。

萃取（extraction）是利用共備社群公開授課系統中，在理念中有不同的實務來抽取的單元操作。本計畫社群中的每位教學支援人員都非常珍惜每次社群共同備課的時間，過程十分艱辛，但每位夥伴仍帶著使命感，用心的完成每一份教案，精進教學能力，來掌握授課要領，教學的成效有明顯的提升。而每位聘督、校長亦對共備社群投入很多心力，常常熬夜替社群成員修改教案，戮力中就此完成了十次共備社群歷程。進而新住民語文教支人員共備社群六個社群於第十一次公開授課成果發表，將理念轉化成實務，實務萃取出智慧，協助成員研發課程與教學實踐策略。

一、共備社群之萃取研發

聚焦「共同備課、觀課及議課」的專業學習社群互動、學校課程發展與教師專業表現息息相關，專業組織的形成及其運作更是專業表現能否有效精進的關鍵。爲此，各社群搭配「調整共備支持策略」、「定調對話元素焦點」、「建構教師實踐檔案」三項研發機制，全力推動以學生學習爲焦點的社群研修，目的在導引教師透過「教材、教法及評量」開展對話、相互學習，精進專業紮實的校本研修機制，讓學校的課程發展組織得以無縫轉型、順利質變，爲鞏固共備社群奠定良好基礎，並開啓實踐契機。

㈠調整共備支持策略

拉近關係對話對教師而言，眞實互動是團隊共備第一步，而共學能否眞實發生，關鍵在「關係」—包含教師與教師的關係師與教材的關係、教師與學生的關係。爲幫助社群成員開展眞實性互動者關係（Authentic Interaction），策略性調整共備結構如下：

1. **掌握共備社群的目標**：共備結構的目標可概分爲兩大類，一是提高教學品質與成效，另一是教師專業成長與質變。若只重視教師專業成長，而未能反應到教學品質與學習成效，則這樣的共備目標不切實際。
2. **營造良好的共備氛圍**：共備結構涉及到兩個以上的人，此團體必然涉及到團體氛圍與凝聚力的層面。如果團體能有很好的氛圍，則此團隊則易達成團隊目標。有效共備的成員不一定要很多，團體的氛圍與凝聚力，以及共備的品質更爲重要。
3. **創造開放平等的對話情境**：共備結構成員間應能建立團體規範，如：未經當事人同意，不得將發言內容轉傳之倫理信條。另外，爲了追求高品質的共備成果，互動過程中，宜把握開放平等的原則，不宜因爲某爲成員的職位或年資較高，就不敢提出不一樣的意見，成員應以追求高品質的課程與教學爲對話目標。

㈡定調對話元素焦點

回到學科透過社群召集人會議，詳細解說並傳達社群互動始於「共同備課」之重要，強調唯有透過共同備課，才能「聚焦領域（或學科）知識」研討，才能「站在學生眞實的學習歷程及表現上」開展對話。並鼓勵召集人率先舉行公開授課，導引成員透過觀看理解教學現場的眞實性共同對話（Authenticity），深度探討並仔細研習和理解，再搭配最深層的意義和目的。

教學對話中涉及的元素很多，除了教材、教法以外，還包括學生背景、班級特質、學習評量、教學目標等等，在共備時，前述某一元素都可能成爲共備的焦點。因此，每次共備活動定調對話內容，就可能只聚焦某一主題或焦點。如：有些共備活動的主題是新政策、課綱或教育理念的探討，有的共備則聚焦在教材的解構與重構，有些則是教學策略的精進，有些則是某個單元的教學活動設計。另外，教材的分析及掌握也很重要，若教師能對教材有深度掌握，教學設計才比容易合邏輯且有深度。

㈢建構教師實踐檔案

系統化精進並厚實教學勵教師結合社群研修機制，詳實整理「共備觀議課之歷程資料，在「具體可行、不重複加工、有意義」的原則下，轉型教師教學爲教師學習檔案。爲教師順利建檔，協同研發「教師實踐檔案（Teacher Practice File）」，重點在：

1. **不單紙上談兵更應力求教學實踐**：共備是教學前的準備，最終應力求實踐。若能建構教師實踐檔案，將共備過程中，可能會遺漏的許多重要的教學元素，則能提高教學品質或成效。
2. **掌握實踐結果修正教學設計**：教學後，共備社群宜追蹤實踐結果，並做爲下次修正教學設計的參考。共備社群可以結合教育行動研究，針對教師的教學信念、教學計畫、教學歷程與結果做反省與檢討，必要時，也可將行動研究結果予以發展。
3. **教學省思內容應聚焦學生學習成效**：兩年來，共備社群團隊教師所完成的學習檔案，雖頁數不多，但字裡行間密密麻麻，不但可詳實還原教師課程與教學設計軌跡，還可清楚看見因應學生學習脈絡及迷思概念所進行的討論及修正。每看一次，感動一次，收穫一次。

二、公開授課之萃取研發

實踐公開授課是檢驗與探究教學最佳方式，透過相互合作與協助的

「教師學習社群」，專業成長直接與教學脈絡相連接，社群成員可以透過專業對話、經驗交流、分享資訊、楷模學習來擴展專業知能，共同探究教學的「最佳實踐」，並比較「實際現況」的落差，尋求新的方法、測試這些方法，然後根據測試結果進行反省與調整，並應用於日常教學實務，「幫助學生，幫助同儕，更成就自己」，繼而成爲一位幸福、有高自我效能（self-efficacy）的好老師。

綜上所述，新北市新住民語文共備社群公開授課探討教師專業發展模式，建置社群系統團隊；透過觀課與議課機制，思考觀察到的現象、推論原因，創造公開課堂。以下就本發展歷程策略歸納說明如下：

㈠理念先行，帶頭前進：校長帶頭教學指導授業研究

共備社群公開授課推動初期由校長擔任社群召集人，研擬推動計畫，規劃行事曆，發展共同理念目標，專業合作、支援與對話，以身作則帶頭前行。新住民語文教學共備社群設有督導校長及視督校長，分別爲越南語A組、越南語B組、越南語C組、印尼語A組、印尼語B組、緬甸語組，目前則以區域分爲東區、西1區、西2區、北區、南區。

㈡發展社群，應用交流：專業社群交流教學應用經驗

新北市新住民語文共備社群成員，每一個月至少聚會一次，規劃設備操作、教學應用、創新教學模式，共備社群公開授課進行分享與研討等，社群夥伴交流與應用，全體成員共同成長。針對專業社群交流教學應用經驗，吳順火（2018）向新住民語文教師說明有效教學的八個關鍵指標：學習氣氛、班級經營、授課清晰度、教學多樣性、任務取向教學、學生參與率、學生學習成就以及高層次思維歷程與表現成果。

㈢教學觀課，成果分享：公開授課課堂教學分享研討

新北市新住民語文共備社群公開授課，每學年至少必須辦理一次公開課堂。相對於公開課堂，即是教學觀課；教學觀課是由社群成員在課堂中幫忙看、幫忙聽，學生哪邊聽懂，哪邊聽不懂？觀察焦點以學生學習困難處爲原則，包括：學生聆聽的表情、眼神，學生回答或討論時的口語聲音，學生書寫學習單的情形以及學生操作教具等。

㈣集體議課，深入對話：首重素養導向教學專業發展

從共同的備課（教學前會談）、觀課到議課（教學後會談），共備社群公開授課以「集體議課」達到最高點，發展出「教材」、「教法」與「課堂」交互作用的社群教師。「議課」即是針對上完課之後，可以再商量、討論、釐清、研議的地方，以給授課者更多的回饋，也讓自己產生教學新思維。議課的流程，應該由授課老師和同儕教師針對這堂課做教學說明，包括教學前的備課、教學中的觀課及教學後的省思。

新北市率全國之先，辦理新住民語文教學支學人員共備社群公開授課，爲全國教學支援人員之典範，未來將持續支持共備社群，協助教學支援人員精進教學，建立夥伴關係，提升教學品質。新北市推動校內公開授課其發展歷程策略爲：理念先行，帶頭前進；發展社群，應用交流；教學觀課，成果分享；發展集體議課模式，以促進學校創造源源不絕的成長動力，在教師專業發展的路途上永續提升。新北市新住民語文教育以學習者爲中心，並在「共備社群融入、公開授課融入」爲兩個核心價值前提的交織下，架構出未來教師專業發展的藍圖。

五、新北市新住民語文教學支援人員共備社群經驗建言

計畫總召吳順火（2018）於專題報告後提出兩項建議做法：第一，提供客觀資訊回饋授課教師；第二，運用模擬演練與對照。新北市所辦理

的「107年度新住民語文教學支援人員共備社群公開授課實施計畫」成果豐碩，總結會議中提出多項建言以做為108年度賡續推動之參據，茲臚列大要如下：

1. **共備社群之合適人數**：以新住民語文教學支援人員之現況十個月實施下來，建議共備社群之合適人數為6人～12人。
2. **課程計畫之版本格式**：依據108課綱新住民語文之課程計畫應統一格式，至少各語內部要統一，始能發揮備觀議課之一致性對話，建議應速擬新住民語文課程計畫之版本格式或參考《素養導向教學設計參考手冊》（教育部國民及學前教育署，2018）。另亦建議課程計畫內文能雙語呈現，以利本國教師備觀議課之進行。
3. **課堂教學之活動歷程**：教學活動之完整歷程為準備活動、發展活動、綜合活動；但依據觀課顯示，教學歷程傾向活動導向，較屬於綜合活動，並非發展活動。建議於社群中鼓勵並提醒準備活動、發展活動、綜合活動三合一。
4. **課程計畫之教學活用**：計畫是死的，教學是活的；教學不死守教案，要活用教學方法與技術。在課堂中除參照課程計畫外，可彈性採用對話演練、生活情境模擬及視聽媒體等方式活絡教學，以提高學生的學習興趣、口語表達能力與文化理解。
5. **課堂教學之情境語言**：情境語言（Situational Language）係指在教學過程中，教師有目的的引入以情境為主體的場景所使用的教學語言，把學生帶入社會，帶入大自然，從生活中選取某一典型場景，在情境的範疇中作為學生學習語言的客體。建議以新住民語全語言（Whole Language Approach）授課為原則，但仍可採雙語教學。
6. **素養導向之教學原則**：新住民語文教學為108課綱的一環，自然以「核心素養」為發展主軸，而素養導向教學的轉化原則有四：整合知識、技能、態度，結合情境化、脈絡化的教學，注重學習策略以及強調力行實踐（評量方式）。建議在此素養導向之教學原則之上，鼓勵新住民教師由直接教學法（Direct Method）落實語文有效教學。直接教學法乃是訓練學生不需翻譯就能直接以第二語言思考，並能流利的以第二語言進行溝通。因此，教師上課時宜以新住民語全語言授課，但可借手勢、教具和圖表幫助學生了解語意。

7. **公開授課之議課時間**：議課是從學生表現，去議教學包括教材核心知識、教學方法、學生表現。同時透過議課，找出學生困難，教師發揮集體智慧，共同發展教學策略的一系列歷程。此歷程需有沉澱的心情及寧靜的空間，更需充足的時間，故建議議課時間須增長一倍的時間才足以完整其議課歷程。
8. **公開授課之備觀議課**：共備觀議課的執行實務問題包括，共備課前若沒有自己先備課，則未能充分交流；公開觀課的問題，觀整體或局部，注意觀課禮儀；集體議課的問題，議題內容過於細鎖，亦未能提出進階策略等。建議針對共備觀議課的系列執行，提出若干配套措施。
9. **增強教師中文自信心**：教師授課必採雙語教學，班級經營必採中文表達，若中文能力不足亦是缺憾，故建議透過社群進修，抑或是空中大學新住民專班提升其聽說讀寫中文能力。不具高中學歷者，完成專班40學分，可取得高中同等學力資格，續讀空大專科部或大學部，40學分予以承認。
10. **共備第二年賡續辦理**：建議「共備社群二年」應提升爲教學策略、方法與技術之精進，關注實務、完整的教學歷程模式（Teaching Process Model）：確立教學目標—引起動機—喚起舊經驗—提出教學重點—有效指導學生學習—展現學習表現—給予正增強（回饋）—引發新經驗—評量（形成性及總結性評量）—加強記憶與實踐力行。茲因新住民語文教學對象爲小班制，亦建議加強小班教學實務（Small Class Teaching Practice），並結合教學歷程模式之教學策略、方法與技術。

陸、教師專業學習社群的連結

新住民語文教學支持系統應把重點放在如何有效支援教師的教學，落實由下而上的教師專業社群發展。Roberts和Pruitt（2003）在《學校即專業學習社群》一書中，編製專業學習社群評量問卷，以分享領導、協同合作、共同價值與願景、結構支持、分享實務等五個向度，測量專業學習社群的概念。本文延伸以專業學習社群的特徵包括「共同願景」、「共同探究」、「協同合作」、「社群運作」、「實踐檢驗」、「重視結果」、「持續改進」和「行政支持」等層面來剖析新住民語文教學支持系統，茲分別從以下八個層面作說明：

一、共同願景（Common Vision）

「願景」和「想像」截然不同，有無目標、行動是爲二者之判別。建立「共同願景」爲教師專業學習社群修練的第一步，是將願景由大家共同宣示，或是來自組織制度化規劃過程的觀念。因此新住民語文教學支援人員所建立之願景較能貼近學生學習或社群發展具有共同關切的焦點，並能發展出共同的目標，社群的目標亦能聚焦在學生學習。

二、共同探究（Explore Together）

教師專業學習社群由學習者擬定探討主題與目標，自己決定要「學什麼」及「如何去學」。每個成員在小組選定的研究小主題中，分擔其中的個人學習責任，以共同達成學習目標。因之，共同探究這樣的圖像包括新住民語文教學支援人員共同學習新的知識、技能與態度，或檢視本身既有的知能、信念與態度；新住民語文教學支援人員協同計畫課程、編製教材、或設計教法，以符合學生不同的學習需求，提升學習的成效；新住民語文教學支援人員有機會分享各自的專業經驗、構想或表現成果；有機會進行同儕觀課與回饋，或共同檢視學生作品；有機會提出專業上所遭遇的疑難問題，或針對當前重要的教育議題，協同提出解決方案。

三、協同合作（Collaborative Cooperation）

協同合作係一群有目標導向但協調方式平等的參與者，在教師專業學習社群中每個人都享有參與，這些參與者合作所產出之有學習價值的產品或服務。因之，在協同合作系統中新住民語文教學支援人員對於社群的活動都能積極參與、分擔責任，教學支援人員充分表現互助合作的行動，並透過專業對話與交流，進行群體學習。

四、社群運作（Community Operation）

教師專業學習社群旨在促進教師專業成長，其運作方式首要考量人的因素，就是新住民語文教學支援人員和召集人的相輔相成。在召集人方面，召集人應具備專業知能，熱忱投入時間與精力於社群發展，對於新住民語文教學支援人員任務分工明確與公平，召集人應善於鼓勵成員共同參與，善用校內外資源；在新住民語文教學支援人員方面，新住民語文教學支援人員應表現彼此尊重、相互支持的行動，並營造開放、正向、尊重共識的討論氛圍，勇於嘗試與創新。

五、實踐檢驗（Practice Test）

所謂「實踐檢驗眞知」即指經由檢驗得知眞知實踐的程度。「實踐」爲一個人決定並履行自己所經過深思熟慮過後的目標之行爲，「檢驗」爲一個人針對選擇並驗證所做過程與結果的行爲。教師專業學習社群是一個實踐的作爲，也是一個檢驗的作爲，新住民語文教學支援人員把社群中所學習的新知識、新技能、新態度，或所發展的新課程、新教材、新教法、新解決方案等，應用在專業實務工作上，以解決問題、提升效能；新住民語文教學支援人員也能對實踐行動的過程與結果進行省思對話，以驗證原本的假設，並深化學習的內涵。

六、重視結果（Focus on the Results）

教師專業學習社群探究精進的方向必須正確無訛，方向對了距目標就近了，其重視結果包含學生學習成效和學校整體發展，否則將做白工。在學生學習方面，持續檢視學生學習成效的改變情形，以及持續檢視學生學習動機、態度的改變情形；在學校發展方面，持續檢視學校整體發展與改進的情形，或願景與核心任務達成的情形，此二方面之結果皆據以調整社群探究精進的方向。

七、持續改進（Keep Improve）

持續改進之父－今井正明（2013）在《改善：日本企業成功的奧妙》一書中提出的，Kaizen（日文：改善）意味著改進，涉及每一個人、每一環節的連續不斷的改進，以教師專業學習社群之人而論，包括召集人和新住民語文教學支援人員。教師專業學習社群召集人和新住民語文教學支援人員需熱心研討改進本身專業實務或教學發展的議題，並積極持續嘗試將所學到的觀念或策略付諸行動，同時能持續評估社群組織的運作情況，並據以進行調整。

八、行政支持（Administrative Support）

教師專業學習社群應受到行政之支持，行政支持教學，就是支持學習，校長領導扮演重要的角色。在行政方面，課務安排能提供新住民語文教學支援人員共同合作的時間，提供社群學習與討論的空間與設施，提供經費支援以及相關圖書與網路資源，並提供社群運作上的協助；在校長方面，關心與支持社群運作，鼓勵教師發展領導才能，提供教師參與社群決策的機會或社群運作推動的能力。

新北市三級教師社群爲學習社群、教師專業社群和貢獻平臺，新住民語文教學支援人員將從第一級社群——學習社群出發，再到第二級社群——教師專業社群，進而第三級社群——貢獻平臺。學習社群定位在教師藉由參加此社群可吸取他人之教學經驗；專業社群則是透過跨年級、跨領域的交流，在教學方面進行增廣與加深之精進；貢獻平臺則爲社群或成員樂意將成長經驗分享於平臺。教師專業學習社群之運作如圖13-9所示，其落實以學生爲中心的學習型態，精進教師班級經營效能；提升現場教師心理素質，增進師生對話品質；安頓師生身心與促進彼此和諧的人際溝通，協助教師建構更有效益的班級經營基礎；提供教師匯集的場域，讓教師得以藉此良性互動、熱血交流，並鼓勵教師在課程後持續連結，建立溫馨、樂於共同備課與學習的社群。

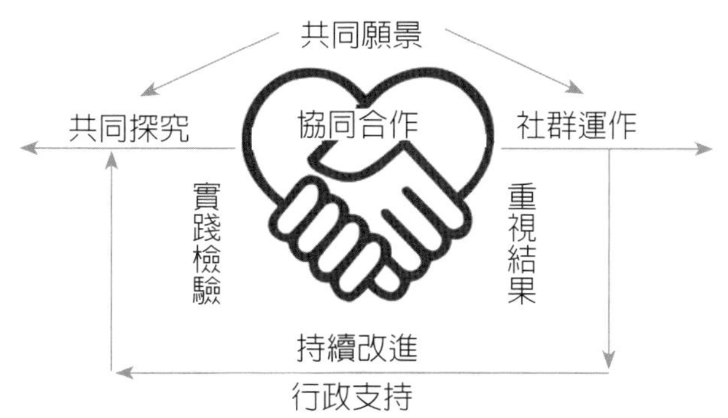

圖13-9　新住民語文教學支援人員學習社群運作系統

資料來源：作者自行整理

柒、教學支持系統的建構

一、以學校內爲本位的支持系統

教學活動充滿著校園，教學支持系統的建構首當以學校內爲本位。教學支持是一種主觀的感受，是指個人藉由人際關係的交流及社會陪伴上，感受到有意義他人所提供的愛與關懷，及對教學行爲、價值觀的肯定與認同，甚至提供實質性或象徵性的協助。在建構適切的支持系統階段，學校現況的支持系統透過「需求評估—支持評估」所建構的一種符合理想和實際的適切支持系統，是一套包括：「資源規劃」、「專業成長規劃」、

「課程教學配套」、「行政支援」、「評鑑回饋」等5項層面內涵的理想支持系統。而學校內實際支持系統其需求須先經過評估，支持亦須伴隨評估，進一步需求與支持的交互評估之後進行資源規劃，透過觀察、晤談、或蒐集檔案資料等專業成長策略，以發展「個別化需求與支持計畫」之配套措施，即可在行政支援下提供服務，並定期評鑑其支持成效，同時進行必要的計畫修正與回饋，如圖13-10所示。

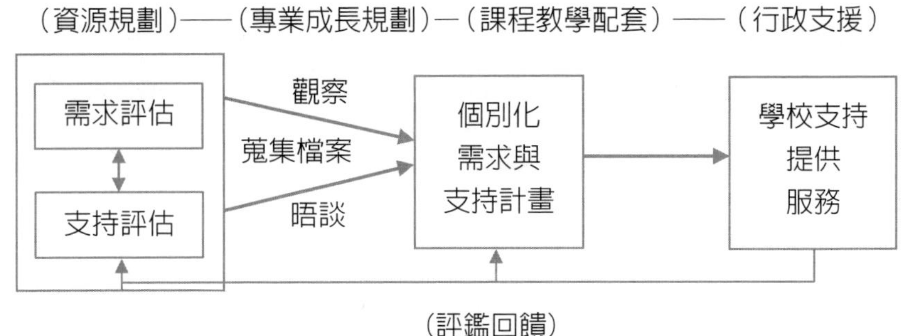

圖13-10　以學校內為本位的支持系統模式圖
資料來源：作者自行整理

二、以學校內外為優位的支持系統

教學支持系統的建構除以學校內爲本位，更當結合學校內外爲優位的考量。目前中小學教師專業發展支持系統之規劃重點，在於自發、互助、共學之概念給予教師專業成長之支持，同時藉由結構性策略，增加由下而上之多元專業發展模式。由此，新住民語文教學支持系統亦應規劃由下而上的多元專業發展模式，年資達3年以上之教師可藉由揪團進修回流教育、學習共同體、合作學習、差異化教學、教師三級社群、學校策略聯盟及訪視輔導等方式以獲得更多學校內外之支持。

是故教學支持系統乃由校內支持體系和外部支持力量，共同結合教師領導、課程領導、教學領導之概念，無論前三者之間呈現獨立圓之三元包容（社群發展）、同心圓之同一基礎（訪視輔導）、相交圓之交集互補

（共備社群）或循環圓之互動支援（回流教育）等關係，其功能皆是期待可協助教師發展出具生產力與滿意度之教學工作環境，以促進學生學習成長活動之有效落實。此優位的教學支持系統之建構有四：以引導學生學習成效爲教學支援人員之核心價值，以引導學校課程參與爲教學支援人員之原生動力（課發會）（領域小組），以引導檢視教學觀察爲教學支援人員之精進機制，以引導統整支持系統爲教學支援人員之運作措施。

綜上所述，新北市新住民語文教學支持服務（Support Service）的流程包括：教學成長與發展（Teaching Growth and Development）、共備社群（Co-Study Community）、社群發展（Community Development）、訪視輔導（Visiting Counseling）、回流教育（Recurrent Education）、持續支持與追蹤（Ongoing Support and Track）。如圖13-11所示。而新住民語文教學支援人員教學成長與發展之樣態甚多，作者提出以下述端，包括：

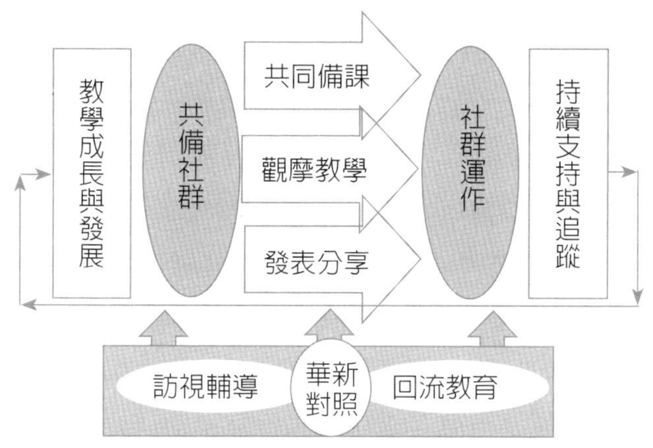

圖13-11　以學校内外為優位的支持系統模式圖
資料來源：作者自行整理

1. 增能研習、增能工作坊
2. 共同備課、觀摩教學和發表分享
3. 社群楷模學習

4. 團員公開授課（公開觀課）
5. 華—新對比教學（Hua-Xin Contrast Teaching）
6. 華師與新師交流
7. 建置教學資源服務窗口（資源中心）
8. 建置備課平臺（七語華—新課程計畫）
9. 教學包（Teaching Package）

由上述樣態相對於學校內外為優位的支持系統可知，新住民語文教學支援人員教學成長與發展經由第一項導入共備社群之基礎性，經由第二項導入社群發展之持續性，經由第三、四項導入訪視輔導之外部性，經由第五、六項導入回流教育之精進性，再經由第七、八、九項導入持續支持與追蹤之資源性。就資源性而言，資源中心之支持性以結合「教師研習」、「研究發展」、「文化圖書」及「網路平臺」等四大功能，做為師資培訓及教學資源整合平臺，完善教學支援人員支持及輔導系統。備課平臺之支持性在提供一個課程發展平臺，試行新的課程發展組織、教學策略、貢獻模式等，使教師的教學持續改進。教學包之支持性是指有熱心的教師將教學各種相關事件整理成簡要、完整的圖文說明或新聞、影片記錄，以利於一般教師或初任教師快速了解的封包。相關事件包括：教案設計及撰寫、教具製作與應用、電腦資訊應用、教材教法實務以及班級經營技巧等。

捌、建議

教師成長與發展之結果乃在「協助教師專業成長，增進教師專業素養」，而專業成長成功的關鍵則在於同儕信任、合作、探究、省思與分享等，尤其當教師之間能產生信任，才更可能進行分享、協助與支持。準此而論，本文認為與教師成長與發展有相關之教學支持系統共有五個，分別是：教學指導人員、教師專業學習社群、領域共備小組、信任的同儕教師、專業輔導人員；且其社群等支持分別具有八項重要特徵：共同願景、共同探究、協同合作、社群運作、實踐檢驗、重視結果、持續改進和行政支持等。如何讓新住民語文教學支援人員在參與社群的過程中，覺得被教師系統所支持，獲致成長甚至能有所成就感，進而貢獻自我、以利他人，這是很重要的。由此，新北市新住民語文教學支持系統茲分四個重點提出建議如下：

一、強化教師支持系統功能

支持是由人、環境和制度所組成的有機體，人的要素為其核心。本文發現目前學校實務在專業上、情緒上、以及面對問題上，可提供教師的支持系統包括：教學指導人員、教師專業學習社群、領域共備小組、信任的同儕教師、專業輔導人員等，且各支持系統理想上對教師參與教師成長與發展之心理情緒支持應有不錯之效益。期使學校五種教師系統亦能對新住民語文教學支援人員給予增能、支援與支持。

二、優化學校行政支持動能

學校行政支持動能主要在探究支持需求的個別化與提供支持的極大化，及其交互作用的機動化；然而，學校要對每一項教育政策活動有效的推動與實施，其重要因素則在於行政是否全力支持，尤其是人力與資源的支持，教師成長與發展教學支持系統的推動亦復如是。準此而言，未來要有效建構與運作教學支持系統，優化行政支持動能應是學校行政體系基本的認知，亦即提供教學支持系統實際運作時必要之人力、物力、經費、時間與空間等之支援。期使學校各種行政動能亦能對新住民語文教學支援人員給予肯定、支援與支持。

三、發展校本特色支持系統

充分考量學校人力、物力資源的優劣與限制，並進一步進行討論與規劃，藉以發展與建構出具校本特色的教師成長與發展教學支持系統。校本特色首應建立在「安定和諧、求本務實」雙核心的基礎上。所謂校本特色為「校有、校治、校享」的特色，也是「師有、師治、師享」的課程。可用「一場可帶走的盛宴」隱喻培養孩子具備帶得走的能力，隱喻課程要為孩子的未來發展著想，如智慧學校、智慧教室、智慧課堂等。校本特色不是外加的活動，而是融入新住民語文學習領域之中，期使新住民語文教學支援人員共同發展校本特色達到「人無我有、人有我優、人優我新、人新我特、人特我專」的特點。

四、建構健康與信任的文化

健康文化是優質學校文化的核心。健康文化指為促進和維護學校成員身心良好狀態，開啓健康正向的心智、指導健康教學態度、改善學校教學環境等作用而創造的成果或附加價值。信任感乃是各支持系統的共同核心特徵。組織充滿信任氛圍與健康文化，則於其內的員工不但健康，相互間也能充滿信任感，對各種活動的推展也就充分信任，其所可能產生的威脅與壓力就相對的較低，教師成長與發展的推展亦復如是。因此，未來在推動教學支持系統之時，理應營造學校成為信任與健康的組織，亦即讓教師了解教師成長與發展乃在：肯定教師教學表現、提供觀摩者與受觀摩教師間對教學的檢視與對話以及提供教學改善的回饋等。期使學校健康與信任的文化亦能對教學支援人員給予溫暖、安全與支持。

從需求層次理論與社會比較理論以及共備社群實施計畫與專業學習社群的實務可知，教師成長與發展成功的關鍵之一，在於適當教學支持系統的建構，而教學支持系統的內容可包括：⑴專業的支持；⑵個人情緒的支持；⑶面對問題的支持。藉此，促使新住民語文教學支援人員參與教師成長與發展，因增能和肯定、自信和特色、信任和安全，而導致師生雙方受益，進而建構出更具健康與信任的教學支持系統。這樣的支持系統將激發新住民語文教師的創意、活力，並及早形塑自發、互動、共好的氛圍與情意。這樣的支持系統亦將改變由上而下的決策模式，揚棄績效主義迷思，建構貼近教學現場需求的專業成長支持系統。

第十四章
新住民語文學院的課程理念與實務

新北市教育局108學年度全面推動「新住民語文創新教學TOP 123」：積極培育「1」流的專業師資（T, Professional Teacher），目前已有近400名7語新住民語文教學支援人員取得合格證書；首創「2」大支持輔導組織（O, Counseling Organization）：「新住民語文輔導團」及「新住民語文教學支援人員共備社群」；提供「3」贏學習品質保證（P, Provide Three Wins），包括全國首創「新住民語文教育資源中心」、「新住民語文學院」及「東南亞語文競賽」等各項活動，大力推廣新住民語文學習。

提供「3」贏學習品質保證之一的「新住民語文學院」亦爲全國首創！新北市教育局爲推廣新住民語文學習，在新店區直潭國小成立新住民語文學院，於108年7月8日由副局長蔣偉民、立法委員及市議員等貴賓共同揭牌，另外同時舉辦首屆越南語育樂營課程，邀請全市68名國小學生參加，展開3天2夜的語文學習課程，增加學生對東南亞語言文化的學習興趣。

新住民語文學院融合學校「多元文化與國際觀」的特色爲發展主軸，將學校教室建置爲豐富多元文化的情境。首屆越南語育樂營活動開課，透過沉浸式的語言學習環境，提升學生對東南亞語言和文化的學習興趣。課程含食、衣、住、行、育、樂6大主題，應有盡有，營隊小組也以文化生活分組分爲食組、衣組、住組、行組、育組和樂組六組，採循環式跑站（Recycled stop）課程協同教學，讓學生們透過遊戲活動，學習生活中常見實用的句子及詞彙。

地處城市卻位於山區的直潭國小創校於1961年8月1日，是一所學生人數數百人的小型學校。由於校園緊鄰直潭淨水廠，曾經一度因爲水廠的設立而造成學生人數銳減，直到直潭社區與新店溪對岸的大台北華城等住宅社區陸續成立，以及學校積極營造空間美學、教師專業成長、教學創新、行動學習、螢火蟲生態遊學、水土保持永續校園等特色標竿學校，學生人數逐漸回流。2019年7月，奉新北市政府教育局指示成立「新住民語文學院（NCLCC, NTPC）」，對於推廣新住民語文學習將有一番作爲。以下分別從新住民語文學院運作實務探討課程理論與取向、課程發展與設計、課程結構與統整以及課程實施與評鑑。

壹、NCLCC, NTPC課程理論與取向

新住民語文學院以學習者中心課程理論爲主軸，並加入學習者爲中心取向的觀點，更豐厚新住民語文學習的視野。課程理論是一組教育概念，學院針對課程發展提供了系統性及闡釋性的觀點（課程觀）；課程取向是一組教育意念，是教師對課程與教學的前設，也是教師進行課程設計的基本立場（目的觀）。有關NCLCC, NTPC課程理論與取向簡述如下：

一、課程理論

新住民語文學院以學習者中心課程理論（Learner-centered Curriculum Theory）爲其中心思想，強調以學生發展爲核心。該理論包括了「經驗主義」課程理論、「人本主義」課程理論及「進步主義」課程理論，它們的共同點在於重視學習者在教育中的主體地位。

(一)經驗主義課程理論

主張教師如園丁，設計豐富的探究環境課程，發展學生的心智與興趣。相信經驗證據，認爲理論應建立於對於事物的觀察，意即通過實驗的探究與實作，就是感官體驗創造了知識。在課程上，多採用觀察、體驗等方法，重視感官經驗的連結，並歸納出其規律性。總之，新住民語文學院

主張以學生的需求與興趣作爲教育目標的主要來源，學校有責任協助學生滿足需求、提供對個人與社會有重要意義的社會型態。

㈡人本主義課程理論

新住民語文學院強調人的正面本質和價值，而並非聚焦研究人的問題行爲，並特別強調人的成長和發展。它主要研究人的本性、潛能、經驗、價值、創造力和自我實現，強調自由、個人決定的價值和人生的意義。尤其，自我實現乃是人本主義課程理論的核心。理論認爲，人的自我實現是完滿人性的實現和個人潛能的實現，Rogers（1961）相信人本身是可信任的，並且自身有能力去理解和解決自己的困難和個人成長。

㈢進步主義課程理論

1. **進步主義的個人論**：強調兒童品格、態度、文化的發展要比智育學科更加重要，教師應注意學生全面的需要（Comprehensive Needs），並激勵其潛能的實現。
2. **進步主義的社會論**：強調對民主思想的認同，且重視學校社會化與群性的教育；課程理論認定民主教育可作爲學校的中心，學校教育是民主思想的縮影。
3. **進步主義的知識論**：強調經驗係經由個人和環境持續的交互作用，甚至於認爲知識亦源於經驗。因此，進步主義視經驗的基本特徵，乃是一種經驗之過程和經驗之結果。

根據上述學習者中心課程理論的文獻，以學生學習爲中心的教學是公認最能反映學生「多元文化」的教學方式。新北市新住民語文學院提倡在教師指導下以學習者爲中心的學習，既強調學習者的認知主體作用，又不忽視教師的指導作用，教師是意義建構的幫助者、促進者，而不僅是知識的傳授者與灌輸者。

二、課程取向

新住民語文學院課程取向主張「課程即目標」、「課程即計畫」及「課程即經驗」，強調學生爲學習的中心，學生是主動的學習者。以學生爲中心的課程取向，其課程內容與兒童生活相符合，誘導學習者的學習動機，滿足學生需求。

㈠以學生學習爲中心的課程取向

新住民語文學院教師規劃課程與教學關注學生整個學習環境，此學習環境爲沉浸式語文學習（Immersive Language Learning）的設計，在沉浸式的環境學習新住民語文。另外，教師規劃課程與教學亦關注學生參與之學習意識（Learning Consciousness），此學習意識以兒童興趣、能力和經驗爲考量，教材的選擇、編排及活動的安排更須了解學生參與此課程的背景、能力與自發性的學習動機。此亦呼應了新北市新住民語文學院108年度越南語育樂營課程目的之一：「提供學生學習越南語文機會，引發學習動機」。因此，新住民語文學院課程取向則在硬體沉浸式的環境學習及軟體參與式的學習意識交織，激發出學習成果並予以評估。如圖14-1所示。

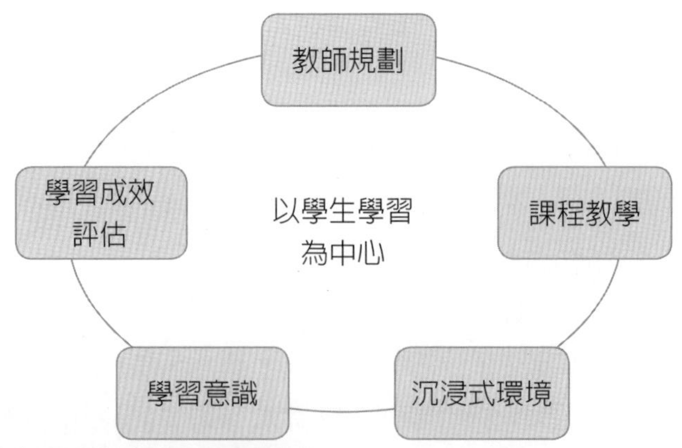

圖14-1　以學生學習為中心的課程取向

資料來源：作者自行整理

㈡以學生學習爲中心的COPE課程取向

從上述以學生學習爲中心的課程取向幫助學生學習，爲了「應付」（COPE）國際化移動頻繁的需要，必須懂得多元文化與族群，只有這樣才能促進社會的和諧與繁榮。新住民語文學院課程設計方案要以學生爲中心，強調轉型的教與學，即是COPE的課程與教學，即連結、機會、參與、評估的學習歷程。如圖14-2所示。COPE課程取向的教學以學習者爲中心，讓學習者置身於教學情境中，其過程是參與體驗學習、探索反思與回饋，其目的使學習者在多元文化環境中互動，能適性發展而建構出自身的語文能力。總之，新住民語文學院強調教學過程適應學生個別差異，並以週遭食衣住行育樂生活事物爲教材，創造一個以學生爲中心的語文學習情境。

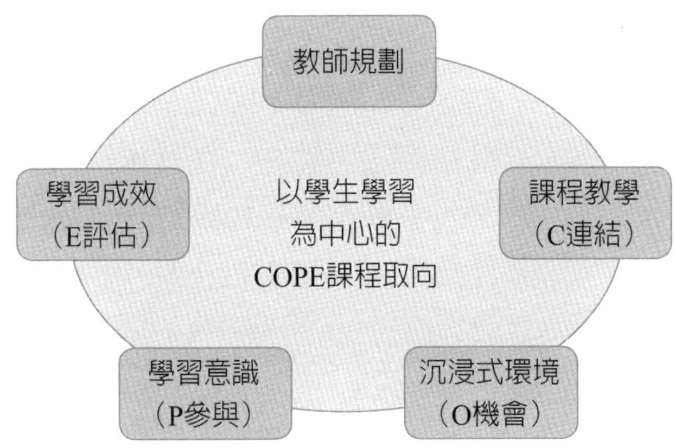

圖14-2　以學生學習為中心的COPE課程取向
資料來源：作者自行整理

1. 連結（Connection）：有效教學是以學生爲中心，幫助學生連結過去、現在與未來；兼重兒童生活與社會需要，幫助學生連結課程、家庭與學校。
2. 機會（Opportunity）：新住民語文學院創造了以學習者爲中心的學習環境，採「沉浸式學習」的新住民語文學習，讓孩子24小時有意識或無意識沉浸在使用新住民語文的機會。

3. 參與（Participation）：學生爲自己的學習負責，有目的、有計畫、有實際活動參與實作學習，促進學習意識。
4. 評估（Evaluation）：讓學生參與體驗學習與成果發表，提升學生語文學習興趣與培養主動親近語言文化的態度。

貳、NCLCC, NTPC課程發展與設計

新住民語文學院之課程帶動了新住民語文教學支援人員「課程發展」和「課程設計」的契機，同時也爲新住民教育注入活水。因此課程發展者宜掌握學習方面有關的知識，針對課程目標、內容、方法與評量設計出符合學習者需求的課程（黃光雄、楊龍立，2004）。有關NCLCC, NTPC課程發展與設計簡述如下：

一、課程發展

新住民語文學院之課程發展採用塔巴（H. Taba）提出的草根模式（Grass-Roots Approach），主張課程應由課程方案的基層教學者來發展，「由下而上」明確順序的設計。課程設計步驟，爲如下七步驟：(1)診斷需要；(2)形成目標；(3)選擇內容；(4)組織內容；(5)選擇學習經驗；(6)組織學習經驗；(7)決定評鑑內容與實施方式。

塔巴（Taba, 1962）認爲，課程發展是一種敘述，以確定課程的構成元素（步驟）。是以新住民語文學院課程發展在塔巴草根模式中，新住民語文教學支援人員關注以下七項重要的步驟，如圖14-3所示：

1. 需求的診斷（Diagnosis of Needs）：學院課程首先確定學生的需求。
2. 簡潔明白的陳述目標（Formulation of Objectives）：依目標模式建立所要達成的目標。
3. 內容的選擇（Selection of Content）：學院課程選擇所應學習的題材或主題。

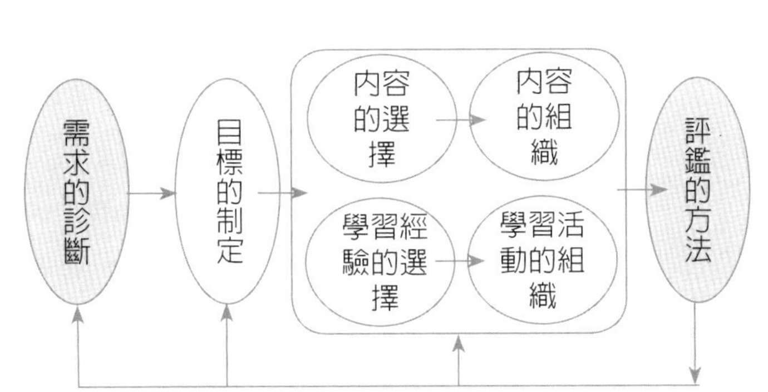

圖14-3　新北市新住民語文學院草根模式之課程發展

資料來源：作者自行整理

4. 內容的組織（Organization of Content）：學院課程將新住民語言和文化組織起來，內容的組織安排適當順序。
5. 學習經驗的選擇（Selection of Learning Experiences）：題材或主題需透過學生學習經驗來選擇。
6. 學習活動的組織（Organization of Learning Activities）：學院課程之學習活動亦加以組織，安排其內涵和適當順序。
7. 評鑑與評鑑的方法（Evaluation and Means of Evaluation）：採用歷程本位評鑑及結果本位評鑑雙核心評鑑的方法。

新北市新住民語文學院草根模式之課程發展認為：教授課程的教師應參與課程的發展，因為由上而下的課程模式無法滿足個殊學校、教師與學生的需求。換言之，新住民語文教學支援人員要能增能賦權，有參與、擁有課程選擇、組織與決定的能力，是由下而上的課程發展方式，並採歸納七步驟設計課程，同時，搭配外部評鑑的方法，從結果和歷程去回應目標與學生的需求。

二、課程設計

由上述草根模式之課程發展及七步驟的課程設計，新北市新住民語文學院之課程設計即以學習者中心（Learner-Centered）爲依歸。教師在進行課程設計時，必須清楚考慮下列三個問題，已有效設計適合學生學習的課程內容：1.什麼是學生應該學習的最重要資訊、記得的事實或其他核心知識；2.什麼是學生在修完課之後，應該了解的最重要概念；3.什麼是學生在這門課中，應該發展的重要技能（Stanford University, 2004）。以下分別針對課程準備的要素及課程設計的流程進行說明：

㈠課程準備的要素

凡事豫則立，不豫則廢；課程設計強調精確性的觀念，精確性的前提在於課程準備，其要求課程設計者重視精確設計，以確立目標，善用時間，增加課程的精確性。課程準備是以學生學習爲中心，包括許多的要素，包含課程目標、教科書、教學大綱、教學準備、教學媒體、學生活動和教學方法等七種要素（McKeachie & Svinicki, 2006），構成完整的組織與架構，如圖14-4所示。

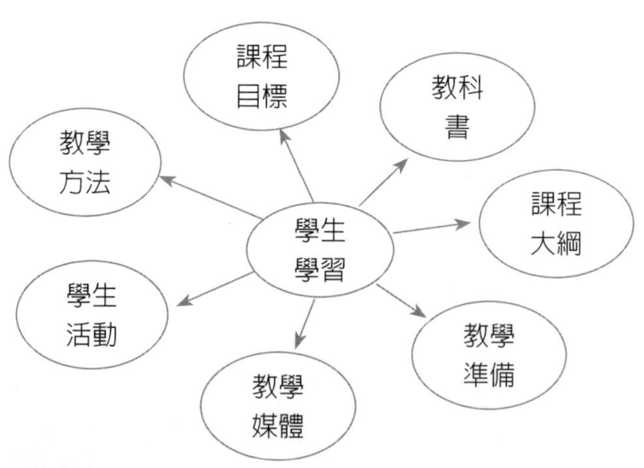

圖14-4　課程準備的要素

資料來源：McKeachie & Svinicki (2006)

新住民語文學院依據課程設計對課程準備的要素，從事選擇組織與安排。這些課程設計要素實務上擴增為：課程目標、學習份量、教學大綱、活動、方法、教材、時間、空間、資源、學生特質及最後確認等。課程準備的第一步驟乃是列出課程目標，舉凡選用教材教科書、設計教學活動、安排作業型態，以及採用教學技巧等等決定，都是衍生自課程目標。做好課程設計和準備，有助於引導師生共同朝向課程目標而努力。

㈡課程設計的流程

課程設計的具體作為是撰寫教學目標、學生的學習具體目標、選擇組織與安排教學活動、執行評鑑工作的技術，課程設計比較重視具體而實用的課程製品。課程設計始於課程規劃（Course Planning），接著進行課程傳授（Lesson Delivery），再來是學生評量，最後則是以課程評鑑和修正作為總結，過程是持續的，也可以從任何一階段開始（Florida State University, 2002），如圖14-5所示

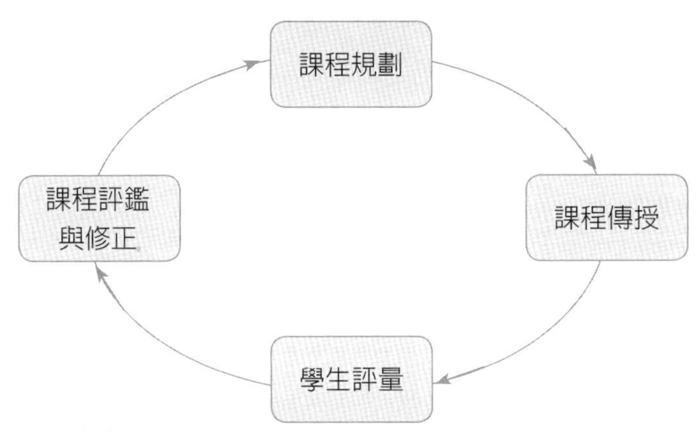

圖14-5　課程設計流程

資料來源：Florida State University (2002)

新住民語文學院採行活動課程（Activity Course）的設計，依據前述課程設計流程對活動課程的設計而言，以學生為中心，完全打破學科組織界線。職是之故，活動課程的設計包含活動課程規劃、活動課程傳授、學

生評量以及執行活動課程評鑑與修正。

簡言之，課程設計是教師構想進行教學的歷程，是教學活動實施的藍圖，有了一份準備周詳、內容充實的課程設計，有如設計書圖（Design Book and Diagram），可以從容地按圖索驥，教學活動的進行必然可以得心應手。更重要的是，教師可以依據課程設計有信心的實施教學活動，依據教學過程進行反省思考，更依據教學結果進行修正檢討。

參、NCLCC, NTPC課程結構與統整

新住民語文學院所提供的學習領域與在校學習領域有關，且與眞正的生活密切相關，即是課程組織結構要能協助學生逐漸獲得統整的觀點與能力。此課程組織結構能發揮有機連結在一起的組織方式，完整化了學科、經驗、目標、計畫等。學院課程涵蓋了學科和學習經驗，學生除了在校的教學科目正式課程外，非正式課程有意安排的課外學習活動爲其學習主軸。有關NCLCC, NTPC課程之選擇、統整與編製簡述如下：

一、課程多元與選擇

新住民語文學院依教材來源的課程選擇仍採「學生中心課程」，以學生需要和興趣爲主，可稱爲「以學生核心能力爲中心」的課程架構。十二年國教課程強調以學生爲學習中心，發展學生的多元智能，亦即多元智能指引課程朝向「學生中心課程」發展，課程選擇應讓學生的優勢智能明朗化（Advantage Intelligent Clarity）。

學生中心的課程選擇，比方說在煮三餐的時候就可以思考怎麼使用新住民語文說出「吃」、「用餐」、「煮」這些單字，之後就可以開始建構像是「該吃晚餐了」、「我在煮餐」、「食在有意思」之類的句子。如果在生活食衣住行育樂做每件事都應用這個方法，就會大量沉浸在新住民語文「食」的主題當中。又比方說有個「衣」，新住民語文學院是把它變成「當我們同在『衣』起」的主題，就有越南的服飾，男生的、女生的，斗

笠的跟他們國服的部分，甚至他們的配件要怎麼配，學生也會大量沉浸在新住民語文「衣」的主題當中。這些都是以學生中心的課程選擇，或以生活中心的課程選擇，目的在積極開展學生多元智能。

進一步而言，以學生核心能力為中心的課程架構，即十二年國教課程強調之各領域學習重點包括：「學習表現」和「學習內容」。課程選擇應讓學生的核心能力開展表現，所以課程選擇重視學習內容知識、技能、態度整合之學習。學校任何學習活動都必須以學生為中心的立場來思考，以教學的功能來考量；如圖14-6所示，行政支持力支援並激發教師的專業與教學熱忱，強化教學力進而躍升精進學習力，提升學習力以促進學生有效學習，發展適應力尊重學生的個別差異與多元智能，國際移動力開展創意新視野。綜上所述，新住民語文學院課程之核心能力乃在轉化「行政力」和「教學力」形成「學習力」、「適應力」和「移動力」。

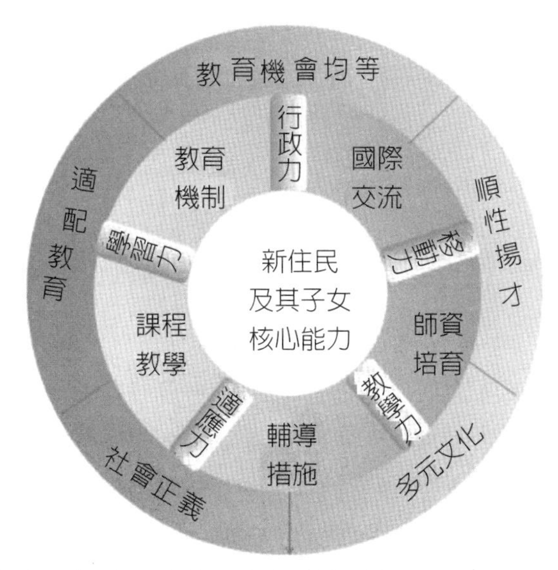

圖14-6 新住民語文學院課程之核心能力（曾秀珠，2017）
資料來源：作者自行整理

二、課程主題與統整

新住民語文學院首場舉辦的越南語育樂營以國小三到六年級的學生爲對象，並以食組、衣組、住組、行組、育組、樂組6大主題，規劃各式課程，像是動手做春捲、涼拌米線、下播棋、挑扁擔、過竹橋等，從遊戲及活動中，學習越南語及認識越南文化。課程是主題統整的，教學是跑站循環的。

新住民語文學院循環（跑站）教學之目的在於，教師協同教學的培養，激發教師教學效能。其實施項目分類，如圖14-7所示；其實施方式說明如下：

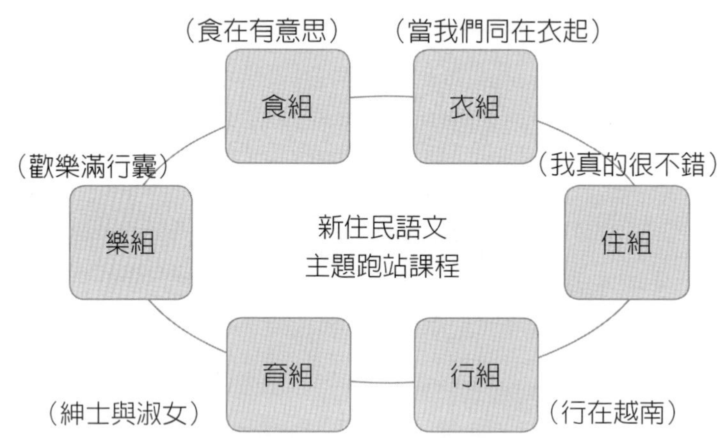

圖14-7　新住民語文學院主題式課程統整，以越南語為例

資料來源：新北市政府教育局

1. 實施時間以140分鐘爲一「教學塊」，每上完一個教學塊向前循環一組。
2. 以各小組的學生爲循環對象，學生採異質分組，進行合作學習。
3. 各循環項目擔任教師共備三次，分別進行說課備課。
4. 六組課程名稱分別爲「食在有意思」、「當我們同在衣起」、「我真的很不錯」、「行在越南」、「紳士與淑女」、「歡樂滿行囊」，循環期間若有任何變動，由各組教師集團協商處理，並向教學組報備。

5. 學生於上課中，若遇突發狀況，應立即報告授課教師緊急處理，並知會營隊主任或教師，以防止事件加甚。

三、課程編製與教學

(一)教學與課程編製

Stratemeyer, Forkner, & Mckim（1950）認爲人類的生活可以分爲：家庭生活、社會生活、勤勞生活、休閒生活和精神生活等五方面，新住民語文學院課程編製都會包括這五方面。就以新北市新住民語文學院108年度越南語育樂營課程編製爲例，如表14-1所示。越南語育樂營課程若以日計算學習時間，三日分別爲600分鐘、730分鐘、440分鐘，共計1770分鐘，接近30小時。若以活動課程計算學習時間，食衣住行育樂各類生活課程爲840分鐘，占47%（家庭生活、社會生活、勤勞生活），以輔導歡慶活動課程爲490分鐘，占28%（精神生活），以及始結業式活動課程爲440分鐘，占25%（休閒生活）。綜上所述，新住民語文學院以生活中心的課程編製，讓孩子課程學習與生活語言不斷交互影響。

(二)課程與協同教學

所謂「協同教學」即是教師或從事教育的相關人員，藉由和同儕相互合作，透過角色分工，以各種形式進行多樣化的教學。新住民語文學院即由多位教師組成教學團隊，教師針對課程設計、教具製作、教學活動和評量等等進行分工合作，跨組（教學站）做教學指導。同時，新住民語文學院將若干學生混合組成越南語育樂營，依學生能力或是程度差異進行異質分組，教師分工依據主題及各組學生的不同需要進行適性指導，以適應學生不同學習型態或是語言發展程度上的差異。其課程與協同教學著力之重點如下：

1. **教學團隊的組成**：有不同的師資專長和特色，發揮相輔互補的效果。

表14-1 新北市新住民語文學院108年度越南語育樂營課程表

<table>
<tr><th rowspan="2">日期
時間</th><th>第一天</th><th>第二天</th><th>第三天</th></tr>
<tr><th>7月8日</th><th>7月9日</th><th>7月10日</th></tr>
<tr><td>6:00～6:30</td><td rowspan="4"></td><td>晨喚一梳洗</td><td>晨喚一梳洗</td></tr>
<tr><td>6:30～7:00</td><td>早餐</td><td>早餐</td></tr>
<tr><td>7:20～8:00</td><td rowspan="3">家鄉的記憶
（分6班）</td><td rowspan="3">大表演家
（分6班）</td></tr>
<tr><td>8:10～8:50</td></tr>
<tr><td>8:50～9:30</td><td>報到</td></tr>
<tr><td>9:40～10:20</td><td>團體動力
（分6組）</td><td rowspan="2">行在越南
（分6班）</td><td rowspan="2">我真的很不錯
（住）</td></tr>
<tr><td>10:30～11:10</td><td>始業式</td></tr>
<tr><td>11:20～12:00</td><td>互動禮儀
（分6班）</td><td></td><td></td></tr>
<tr><td colspan="4">午餐、午休</td></tr>
<tr><td>13:10～13:50</td><td rowspan="3">食在有意思
（分6班）</td><td rowspan="3">紳士與淑女
（育）</td><td rowspan="2">學習成果發表</td></tr>
<tr><td>14:00～14:40</td></tr>
<tr><td>14:50～15:30</td><td rowspan="2">14:50～16:00
結業式</td></tr>
<tr><td>15:40～16:20</td><td rowspan="3">當我們同在衣起
（分6班）</td><td rowspan="3">歡樂滿行囊
（分6班）</td></tr>
<tr><td>16:30～17:10</td><td>16:00（賦歸）</td></tr>
<tr><td>17:20～18:00</td><td></td></tr>
<tr><td colspan="4">晚餐</td></tr>
<tr><td>19:00～19:40</td><td rowspan="2">音樂讓我們更優美
（分6班）</td><td rowspan="2">感恩讓我們有力量
（分6班）</td><td rowspan="2"></td></tr>
<tr><td>19:50～20:30</td></tr>
<tr><td>20:30～22:00</td><td>星夜談心
盥洗就寢</td><td>星夜談心
盥洗就寢</td><td></td></tr>
</table>

資料來源：新北市政府教育局

2. **課程計畫的共備**：共同研擬教授課程的目標、活動、教材、教法、教具及成果評量等。

3. **學校資源的提供**：包括適合的教室、場地、設施、設備及器材等。
4. **行政支持和督課**：包括教師授課時間與休息備課，課程表的安排皆搭配分組教學，以增加學生課堂學習的豐富度。

㈢課程與沉浸式學習

爲提升學生學習新住民語文動機，培養學生具備新住民語文之生活情境應用能力，新住民語文學院透過沉浸式語文學習及主題式課程，以多元學習策略開拓學生之學習視野。基本上，「沉浸式」與「浸潤式」同義，新住民語文之學習有如水的逐漸而進，且泡於其中，在中翻英方面同爲「immersion」，本文統一稱爲「沉浸式學習」。

沉浸式學習的目的在培養第二語言、第二文化的素養與能力，學生完全沉浸在新住民語文的學習環境之中，讓學生能夠用最沒有壓力的方式自然地吸收新住民語文，且重視學生學習的興趣與需求，教學內容與眞實生活相結合，讓學生從「生活中來學習」、「學習用於生活」。沉浸式學習效果顯著，到了21世紀，世界各國紛紛以成立「語言村」或「英語營」的模式來形塑沉浸式語文學習（Immersive Language Learning）環境。新北市新住民語文學院之課程編製即是以沉浸式學習涵蓋第二語言、第二文化的素養與能力，讓學生實踐力行於生活中。

F. Genesee（1987）曾定義沉浸式課程：「所謂沉浸式課程，基本上指學生一學年中至少要有50%的在校時間用第二語言來學習『其他學科』。如果只是挑選某一種特定的學科用第二語言來學習，都只能算是強化（enriched）的第二語言課程。」基本上，新住民語文學院設定在50%以上的時間，要求師生三天兩夜，在校園的任何角落，不論是食、衣、住、行、育、樂各方面，能使用新住民語言相互溝通，願意說、勇敢說以至於自然說出、習慣說出。其沉浸式學習情形如下：

1. **使用手勢動作、身體語言、表情語調以補充口語之不足（願意說）**：
   教師爲讓學生在有意義的情境中學習一種新的語言，提供實際使用的物件（教具）、圖片和手勢來補足和表達意思。

2. **使用開放式想法或舉例說明（勇敢說）**：在浸潤式學習中，教師鼓勵學生發表更長和更多樣化的答案這一點尤為重要。學生可以擴大說明想法或舉例，這樣一來，有助於學生練習多種的表達方式以及新的字彙和句型。
3. **形成性評估學生的語言技能發展（自然說出）**：教師需要透過自然提問和互動評估了解學生語文理解程度，也應該持續鼓勵學生使用新詞語、更複雜的語言結構以及適應不同文化之間的相互作用和反應。
4. **加強各類師生互動或團體互動（習慣說出）**：包括教師與學生、學生與學生、整個團體和小組活動之互動。每個學生都應該有機會和小組各個同學互動，但也應該有習慣和用新住民語文持續地互動的機會。

肆、NCLCC, NTPC課程實施與評鑑

將課程計畫付諸行動的過程，旨在讓課程計畫與課程實施兩者趨近於吻合，但實施的結果是難以事先預測的。新住民語文學院之評鑑即是指教育評鑑人員蒐集有關課程規劃、設計、實施的資料，用以判斷課程的優劣價值，進而運用於下一期的課程計畫上，促進學習者的主動性（proactivity）、擁有感（ownership），連結理論與實務以及學生經驗。有關NCLCC, NTPC課程實施與評鑑簡述如下：

一、課程實施

新住民語文學院之課程實施採彼德生（P. Petersen）提出的耶拿計畫學校（Jenaplan School）課程方案，主張課程實施應有四項教育重點：交談、遊戲、工作和歡慶活動（張淑媚，2016）。彼德生提到孩子在生活中有四種驅力與需求，包括：(1)運動慾；(2)工作慾；(3)交誼慾；(4)學習慾。他認為孩童在一起遊玩、進行各類慶祝活動，可以滿足運動與工作的慾望；而當孩子一起工作、討論，不只是產生學習慾望，同時也會連結他們

彼此交誼的需求。因而，新住民語文學院課程實施提出以下四種促進學生學習的共同體（community）內涵與形式：

(一)促進學生學習的共同體內涵

1. 對話（Dialogue）：師生圍成一圈對話討論，將對話發展成語文學習上有意義的歷程。學院課程之對話瀰漫在小組討論、早餐會談等師生談話或是學生討論的情境中。
2. 遊戲（Games）：爲了滿足孩子喜歡一起遊戲的需求，活動課程會穿插不同的遊戲方式進行，學院課程將之發展成一種在學校生活中具有獨特價值的教育基本形式。
3. 工作（Work）：食衣住行育樂工作課程做爲發展學習自主性的主要課程，透過工作可以進行獨立的學習，達成能力的發展，新住民語文學院在不同課程中進行六個跑站的學習工作是最具有教育意義的。
4. 歡慶（Celebrate）：指社會性的活動對學院課程頗具特色。
   (1)教師所提供的歡慶活動：譬如學院課程在「星夜談心」、「家鄉的記憶」時間裡，教師們輪流爲學生提供不同活動，如講故事、聊聊自己的母國經歷、朗讀新住民語句等。
   (2)教師所輔導的歡慶活動：意指教師積極的從旁指導與幫助，如學院課程舉辦「音樂讓我們更優美」、「感恩讓我們有力量」等活動課程。
   (3)教師所引導的歡慶活動：主要是爲學生所舉辦的歡迎送活動，譬如學院課程始業式的「團體動力」、「互動禮儀」以及結業式的「大表演家」、「學習成果發表」等活動課程。

(二)促進學生學習的共同體形式

1. 混齡學習家庭

爲了讓學院課程的互動更符合日常生活的共同體形式，以混齡的小組爲核心，首先發展學校家庭化的模式；其次，發展混齡活動教學，加強學生的社會文化學習。再次，自然的新住民語文進行討論。

2. **半週學習計畫**

三天兩夜的學院課程將鐘點教學改成半週學習計畫的「教學塊（Teaching Block）」時間安排，以便更彈性地呼應交談、遊戲、工作和歡慶活動。學習計畫會配合孩子課程的學習活動節奏，每天的學習大約在上午9點40分以至下午1～6點都是高峰期。

3. **小組學習活動**

小組學習活動在學院課程生活裡是重心，即使學院主題課程裡只占約二分之一的時間（占47%），因爲學生相互幫助下可以提升自主的思考以及行動，不僅有個人能力的學習，也有群性陶冶的學習，可以體現教學陶冶品格的功能。

4. **學校生活教室**

爲了讓團體的互動有居家的自然氛圍，學院課程將學校改造得像生活教室（Living Classroom）一般，希望能讓孩子在心理上和生活上產生密切的連結感，在教室裡感覺到快樂與舒適。

新住民語文學院推動了以共同體爲核心的活動課程，在教學方式上以學生中心的自主學習，發展大孩子帶著弟妹的混齡合作學習；在課堂上運用活動工作與小組學習的方式進行，同時強調以遊戲、談話、工作及歡慶四大活動交替進行，在教學時間給予相當的彈性。學院課程強調學生直接的經驗，同時注重個別發展與合作學習，將語文學院打造成小型家庭社會，有效提升學生學習動機，孩子從新住民語文學習中發展個人核心素養與自我價值。

二、課程評鑑

新住民語文學院之課程評鑑採謝樂（T. G. Saylor）、亞歷山大（W. M. Alexander）和勒溫斯（A. J. Lewis）在1981年所創設的綜合性課程評鑑模式（Comprehensive Curriculum Evaluation Mode）的概念。綜合性課程評鑑的意義係指多面向的評鑑在課程領域的應用。實施課程評鑑時，眞實資料的蒐集與運用，必能顯示教育方案或課程計畫的價値判斷，作爲課程與教學革新的參考。職是之故，新住民語文學院在進行課程評鑑時，可視需要分採下列方式，並對各種不同的資料來源進行交叉檢驗，以提供對結論的確認與肯認：

(一)兼顧形成性評鑑與總結性評鑑

新住民語文學院課程設計完成之後，發現有無疏漏之處，若有則及時調整修正；以及課程實施完成之後，蒐集課程妥適性和評估實施效果資料，以做爲推廣採用、後續修訂的依據。因此，形成性評鑑與總結性評鑑即是「過程取向課程評鑑」與「結果取向課程評鑑」的交互作用，各有其作用功能，新住民語文學院課程評鑑必須兼容並蓄。

(二)融合內部人員評鑑與外部人員評鑑

新住民語文學院課程評鑑人員，包括內部人員：課程設計小組本身自行擔任評鑑工作，較能把握設計者自己的需要，知悉設計者本身的精神，但存在盲點；故需同時交由外部人員擔任，評鑑結果較具客觀性，公信力較高。因此，新住民語文學院課程評鑑亦採交流評鑑（Transaction Evaluation），強調教育評鑑人員與課程設計人員之間不斷交互作用與回饋互補的歷程。

(三)眞實評鑑統整了量化評鑑與質性評鑑

新住民語文學院課程著重實務生活世界的眞實狀況，引導協助學生體驗思考，並在課程中統整產出量化成果與質性成果。故眞實評鑑（Authentic Evaluation）建立在量化與質性統整的學習成就，如結業式的

「學習成果發表」；而眞實評鑑統整了量化課程評鑑從眞實課程中蒐集大量的資料，搭配質性課程評鑑強調以厚實的文字描述共同評鑑其結果。

㈣歷程本位評鑑補充了目標本位評鑑與結果本位評鑑

新住民語文學院課程實施與課程評鑑息息相關，課程實施之前進行目標本位評鑑（Goal-Based Evaluation），課程實施之中進行歷程本位評鑑（Process-Based Evaluation），課程實施之後進行結果本位評鑑（Outcomes-Based Evaluation）。目標本位評鑑測定教育目標在課程與教學中究竟被達成了多少，結果本位評鑑測定課程計畫在教學實施中究竟被實現了多少，而歷程本位評鑑則可以補充兩者之不足。

誠如Stufflebeam（1983）所說：「評鑑的最重要目的不在於證明，而是在於改進。」新住民語文學院所採行的綜合性課程評鑑模式認爲評鑑應屬綜合性、多面性與可改進的，課程評鑑的範圍及其性質，其中不但涉及評鑑過程的各個部分的處理情形，也同時納入形成性與總結性評鑑方式。課程是動態發展的歷程，在此歷程中，需要透過課程評鑑的機制，獲得可靠的訊息，以回饋、修正、調整，方能使學校課程不斷改進，進而提升品質，眞正裨益學生。在新住民語文學院課程發展的過程中，學校是建構課程的基地，教師是轉化課程的關鍵。新住民語文學院必須建立一套綜合性的課程評鑑制度，作爲自我覺察與應變機制的基礎，展現對課程與教學績效的負責精神與態度，進而帶動新住民語文教學支援人員的反省思考，有效提升教師的專業發展動力。

伍、結語

學習新住民語文的過程可以很有趣，其中一個關鍵在於有沒有盡可能的用自然、沉浸式的方法來學習。有的話，就能很享受學習的過程。學習新住民語文最理想的方式就是直接到東南亞的國度或地區，讓自己親歷體驗，生活在眞實新住民語文的環境中學習當然很好、很理想，但現實是不是任何人都有辦法隨時出國旅行或移居生活。難道我們一定要出國到東南亞才能學習語言嗎？當然不是！新北市政府教育局爲了有效增加學童的東南亞語文競爭力，以及縮短因城鄉差距、經濟狀況、家庭背景所可能造成的學習落差，打造了具備「沉浸式」的新住民語文學習環境——新住民語文學院（NCLCC, NTPC）。提供了學童一個不用出國就能享受宛如「出國遊學」的眞實體驗，並使學童有如置身於「新住民語文之海」。

新北市率全國之先，設置新住民語文學院創造了「沉浸式學習」的新住民語文環境。其目的在提供學生學習新住民語文的機會，引發學習動機；藉由主題式課程，增進學生新住民語言溝通能力；藉由體驗課程，增進學生認識新住民文化的特色。同時，新北市新住民語文學院乃爲強化並積極推動教育部108課綱的政策需求，其課程理論與取向、課程發展與設計、課程結構與統整以至課程實施與評鑑，皆以學生學習爲中心一以貫之。的確，新住民語文爲臺灣對外發展合作的重要資產，東南亞新住民語文的學習，有助於開啓國際理解之窗（Window of International Understanding）。

以學生學習爲中心的新住民語文學院擁有多元人文環境與豐富的自然資源，學院融合學校特色以「多元文化與國際觀」爲發展主軸，將教室建置爲具有豐富多元文化的情境，營造世界村學習的氛圍。新住民語文學院規劃的營隊課程標榜創造沉浸式的學習環境，並以本市編撰之全國新住民語文學習教材爲基底設計課程，同時由專業的新住民語文教學支援人員擔任師資，讓學生從動手做及文化體驗活動中，增進跨文化的理解與行動力。成立第一年，辦理爲數新住民較多的「越南語育樂營」，第二年辦理泰語育樂營未來也將陸續開設印尼、柬埔寨、緬甸、馬來西亞及菲律賓語育樂營，同時搭配東南亞重要節慶規劃文化體驗活動，讓學生快樂的學習東南亞語言，也能培養跨文化素養，與國際接軌。

第十五章
學校多元文化情境之塑造

壹、不發出聲音的教育

多元文化教育係指學校提供學生各種教學與情境，讓學生了解各種不同族群文化內涵，培養學生欣賞其他族群文化的積極態度，避免種族的誤解、衝突與對立的一種教育。本章以新北市北新國小爲例，探討學校多元文化情境之塑造。

新北市北新國小是一所多元文化教育的重點學校，在一個多元文化的學校自然情境中，讓每位來自不同族群、文化背景經驗組成的學生（如表15-1），相互展示及承繼其既有之文化，以利小型多元社會中殊異性的發

表15-1　新北市北新國小107學年度新住民學童組成概況表

年級別		一年級	二年級	三年級	四年級	五年級	六年級
年級人數		407	381	328	360	357	377
新住民子女人數	越南	2	4	7	3	8	6
	印尼	0	1	1	0	1	2
	泰國	1	0	3	0	1	0
	緬甸	0	0	1	2	2	2
	柬埔寨	0	0	0	0	0	0
	馬來西亞	0	0	0	0	1	0
	菲律賓	0	0	1	0	1	0
	其他國籍	2	6	8	9	13	14
合計		5	11	21	14	27	24
百分比		1.23%	2.89%	6.40%	3.89%	7.56%	6.37%

資料來源：北新國小

展。進而培育學生創造及批判思考的能力，以增進學生在多元文化社會中具備尊重、欣賞的能力，是一所身負多元文化教育傳承的學校的責任。因此，唯有學校能散發出自身具有多元文化情境與氛圍，並且將它融入課程與教學之中，才能讓學生在學校教育過程中自然體會出多元化的視角以及差異性的美麗，不但了解異文化、包容他文化，更能以多元的思考方式來面對多元的世界社會。

新北市北新國小秉持長期進行多元文化情境之塑造與建置，實施新住民語文教學不遺餘力。因應108學年度起新住民語文領域納入課綱教學，積極承辦培育教學支援人員，接受教育局委託編纂新住民語文教科書，且目前正推動新住民語文教學前導學校；爲精進新住民語文學習，北新國小整體規劃了新住民語文多元文化情境設施。本校多元文化情境主要設置視訊教學、圖書資料庫、語文學習教室，替新課綱作教學暖身；一樓設有漂書站可以隨時取閱；二樓設國際文教中心，做爲資料查詢、書籍借閱等用途；三樓規劃語文學習教室，供選修新住民語文學生上課使用。多元文化情境教育是一種不發出聲音的教育（Silent Education），環境是無言的境教者，學生長期在這樣的環境中浸染，卻能逐漸潛移默化，培養出開闊多元的態度與胸襟，落實多元文化教育。

如何規劃多元文化情境讓學生能學、肯學、願學，對新住民語文教育而言，應是不能忽視的重要課題。而多元文化情境的規劃上，本文將從情境塑造的理論以及學校實際跨文化情境工程與設施層面加以剖析，同時介紹本校多元文化情境建置之成果，期能爲多元文化教育付出心力做出貢獻。

貳、多元文化情境的理論基礎

新住民語文教育多元文化情境展示場域所形構（Structure）的空間及其功能，在運用的同時，是視此空間中如何扮演表達力的媒介，依據阿尼斯的「象徵空間理論」可以獲悉相當的訊息。我們經常不斷的依據眼前的訊息，從其中發現自己所處的位置，進而衡量情境，並在內心裏考慮各種不同的行動，依據湯姆斯的「情境定義理論」可以定義自我的情境。「象徵空間理論」以物為中心衡量情境，「情境定義理論」則以人為中心衡量情境，以下分別加以介紹。

一、象徵空間理論

Annis（1986）提出了在博物館內，三個層次的象徵性參與：分別是認知的空間、實際的空間與夢想的空間。本文應用阿尼斯（Sheldon Annis）的象徵空間理論（Symbolic Space Theory），將新住民語文教育多元文化情境描述成一個具有表達力的媒介。象徵空間理論在多元文化情境和觀眾之間，創造著共享的關係並具備了知識功能、社會功能和想像功能。

㈠認知空間：知識功能

認知空間（Cognitive Space）通常是新住民語文教育多元文化情境的主要教育目的之所在，也是知識功能之所在。一般空間操作原則大多是希望通過對展覽事物和整體展示內容的理性和次序安排，提供學習和認知的便利。然而，這種目的之達成與否，完全視多元文化情境對其展出主題知識的掌握程度，以及使用者對這些知識的需求程度而定。認知空間意義的建立，事實上也就是多元文化情境能否發揮教育功能，或者能否滿足教學支援人員使用場域的根本概念。新住民語文教育多元文化情境的認知空間是雙向的概念。

㈡實用空間：社會功能

新住民語文教育多元文化情境的第二種空間，是實用空間或社會空間（Pragmatic or Social Space），它是社會功能之所在。在參觀多元文化情境時，教學支援人員並不是以單純的觀眾身分出現，他們會因爲所伴隨的參觀對象而改變，有時是師生，有時是鄉親，即使是一個人走訪多元文化情境時，他們也會以社會學者視角、象徵非孤獨感的踽踽獨行者身分出現。然而，這些造訪的契機，參觀者利用自己可安排的時間，依照個人意願需求，選擇和老師及班上同學作爲共同參觀多元文化情境的同伴，在這種和特定的人共享某一經驗的同時，這個行動顯然可以增進彼此的友誼或情感，社會角色也隨之證成。蘇啓明（2000）指出參與博物館，雖然說是一種學習活動，但，有時更像一種社會活動，各階層的人民，家庭或團體將參觀博物館視爲休閒行爲和社交行爲，彼此在展示場共同討論，或以展示的內容爲共同專注之對象，這就形成一種可以連結彼此文化心理的社會互動關係。在此空間經驗當中，展覽主題雖爲緊要，共同參與的經驗才是參觀者所預期的。

㈢夢想空間：想像功能

新住民語文教育多元文化情境的第三種空間，稱爲夢想空間（Dream Space），它是想像功能之所在。在這種空間經驗當中，多元文化情境會激發學生的情意性意識，和所觀看的對象或知識或展示產生互動；夢想空間會和前述兩種空間經驗互相交纏，從而讓觀賞活動成爲活生生的、最具有想像的經驗。在夢想空間當中，他們的想像力和創造力都受到鼓舞，情感被激發，思想自由飛翔，完全不可預測。他們通過想像空間，讓自我翺翔在多元文化情境和策展者所無法預見的各種可能領域之中。新住民語文教育多元文化情境的夢想空間是無限寬廣的，且是無縫隙而廣包的網。

二、情境定義理論

一般人對於情境直覺的認知爲「視覺美感」，除此之外，由上所述「象徵空間理論」對於衡量校園空間情境，不外乎「學習性」、「互動性」、「創造性」等三項認知構面。而美國社會學的芝加哥學派威廉・

湯姆斯（William. I. Thomas）所提出的「情境定義理論」（Situational Definition Theory），更超越這些認知，其含義為：如果人們把一個情境的符號、標誌，定義為眞實的，並按照這一情境界定去行動，那麼其結果就將是眞實的。

情境的界定操之在我，多元文化情境符號可自我界定及塑造，依據湯姆斯「情境定義理論」，人會參照當地社群脈絡及文化來解釋情境，這些解釋反映出社會中的文化價值，以及個人的文化素養。學校多元文化情境之塑造，運用符號、標誌來定義，透過學校情境「大、多、精、巧、中」顯示其代表性，運用符號、標誌表達其所代表的學校空間情境之潛在含義，同時經由空間獨特性與重要性的強調，讓學校的境教空間和情境布置，產生潛移默化之效。以本校新住民語文多元文化情境之規劃為例：

1. 新住民語文教材書庫的面積「大」，代表學校鼓勵新住民語文選習和閱讀之潛在含義。
2. 新住民語文教材漂書站的書數量「多」，表示重視並分享學生的學習資源之潛在含義。
3. 教室設備和研習中心、會議室布置「精緻」，表示重視師生的教學環境之潛在含義。
4. 校園多元文化情境走廊處處有創意，設備和展示規劃「巧妙」，可引領創意思維，也表示該設施受到重視並強化其功能之潛在含義。
5. 新住民語文教學資源中心設施規劃位置座標居正門之「中」，不偏居一隅，表示其空間的領導位階較為優位性之潛在含義。

綜上所述，「象徵空間理論」將多元文化情境展示場域的空間形構了三種空間和三種功能，在運用多元文化情境的同時，是在認知空間、實用空間、夢想空間這三種象徵性空間中游移與跳躍，並將多元文化情境描述為一個具有表達力的媒介；也是在知識功能、社會功能和想像功能這三種象徵性功能中，將其所見、所思、所得加以組織貫串，從而獲得意義，並且和自己的教學關聯起來。而「情境定義理論」則將個人對所處空間情境的解釋，不僅決定個人的情境界定，而且影響一個人的具體行為。個人對情境所下的定義是如何，有時並不重要，潛在含義實屬重要，只要個人認為學校情境「大、多、精、巧、中」，其所導致的結果也就顯示其代表性。個人對外在情境的反映不僅是受外在情境的影響，而且也受個人對該情境主觀看法的影響（陳奎憙，1991）。情境雖是無言的境教者（Educator），卻是有形的代言者（Spokesperson），情境的領導影響力實為深遠。

參、北新國小多元文化情境的設計

為順利推動學校建置多元文化環境並深化執行成效，促進學校針對新住民子女及一般學生之學習需求，規劃學校友善關懷、多元文化之教育環境，塑造國際文化氛圍，並藉由校園新活化空間建置，提升各族群學生自我肯定價值，同時加強學校師生多元文化學習能力，進而拓展國際視野。茲將本校多元文化情境之功能及設計分述如下：

一、多元文化情境的功能

㈠「文化圖書」（Cultural Books）功能

為因應全球化潮流及多元文化的緊密交會，本校於教學資源中心建置「多元文化圖書區」，備有多國語言之報章雜誌、圖書、教科書、視聽資料，提供各族群一個閱讀、休閒和學習的專屬空間。同時為體現多元文化價值，不定期舉辦東南亞各國文化交流推廣，辦理國際教育交流活動，提供各族群即時多元的活動訊息。新住民語文教育之文化圖書主要功能與任務有三：負責多元文化與新住民語文教學支援人員之圖書服務及推廣；負責多元文化圖書與教科書之典藏維護及管理；與駐外館處合作連結東南亞各國電子圖書資料庫。

文化圖書之功能乃為多元文化情境塑造之重要任務，國內不易取得正規教學的文化圖書，中心有必要強化此一功能。目前教學資源中心內有越、印、泰、緬、柬、馬、菲等7國語言教材及圖書，部分圖書可以提供教學支援人員借閱，部分爲館內參考書籍，而除實體的教材及圖書之外，亦與駐外館處合作於新北市政府教育局國際教育資訊網連結越南及印尼電子圖書資料庫，使教學支援人員方便取得學習資源，以運用於教學，優化學生學習網絡。

㈡「網路平臺」（Network Platform）功能

網路平臺是一種新的網際網路方式，通過網路應用（Web Applications）促進網路上人與人間的資訊交換和協同合作。典型的網路平臺主要包括：部落格（BLOG）、RSS、維基百科全書（Wiki）、部落格、社群網站（SNS）、P2P、即時訊息（IM）、基於地理訊息服務（LBS）等。由於網路平臺的網路互動性，資訊的快速傳播性，以及透明性，新住民語文多元文化情境網路平臺利用此等特性，將資料聯合和訊息傳送，建立一個更加緊密的社群構造。

進一步而言，北新國小多年來推動的智慧教育社群，亦在網路平臺的功能性概念訂定了良好的基礎。北新國小智慧教育之教師專業發展模式爲LEAD模式，L是指智慧社群（Learning Community）、E是指智慧教室（Equipment Support）、A是指智慧教學（Smarter teAching）、D是指智慧決策（Decision-Making），此LEAD模式爲網路平臺型態下了最佳註解。北新國小智慧教育社群引爆了對傳統教育帶來顚覆以往的思維，讓學生自主發掘各種知識，學習自我思考，培養其建立邏輯分析的能力，以及科技分享的強大力量，亦成爲未來教育的關鍵。新住民語文多元文化情境之塑造，網路平臺結合智慧教育社群將發揮相輔相成強大的功能。

二、跨文化情境工程的設計

跨文化（Cross-cultural）超越了被動接受社會多元文化的範疇，更加促進文化之間的交流和互動。文化是自然流動的，任誰也無法阻擋；文化可促進流動，增進互動與理解。在學校多元文化情境之塑造上，工程的設計與監造實屬難題；若無跨文化互動與理解，則無法產出多元文化情境之效果。

北新國小於多元文化情境的建置上著力甚深，對於跨文化情境工程的設計與監造，更是不遺餘力。由北新國小的經驗可提出多元文化情境設置跨文化情境工程的設計理念，如圖15-1所示。在不同文化的狀態下，工程的設計的確出現了三個缺口（gap）：「認知－設計」、「設計－執行」和「執行－情境教學」。「認知－設計」缺口係指一般型建築師對新住民文化不甚理解，工程的設計僅以我族中心考量；「設計－執行」缺口係指有設計但卻做不到位，雖然以新住民文化設計，但施工及監造時仍難以新住民文化到位；「執行－情境教學」缺口係指情境教學者對實際工程執行不全然了解，難以派上教學現場。

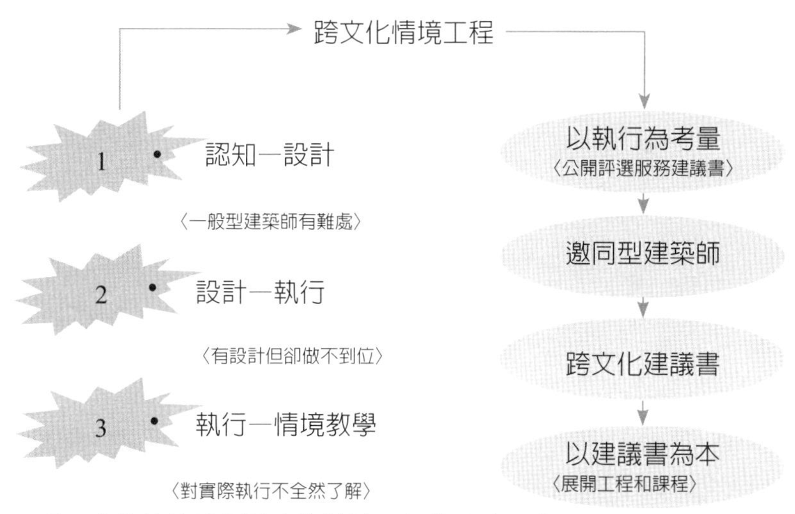

圖15-1　多元文化情境設置跨文化情境工程的設計理念

資料來源：作者自行整理

針對上述三個缺口，本文提出跨文化情境工程相應之策略：「邀同型建築師」、「跨文化建議書」和「以建議書爲本」。所謂「邀同型建築師」即是邀請熟稔新住民文化之建築師參與設計，並以新住民文化爲主體之設計考量；所謂「跨文化建議書」即是投標評選所送之服務建議書能夠呈現出新住民文化之樣貌與內涵；所謂「以建議書爲本」即是經由決標程序，則以跨文化建議書爲契約，依書圖施工，在施工進行中，視「工程即課程（Engineering as Course）」，邀請教學支援人員及教學指導人員參與跨文化情境工程的設計與督工之歷程，以便於課程與教學中融入。學校多元文化情境之塑造是跨文化族群共商的大事，須經由設計與督工，轉換至課程與教學。

肆、北新國小多元文化情境的建置

一、設置目的

北新國小多元文化情境的建置具有首要、重要及緊要之目的。多元文化情境並非專設爲新住民語文教學基地，而是提供了全體學生作爲多元文化學習服務，爲其首要目的。多元文化情境設置連結了新住民語文教材，提供新住民語文實境的學習資源，爲其重要目的。多元文化情境符應十二年國教課綱規定，搭配了新住民語文課程與教學，爲其緊要目的。

二、空間配置

北新國小多元文化情境之空間配置是整體規劃的，從地下一樓重直至三樓，路程中包含樓梯間的牆面及教室內外之情境佈置。地下一樓（B1）：新住民語文學習教材書庫，地上一樓（1F）：多元文化學習教材漂書站，地上二樓（2F）：研習中心、會議室、東南亞情境走廊（各國介紹），地上三樓（3F）：小型新住民語文教室。另外走廊及階梯部分，B1-1F：多元文化情境走廊，1F-2F：（主視覺）新住民語文教學資源中心，2F-3F：（主視覺）新住民語文學習教室。以下分別就各樓層之多元文化情境佈置與擺設加以說明：

㈠B1：新住民語文學習教材書庫

該校地下室設有新住民語文學習教材書庫（Textbook Library）可以隨時借閱；107.6.19，越南峴港大學贈書，擴充新北市東南亞圖書資源獲贈400本越南教科書，放置於新住民語文學習教材書庫，提供新北市學校隨時借閱。

該校新住民語文教材書庫之書架為三層四架規格，堅固耐用，防火防潮。第一層放置大量少用書本，第二、三層放置大量常用書本，第四層放置少量少用書本。每層兩邊對開，取放方便。如圖15-2、圖15-3、圖15-4所示。

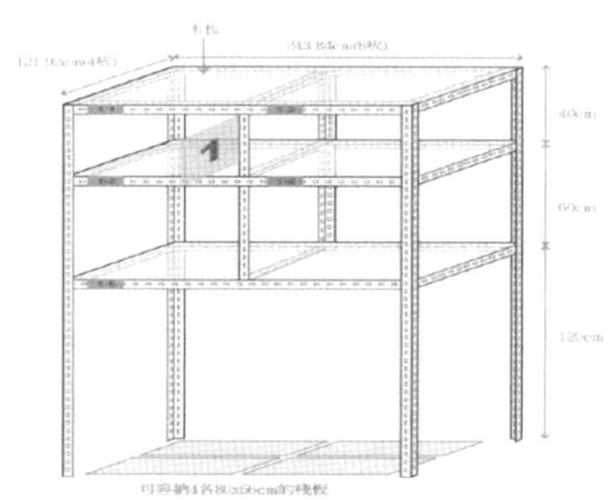

圖15-2　新住民語文教材書架示意圖
資料來源：新北市北新國小

圖15-3　北新國小多元文化繪本及教材書庫——入口意象（黃秉勝攝）

圖15-4　北新國小新住民語文教材書庫以層架及編號排放整齊（黃秉勝攝）

㈡B1-1F：多元文化情境走廊

建置東南亞情境走廊（Situation Corridor）及多元文化教育走廊（Educational Corridor）；語言結構和使用語言情境的學習有密切的關聯

性（Scott & Ytreberg, 1990；陳培眞，2001），目前部編教科書內容架構也只不過是以句型和字彙爲主，上課時教師仍需透過實物及情境之塑造讓學生對該課句型和字彙有所了解。北新國小書庫外走廊展示以東南亞七國語文學習教材爲意象，強調國際視野、國際教育與全球化議題，如圖15-5所示；多元文化情境走廊以多元、國際、理解、欣賞爲願景，強調多元文化共融精神，讓孩子看見全世界，如圖15-5、15-6所示。

圖15-5　北新國小書庫外走廊（黃秉勝攝）

圖15-6　北新國小情境走廊（黃秉勝攝）

㈢1F：多元文化學習教材漂書站

該校一樓設有多元文化學習教材漂書站（Floating Book Station）可供隨時取閱，漂書站是一個爲新住民語文閱讀的大公無私行爲，當讀者拿取了一本漂放書，並沒有規定限定時間內歸還。相對的，讀者可以視需求閱覽此書，當書本閱覽完畢時請記得送回原漂書站，供其他有需要之讀者閱覽。北新國小漂書站以臺灣保育動物——石虎（Prionailurus Bengalensis）爲造型，意義重大。正巧東南亞柬埔寨、印尼、馬來西亞、緬甸、菲律賓、泰國等國皆制定了禁止狩獵石虎的法律。2008年，農委會已將石虎列入第一級瀕臨絕種野生動物；在苗栗、臺中、南投一帶曾發現少數野外石虎族群，總數推估在500隻以下。希望藉由漂書站順便觀賞石虎、保護石虎；閱讀書本、珍視書本，如圖15-7、圖15-8所示。

圖15-7　北新國小以臺灣保育動物──石虎為造型，塑造漂書站之意象（黃秉勝攝）

圖15-8　北新國小擺放新北市多元文化繪本三輯共30本繪本供師生、社區民眾即時閱讀（黃秉勝攝）

㈣ 1F-2F：新住民語文教育資源中心

全國首座「新北市新住民語文教育資源中心（Education Resource Center）」107年4月14日於北新國小盛大舉行揭牌儀式，象徵新住民語文學習邁入新的里程碑。同時，資源中心也納入前導學校帶動及本校新住民語文教學系統，如圖15-9、15-10所示。

圖15-9　新北市新住民語文教育資源中心設於北新國小（黃秉勝攝）

圖15-10　北新國小階梯牆面展示東南亞七國語文實體教材（黃秉勝攝）

㈤2F：研習中心、會議室、東南亞情境走廊

二樓設國際文教研習中心（Learning Center），做爲資料查詢、書籍借閱、教師社群研討等用途；特別是教師社群研討爲設置多元文化情境一個重要目的，即是定期召開新住民語文課程會議，促進觀摩交流及教學檢討，讓研習中心成爲教師專業發展系統的常設性機構，如圖15-11、15-12所示。

圖15-11　北新國小國際文教研習中心做為研習、會議、查詢資料等多功能用途（黃秉勝攝）

圖15-12　北新國小國際文教研習中心外懸掛多國國旗，呈現世界一家的概念（黃秉勝攝）

㈥3F：小型新住民語文教室

三樓規劃語文學習教室（Learning Classroom）、語文競賽資料室（Reference Room），供選修新住民語文學生上課使用；多元文化情境教室具備師生教與學雙重功能，學生可在多元文化情境中進行平日之新住民語文課程，以及實施新住民語文競賽培訓，讓新住民語文學習效果極大化（如圖15-13）。

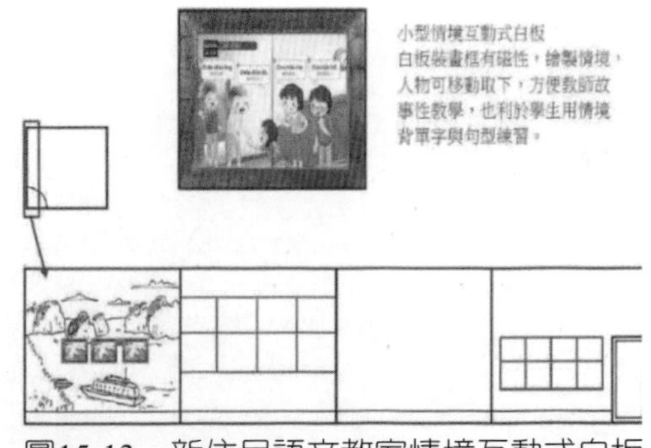

圖15-13　新住民語文教室情境互動式白板

資料來源：新北市北新國小

在教學情境無論內容或設備逐漸數位電子化的時代，情境互動式白板（Situational Interactive Whiteboard）是最能體現數位學習的必要設備，並且可以廣泛應用在各種不同的領域，除了教學之外還包含會議以及各類智慧研習營。期待熱烈的互動式教學，讓教師及學生樂在教學及學習。如圖15-14～圖15-17所示。

圖15-14 北新國小教室內有白板及互動式教具磁鐵（黃秉勝攝）

圖15-15 新住民語文教室一面牆，手繪越南下龍灣

資料來源：新北市北新國小

圖15-16 北新國小以「向世界打招呼」為主軸，呈現新住民語文學習教室之意象（黃秉勝攝）

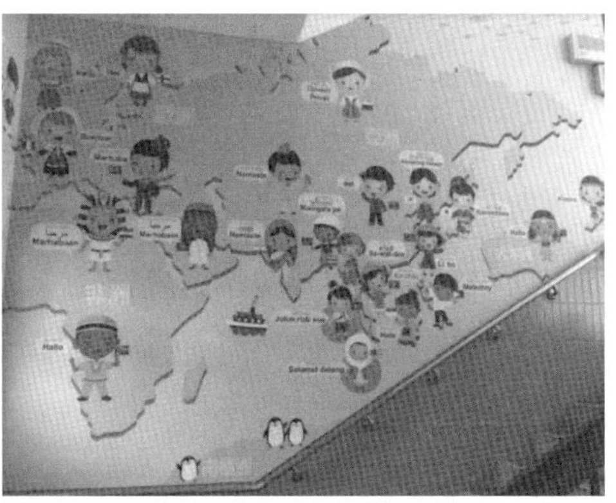

圖15-17 北新國小呈現世界地圖，並展示多國打招呼的語言（黃秉勝攝）

伍、結語

北新國小多元文化情境的整體現況，以認知空間、社會空間與夢想空間三種象徵性空間，來融會各樓層和走廊實體性的空間配置，並以情境定義大、多、精、巧、中，形構文化圖書、網路平臺及跨文化佈置的精緻巧妙。而「象徵空間理論」以物爲中心衡量情境，「情境定義理論」則以人爲中心衡量情境，或以學生當事人爲中心衡量情境，如圖15-18所示。如果人們把一個情境的符號、標誌，定義爲自身文化的，那麼其結果就將是自身文化的；定義爲他者文化的，那麼其結果就將是他者文化的。當然，如果能相互的站在對方立場衡量情境，互爲主體性的多元文化，必將多元文化情境與氛圍塑造成多元化的視角以及差異性的美麗。

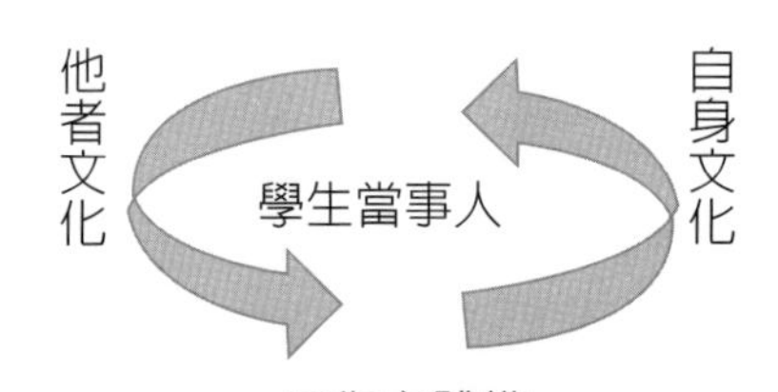

圖15-18　新住民語文教育多元文化情境設置意象

資料來源：作者自行整理

以學生當事人爲中心衡量情境，即以自身和他者文化互爲主體性的多元文化教育是一條漫漫長路，需要教師、學校、社會眾多的配合，但多元文化教育的落實，可以塑造和諧共處，包容多元、活潑豐富的社會，每一位教師（身教）甚至每一個空間（境教），在多元文化教育中都扮演著重要的角色，唯有相互勉勵，在這條多元文化情境的道路上塑造形構，不畏向前，才能創造更美好、更繽紛的社會。

第十六章
新住民語文教學前導學校

前導學校有如引路的人，在方法上或道路上領導或指引其他人的人；前導學校即有如在各校前面引路的前導車（pace car）。所謂前導車是指在賽車比賽中，若遇到賽道出現事故或有其他異常狀況（例如下大雨、賽道有散落物）時，引領場上比賽中的賽車，限制參賽車輛的車速，以維護賽車、車手及現場處理狀況的工作人員之安全。同理可知，前導學校在新住民語文課程尚未正式實施時，在前面引路先行實施，以學校實際情境去運作，很可能會遇到有如賽道出現事故或有其他異常狀況，必須引領學校中的行政、課程與教學排除困難與障礙，以促進學校行政人員、現場教學支援人員及教學指導人員能順利地運行新住民語文課程與教學。新住民語文教學前導學校之運作有二項新思維，一爲學生學習的興趣動機，另一爲行政課程的實踐智慧。以下以新北市北新國小爲例說明之。

壹、前導學校緣起

新住民語文課程依循全人教育的精神，協助學生自發探索不同國家的語言與文化的多樣性，同時藉由語言學習，增進文化理解與互動，增加尊重與欣賞多元文化的能力，以創造自發、互動、共好的社會。職是之故，新住民語文學習的價值至爲顯著，包括：⑴珍視新住民語文母語自然習得的價值，⑵新住民語文的語言加薪外溢價值，⑶蘊含解決問題的思考模式增進生活經驗和文化視野，⑷新住民語文作爲新南向政策重要資本，⑸培育新住民語文人才增進東南亞國際移動力。故各校應積極致力於新住民語文學習價值的宣導與政策方案的執行。

107學年度，北新國小申請了新住民語文教學前導學校，目的在將六年來所致力於新住民語文的執行成果做一彙整，期能於108學年度爲新住民語文課程正式實施有所服務，亦期向各校分享前導學校之經驗。

貳、前導學校新思維

一、興趣動機新思維

前導學校在各校前面引路先行實施，除必須引領學校中的行政、課程與教學排除困難與障礙之外，最需關切的似乎就是學生的學習狀況。107學年度，北新國小前導學校的設定以完整的一學年度、正式的學校情境、一致的作業程序，開設七語種六個學年的新住民語文教學班級實施。又新住民語文教學及教材牽動著學生的學習，故該校提出「新住民語文學習新思維（ILIC構想）」，如圖16-1所示。依此而言，新住民語文教學及教材係依據課綱、理論、架構、重點、原則、試教、審查，不斷修正編寫而成，希冀新住民語文課程注入學習新思維，能以引發學生興趣（I）與動機爲主軸，在語文生活（L）情境中理解與實踐，目標在培養學生具有新住民語文基本的聽、說、讀、寫能力以及國際（I）理解與跨文化（C）的行動力。

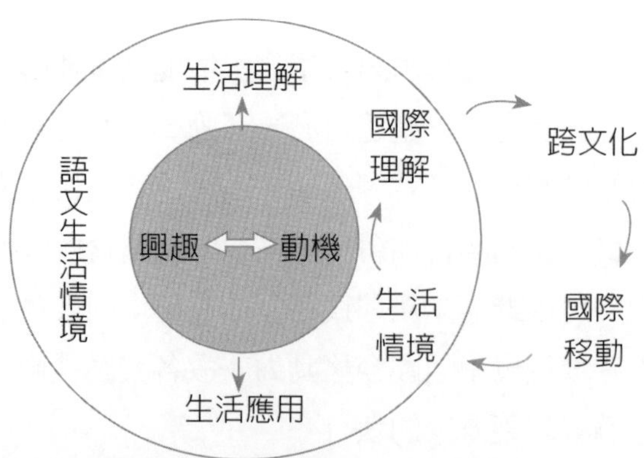

圖16-1　新住民語文學習新思維（ILIC構想）
資料來源：作者自行整理

二、實踐智慧新思維

新住民語文前導學校首要且最需關切的就是學生學習的興趣與動機，緊接著就是行政與課程的實踐智慧。所謂「實踐智慧」（phronesis）包括一種以慎思熟慮具體行動的特徵和實作，以及一種以積極理性尋求如何達到目的的途徑和手段。實踐智慧不但是名詞，而且是動詞。實踐智慧在探究和實作的歷程中，自然形成了智慧，其實踐的特質如下：

1. **實踐具有行動者導向的特質**：實踐智慧強調在實踐過程中，行動者具有主體性，行動者可以主、客觀互動，進一步觀察情境、解讀資訊、善用人力資源，並直接採取當下應該有的互動與行動。當然，上述這些觀察、解讀、用才、互動與行動，均涉及行動者的執行觀與價值觀。
2. **實踐具有社會脈絡的特質**：實踐與情境是不可切割的，實踐必定涉及利害關係人、環境、文化、科技等要素。換言之，實踐是發生在社會脈絡之中，在一個過去、現在、未來社會的脈絡裡；因此，實踐不僅受限於人際社會框架，所得的結果又回饋到下一個社會脈絡。
3. **實踐具有互動設定的特質**：實踐的本質是行動者與利害關係人互動，包括行政、課程、教學、師資與環境的互動；而從這些多面向的互動中浮現出新的情境，進而設定接下來的行動，亦即「互動設定」，乃是隨著與利害關係人的互動，不斷調整、逐步發展雙方可接受的解決方案。
4. **實踐具有經驗養經驗的特質**：實踐來自於經驗，又回到經驗，行動者的實踐形成經驗養經驗，影響後續的行爲傾向。因此，若透過實踐創生出新的經驗，而這些新經驗再又回到行動者之經驗中，那麼實踐的知識不僅是經驗型知識（Experience Knowledge），也是智慧型知識（Intelligent Knowledge）。

新住民語文前導學校實踐的知識具有：(1)實踐具有行動者導向；(2)實

踐是一種社會脈絡；(3)實踐以互動設定行動；(4)實踐是以經驗爲主等四個特質。因此，從經驗型知識到智慧型知識，再到實踐型知識具有其內隱性（tacit knowledge），不易發現，必須透過實踐讓行動者獲致三體的體驗情境、體現知識、體悟智慧。

參、前導學校運作現況

爲推動新住民語文教學，前導學校計畫實施校數不少，其中新北市北新國小自民國年起開辦六語的新住民語班，語言別之多，幾乎可以稱爲全臺之冠。故本書選擇新北市北新國小爲例，介紹前導學校運作狀況，該校107學年度學生總人數爲2210人，其中新住民子女在學人數爲102人，約占4.62%，各年級所占百分比如表16-1所示。一年級新生選習新住民語文課程人數爲12名，包含新住民子女5名、非新住民子女7名，如表16-2所示；選習新住民語文課程非新住民子女人數超過新住民子女，可見新住民語文

表16-1　北新國小107學年度學童人數概況表

年級別		一年級	二年級	三年級	四年級	五年級	六年級
年級人數		407	381	328	360	357	377
新住民子女人數	越南	2	7	3	8	6	6
	印尼	0	1	0	1	2	2
	泰國	1	3	0	1	0	0
	緬甸	0	1	2	2	2	2
	柬埔寨	0	0	0	0	0	0
	馬來西亞	0	0	0	1	0	0
	菲律賓	0	1	0	1	0	0
	其他國籍	2	8	9	13	14	14
合計		5	11	21	14	27	24
百分比		1.23%	2.89%	6.40%	3.89%	7.56%	6.37%

資料來源：新北市北新國小

表16-2　北新國小107學年度新住民語文各年級開班學生人數統計

國籍／年級	越南	印尼	泰國	緬甸	菲律賓	馬來西亞	柬埔寨	合計
一年級	4	0	2前導學校	2	0	3前導學校	1遠距教學	12
二年級	8	1	3	0	0	3	0	15
三年級	8	4	5	0	2	1	0	18
四年級	3	7	11	3	0	2	0	26
五年級	12	3	10	2	0	1	0	28
六年級	4	2	6	1	1	5	0	19
合計	39	17	37	8	3	15	1	120

資料來源：新北市北新國小

課程同時受到新住民子女和非新住民子女的歡迎。以下將從「行政運作與支持」及「教學規劃與實施」兩大面向詳細說明之。

一、行政運作與支持

該校新住民語文教學之推動，在行政運作上，鎖定開排課作業、師資需求及備觀議課。開排課作業以行政支持爲先，師資需求以教學支持爲要，備觀議課以專業支持爲重。在行政支持方面，本校行政和教師在推動新住民語文教育時充分支援，包括開課調查、開課時間、教學空間、編班方式及修課人數、成立補救教學推行委員會以及共同僱用等相關支持服務之提供。在教學支持方面，提供教師在教學上有關教材教法、補救教學、諮詢服務、作業或多元評量方式處理等支持及服務。在專業支持方面，辦理新住民語文教學支援人員、教學指導人員、遠距教學研習進修以及備觀議課等活動，提供教師之專業成長與發展。以下就行政運作與支持從新住民語文開排課作業、師資需求及備觀議課三方面分述如下：

㈠開排課作業

有關新住民語文課程開排課作業分別從開課調查、開課時間、教學空間、編班方式及修課人數加以說明。

1. 開課調查

新住民語文課程與國語文、本土語文、英語文及第二外國語文同列爲「語文」領域。新住民語文以東南亞國家語文爲主，國民小學階段，學生將從本土語文及新住民語文中，依其需求任選一種必修，每週一節。除新住民子女可選新住民語文課程之外，亦鼓勵一般學生選習，或是越南新住民子女選習非越南語文也是歡迎。當時北新國小的確有非新住民子女7名新生選習新住民語文課程。

一年級新生調查作業方面，在新生報到日現場即進行意願調查與家長個別說明；再於新生始業家長座談日進行簡報說明，並調整作最後名單確認。在校生調查作業方面，原則繼續選習原有之新住民語文別，不宜變動，除原選習之新住民語文已達或完成該級別能力者，不在此限。

2. 時間安排

依照課綱規定是每週上課一節，惟經學校課程發展委員會審議後，可採隔週上課2節、隔學期對開各2節課的方式彈性調整。此外，亦可結合其他領域實施跨領域主題統整課程，於彈性學習課程開課。該校目前採每週上課1節，且於全校「週二母語日」正課時間排課，第一章一年級、第二章二年級……第六章六年級排課。

原則以1週1節排課，但不排除隔週上課2節排課，可能爲晨間時間，亦可能爲週三午休時間，但須注意一些配套措施。諸如早自習7:50上課時間過早，老師可能還未進入教室？教室以及設備可能未開啓？學生可能未到校？還有，學生午餐之照顧爲何？午休後下課放學之安全？如何處理學生放學與家長接回？基本上，新住民語文課表時間之安排，以學生考量爲優先；亦以教師考量爲搭配，兩節連排模式在各級學校尙屬常見，爲考量教師交通一次性和學生兩節連貫性之學習效果以及學生放學交通安全，不排除以兩節連排模式為備案。

3. **教學空間**

美國實用主義哲學家杜威（John Dewey）曾說：要想改變一個人，必須先改變其環境，環境改變了，人也就被改變了。可見境教在整個教學活動中所扮演之角色是十分重要的，而直接影響境教的實施便是教室裡的教學空間情境布置與陳設。教學空間實際上包含了教室內和外，本校設有新住民語文教室，展示新住民文化特色，亦可作為新住民語文教學場所。另外，新住民語文教學資源中心及其外部亦有非常精緻的情境佈置，以提高學生學習的興致。

(1)**教室教學環境布置**

該校教學支援人員常穿著原生國傳統服飾授課，教室教學環境布置亦以原生國食、衣、住、行等文化為背景設計，其相關環境布置規劃如下：

甲、單元重點：讓學生在學習時，能有要點可循，即使老師沒有授課時，學生仍然能依此佈置的提示，自動學習。

乙、作品展示：將一些學生的優良作品及進步幅度頗大的作品陳列。

丙、生活點滴：供學生把當天所學的心得與感想寫出來和同學分享與討論。

丁、公布欄：將每天的注意事項，叮囑同學完成的事項，以和緩非命令式的表達方式條列於上。

戊、榮譽榜：將學生的優良表現及進步幅度頗大的表現，明白的公告。

己、圖書設置：放置與新住民語言、文化教材相關的讀物，提供同學有更廣更深的了解。

(2)**室外的情境佈置**

該校新住民語文教學資源中心及其外部皆以有助於學生學習新

住民語文而戮力營建，諸如各樓層多元文化情境走廊：走廊兩側佈置一些新住民語文之食衣住行圖片等；語言走廊：用學生日常生活中所熟悉之對話語句，輪流懸掛，可吸引學生注意力達到佈置的效果。同時，對於新住民語文教學資源中心進行整體規劃，各樓層情境佈置總體規劃如下：

甲、B1：新住民語文學習教材書庫

乙、1F：多元文化學習教材漂書站

丙、1H-2F：（主視覺）新住民語文教學資源中心

丁、2F：研習中心、會議室、東南亞情境走廊（各國介紹）

戊、2F-3F：（主視覺）新住民語文學習教室（含語文競賽練習用）

己、3F：小型新住民語文教室

4. 編班方式及修課人數

(1)單一年級編班

該校106學年度新住民語文各語種各年級皆開班，及至107學年度各年級開班，採單一年級單一語種編班，共30班。統一在每星期二上課，星期二第一章至第六章分別爲一年級至六年級排課，每個時段六個語種六個班六間教室同時上課。

(2)能力分級開班

目前該校新住民語文教學一年級採第一級第一冊授課，其他年級視教學支援人員認定採能力分級開班。能力分級的評定方式爲國小階段三個級別標準，其評定行政作業流程在學年度期末時，由該學年教學支援人員、教學指導人員及行政人員召開能力分級評定會議，評定學童能力等級或成績，並通知家長知悉，家長若有異議，可向學校編班委員會提出。能力分級診斷，原則上以各冊別內容通過率爲評定分級。

(二)師資需求

師資是新住民語文課程教學的絕對條件，有了師資、有了良好的師資，才能夠穩定進行新住民語文教學。以下有關新住民語文課程師資需求從教學支援人員、教學指導人員、共同僱用、遠距教學等四方面加以說明。

1. 教學支援人員

(1)媒合與遴聘

依國教署函頒「教育部國民及學前教育署補助辦理新住民子女教育要點」，已自105年起逐年承辦教育局之培訓新住民語文教學支援人員，並區分爲資格班、進階班及回流教育班，完成36小時或8小時之課程規劃與結訓。目前已遴聘合格之教學支援人員七語七位；若教學支援人員出缺，則會透過以下管道獲知新住民語文教學支援人員之訊息，包括：教育部（新住民子女教育資源網）、教育局官網、人事單位徵聘系統、鄰近學校推薦、學區家長及賽珍珠等相關基金會邀約並就地培訓。教學支援人員之遴聘以基本資料審查及會談面試是不夠的，更需以與教學指導人員協作和教學適切性評估來衡量。

(2)適切性評估

針對新住民語文教學支援人員特別評估其教學之適切性，包括：教材準備、教學技巧、班級經營與人格特質等面向。在教材準備方面，教材是達成教學目標之糧食食材，教師皆須充分研讀教材與《課程手冊》，亦須不斷尋找補充教材、教具以及數位教材將有助於教師的教學與學生的學習。在教學技巧方面，教師專業的具體落實展現在有效教學的活動上，如要評估教學支援人員之教學技巧，應以有效的教學實踐爲依歸。在班級經營方面，應評估其學生之掌握能力、教學的精彩和流暢度以及追求自我超越的績效責任。在人格特質方面，身爲一位老師，必須同時扮演教學者、輔導者、教材研發者及行政配合者等不同角色，因此要成爲一個好的教學支援人員必須要具備愛、熱情與責任的人格特質。本校在教學巡堂時，會特別關切這四個面向，並定期進行平時考核與年終成績考核。

2. **教學指導人員**

(1)**遴聘方式**

教學指導人員最主要任務是指導教學支援人員在教學前之課程計畫，教學中之班級經營，以及教學後之學習評量，故遴聘教學指導人員關鍵在指導其教材準備、教學技巧及班級經營等能力、意願與人格特質，也是一種教學支持系統。教學指導人員通常爲校長、主任（教務處主任）、組長（教務處組長）、專業教師或退休教師等師傅級教師。該校教學指導人員在此原則下特聘林綺琴老師擔任，其相關背景如下：學歷爲師大教育學碩士，曾任國小教師及主任，退休後，擔任新住民輔導員及補校教師，亦爲新住民語文教科書編輯委員。歸結下來，教學指導人員林綺琴老師具有顯著的社會文化均質性（Social and Cultural Homogeneity）。

教學指導人員及教學支援人員在新住民語文教學之角色與任務，可視教學指導人員爲認知教練（Cognitive Coaching），教學支援人員則成爲教學選手（Teaching Player）。教學指導人員主要能提供教學支援人員於教學方面有系統、有計畫、有效能的協助，這是一種最直接支持與輔導的師傅教師。而教學指導人員制度的推展，對於初任教師而言，可以獲得心理上與情緒上的支持。綜上而論，教學指導人員實具有分享教學專業、從事教學省思、改善專業孤立、促進協同合作、協助面對問題及解決等重要功能。

(2)**協助項目**

長期而論，教學指導人員爲認知教練的角色，宜指導教學支援人員參加共備社群，進行備觀議課，透過教學會談、教學觀察、教學省思等三項步驟，支持教師成長，克服教學孤立的情形，促使教學支援人員能自我思考、自我決定和自我修正。開學前後，教學指導人員主要工作項目則是協助教學支援人員認識校園環境、上課動線、課室資源、班級經營與學生特質等。細部而言，主動提供並簡介校園環境，簡介停車、電話分機、飲水和廁所等相關之上課動線，引導使用電腦、教具和文具等課室資源，討論簡易有效之班級經營技巧，以及分析一般生與特教生的學生特質，此爲開學前備課中非常重要的事項。

3. **聯合甄選聘任**

工作與就業有不同的內涵，工作可以指臨時或短時間內的勞動活動，就業則是一定時間或長時間內的勞務活動，這就是勞務者儘可能的穩定在一個就業崗位上，持續的工作，也就是說，本身具有一定的相對穩定性，這一點上，乃爲時間的就業穩定性（Time Employment Stability），教學支援人員若能有一年期的教學勞務工作，甚至，因教學表現良好而獲續聘，其就業穩定度必高。另外，從共同僱用方式而論，考量各語種上課節數有限，與鄰近學校或新北市採取聯合甄選聘任，讓教學支援人員能有較多的上課節數，這一點上，乃爲地點的就業穩定性（Location Employment Stability）。職涯定位中除明瞭個人主觀因素外，客觀環境的配合也是相當重要，故職涯定位乃爲時間的就業穩定性及地點的就業穩定性之總和。本校著實考量教學支援人員之教學長期穩定，以維持其就業穩定度及職涯定位：與鄰近大豐國小、中正國小共聘師資，且安排週一、週二、週四分別在三所學校任課。

就學校端而言，針對偏鄉學校或稀有語種，希冀地方政府建立教學支援人員共同僱用模式，以利學校推動新住民語文教學。針對新北市新住民語教師聯合甄選聘任流程之構想建議爲：⑴全市調查（特別是文山分區、三鶯分區、七星分區、淡水分區、瑞芳分區之偏鄉學校），⑵各校師資續聘與回報，⑶初審（積分審查），⑷全市複試（口試），⑸分發作業，⑹公告，⑺報到，⑻資料備齊。上述聯合甄選聘任，原則上以確保教學支援人員交通安全、教學地點轉換以及飲水用餐時間充裕爲優先考量，建議兩校距離車程時間20分鐘爲度，車程時間內應考慮到停車、步行、午餐及如廁。兩校上課時段適當錯開，三校以上應為順路時段之安排。

4. 遠距教學與策略聯盟學校

經過專業培訓的新住民語文的師資大都集中都會區，而新住民子女卻散布在各地，偏鄉學校端就可能遭遇到無法聘任到合適之新住民語文師資；該校雖位居雙北都會區，卻因稀有語種柬埔寨師資無法聘到，故以遠距教學因應，並以3～5校為單位組成策略聯盟學校，共聘新住民語文線上師資進行遠距教學，以達到具備實體教學成效之「互動性」與「即時性」。遠距教學（Distance Instruction）係指運用現代傳播科技如：電腦、網際網路、視訊會議設備及視訊整合系統等來傳授知識和技能的一種教學方式。運用遠距直播共學，學生可以自由選擇各種新住民語文，在每週一次的母語課程時間線上參與，和專業的新住民語教師、他校同儕進行互動與學習。讓策略聯盟學校師生，可突破距離空間的限制即時互動，學習資源零落差，落實「一個孩子選修即開課」的願景。

㈢備觀議課

籌組教學支援人員成立「新住民語文教師專業學習社群」，並進行授業研究包括「共同備課」、「觀摩教學」與「發表分享」三個階段之運作。共同備課階段強調擬定共同的單元／主題，構思教材、教學方法和策略並進行教與學的設計；觀摩教學階段並經過「說課」、「觀課」與「議課（專業回饋）」三個步驟；發表分享階段在連結教師專業學習社群及跨校社群。目前共備社群原則上每個月聚會一次，時間訂在星期二中午12:00～13:00。

二、教學規劃與實施

北新國小新住民語文教學之推動，在課程與教學規劃上，鎖定教學實施、班級經營、教學資源利用及評量設計。教學支援人員應依課程教材重點及其說明，參照教科用書或教師手冊並衡量不同程度的學生規劃課程、設計教案或教學內容；教材選取應配合日常生活環境和學生實際體驗，選擇適當而有趣的題材，搭配利用教學資源，並布置適當的學習情境，以利教學。教學指導人員亦應依課綱規定協助並指導教學支援人員按課程計畫授課，教學內容並能落實課綱之精神與內涵；在班級經營方面，鼓勵活用各種班級經營策略，建立各種班規、標準或制度；特別是在評量方面，指導其依國民中小學學生成績評量準則之規定辦理。

㈠課程規劃與設計

依據《十二年國民基本教育課程綱要》，開設新住民語文課程。目前以越南、印尼、泰國、緬甸、柬埔寨、菲律賓、馬來西亞等七語全面開設，並依照學生學習需求開設新住民語文學習課程供學生選擇修習。課程設計歷程始於課程規劃，接著進行教學實施，再來是學生評量，最後則是以課程評鑑作爲總結。本校教學支援人員與教學指導人員共同進行課程設計之歷程，六月參與課發會並研擬課程計畫，七月接受課程計畫審查。

1. 課程規劃

⑴教學支援工作人員

新住民文化和新住民語言緊密相關，要完整學會使用新住民的語言，必須結合該族群文化的學習。因此，新住民語文的「學習重點」包含語言與文化兩大範疇，爲教導語言學習和文化學習的內容，教學支援人員於規劃與設計教學時必須整合新住民語言要素及文化要素（如風俗、民情等）二個主題於課程計畫中。並要求課程計畫中的學習表現能夠呈現「2-」、「3-」，學習內容能夠呈現「A-」、「B-」，以兼重新住民語言和文化教學。

⑵教學指導人員

同時，教學指導人員對於新住民語文的學習重點及學習內容應清楚的掌握，並提醒教學支援人員在課程設計、教學目標及學習評量的架構上，配合教學加以實踐。教學落實在「語言要素」與「文化要素」兩個主題中，前者包含語言能力及「字母與語音」、「詞彙」、「語句」等項目；後者包含跨文化行動力及「互動中的語言規範」、「互動中的非語言規範」、「國情概況」、「文化差異」等項目。本校教學指導人員會從課程計畫之教學目標及學習評量，加以指導，尤其是事先審查課程計畫以及教學後之學習評量。

2. **活動設計**

為增加課程的豐富性，活動設計納入社區關懷與國際視野之相關素材，以及融入性別平等、人權、環境、海洋、家庭教育等議題；為增加課程的多元性，活動設計納入卡片書寫、節慶體驗、訪問新住民、東南亞旅遊規劃等活動，引導學生學習新住民語言與文化，並安排不同族群學生相互討論，共同解決學習問題。

(二)教學實施

教師的教學行為不僅主宰教學的成敗，更是學習品質的重要指標。有時老師很認眞在教學，但是學生卻不領情。有效的教學方法並不只限於一種或某種特定的方法，任何的教學都可以成為有效的方法，也可以成為無效的方法，這完全是看教師呈現的意志與要件。有效的教學實施，以學習教材、適性教學、科技與資訊媒體應用、班級經營、學習歷程記錄及多元評量為其要件。

1. **學習教材**

教學支援人員除了運用國教署委託編製之教材外，亦可使用自編補充教材，包括教學支援人員原生國之教科書及其教學經驗的檔案，同時亦鼓勵使用或參考坊間出版品、網路資源並考量學校區域特性以及相關因素所進行的教材設計，該校以突顯學校區域特色之出版品為學習教材，特別是新北市出版之輔助教材、數位網站與影音圖書皆為學習的教材。教材內容的選擇以引發興趣為動機，避免增加學童負擔，再者考量學生生活理解與應用，避免機械式背誦記憶。

2. **適性教學**

(1)**有效激發學生學習動機與興趣。**

適性教學是指應用不同的教學措施以配合群體中個別學習者的能力、需要、動機與興趣，根據學習者的語言能力決定每個學生所需的學習時間和精熟水準後，教師針對教學變項、學習的機會及教學品質加以控制，則每個學生可達到先前設定精熟水準的一種教學觀。實施適性教學計畫通常需要變更傳統的教學進度的安排和教師責任，使在同一時間之下進行差異化或多樣的學習活動成為可能。另外，在課堂中多採對話演練、生活情境模擬、戲劇演出及視聽媒體學習等方式，以提高學生的學習動機與興趣。

(2)**採用多元教學方法、教學策略與教學技巧**

為了提升教學品質，希望老師能採用多元教學方法、教學策略與教學技巧，以提升學習成效。新住民語文領域依據課綱規劃豐富的學習內容，教師必須依據學習內容，實施多元彈性的教學方法，才能有助於學習。教學支援人員除熟稔教學三大基本技巧：講述技巧、發問技巧及討論技巧之外，其所常用且適切之教學方法有：對話演練教學（Dialogue Drill Teaching）、生活情境模擬教學（Life Situation Simulation Teaching）、以及視聽媒體教學（Audiovisual Media Teaching）等；在教學策略方面，包含組織策略設計、傳送策略設計和資源策略設計等三方面，合宜的教學策略設計可確保學習的成功；適用之教學技巧有：課程計畫技巧、引起動機技巧、對話提問技巧、雙語溝通技巧、課堂管理技巧與中終評量技巧。由此可知，成功的教學方法、教學策略與教學技巧應以漸進的方式增進學生的信心及自我效能，應考慮到學生的需要和動機，使學生產生主動學習的意願，使學生產生愉快和價值感，並且配合實際生活的需要，使學生產生學以致用的效果。

該校新住民語文修習人數不少，尚未進行混齡式能力編班。但教學支援人員考量學生的程度不同，所以仍實施差異化教學，給予不同的內容和速度。在學習上，有的學生用聽講的方式就可以學得好，有的學生則是透過實作可以學得好，教學支援人員都會思考學生的學習方式和需求，以提高教學的成效。

3. **科技與資訊媒體應用**

北新國小鼓勵學生使用智慧教室（Equipment of Smarter Classroom）各類科技、資訊與媒體來配合學習新住民語言與文化，同時指導學生解讀有關新住民的媒體資訊，如：對新住民的族群、膚色、語言與性別等的偏見或刻板印象。本校爲智慧教育LEAD創新模式的學校，包括智慧社群（L）、智慧教室（E）、智慧教學（A）及智慧決策（D），來確立實踐智慧教育創新教學與學生學習的成效。智慧教育要培育學生學習不受時空限制，例如：數位閱讀、QR-Code、雲端電子書等，實踐3A自主學習（Anytime、Anywhere、Anybody），自行解決問題，提升學習成效。現今課堂教學型態，以倡導由教師教學轉爲以學生學習爲中心，藉由科技與課程教學的整合，讓班班都是「智慧教室」，每一節課都是「智慧課堂」。

4. **班級經營**

教學指導人員一項重要的任務即是指導和關懷教學支援人員做好班級經營，指導的關鍵要項有三：(1)營造和諧愉快的班級氣氛，(2)建立良好的教室常規和秩序，(3)有效運用正向管教方法。首先，教師以幽默、機智帶動班級輕鬆愉快氣氛上課，學生能夠感受教師的教學態度，從而提高學生的學習興趣與成就。其次，訂立合理的班級規約和活動程序，訓練並執行；實施個人與團體的榮譽制度，鼓勵學生自律守規。再者，勤於發現學生良好行爲，並立即獎勵，特別是運用讚美、公開表揚等社會性獎勵；注意學生的行爲表現，立即指正學生不專心學習的情況，以免演變成干擾教學的不當行爲。班級經營是每位教師每天必須面對的課題與挑戰，其能力是可以靠後天培養的，班級經營得法，教學工作勝任愉快，教師才會有自信與自尊，學生才會有依循與成就。

5. **學習歷程記錄及多元評量**

依據教育部國民小學學生成績評量準則，其結果功能原則：應形成性評量及總結性評量並重。有關檔案評量：依學習目標指導學生本於目的導向系統彙整或組織表單、測驗、表現評量等資料及相關紀錄，以製成檔案，展現其學習歷程及成果。有關平時評量：教學支援人員會於學期中各個階段予以評分留下紀錄，待期末進行成績統計。

(1)**學習情況了解與紀錄**

有關新住民語文成績評量事宜，行政人員會於每學期家長日當天向家長說明評量計畫，教學支援教師則於第一次授課時向學生說明。其評量方式，爲了解及紀錄學生語文習得進度情況，教學支援人員開學後逐步建立每一學生「學習歷程檔案夾」；其評量項目，採多元的學習評量，如口語表達、情境對話式評量、實作評量等，但紙筆評量盡量降低僅佔學期總成績比例約20～30%，這些評量資料都將放入學習歷程記錄。其評量重點，在於自我省思、同儕互動與教學互動考量，包括學生身心發展、個別能力及文化差異，注重學習態度，聽、說、讀、寫能力，以及文化要素內容等。

(2)**學習成效不佳學生之幫助**

教學支援人員對於學習落後的學生，上課由基礎語句練習出發，安排程度好的同學同坐在旁協助，讓學習落後的學生能適時銜接上課程。接著，對於落後的學生個別詢問其學習的瓶頸與學習成效不彰的原因，以關心代替質問，再針對問題加以輔導，並鼓勵學生不要因缺乏信心而放棄學習。當然，教學指導人員會給建議，適時修正教學方法，增加學生在課堂上的興趣與效果。在課後，行政盡可能與學生保持接觸，關心他們的生活與學習狀況，透過家長配合及簡易檢測方式，以補救教學協助他們迎頭趕上。

肆、前導學校實踐智慧

經由實踐，始得智慧。前導學校實踐智慧的內容包括五個範疇：關於學校行政的智慧、新住民語文課程的智慧、教學與評量的智慧、教師自我的智慧、硬軟體環境的智慧。如圖16-2所示。1.關於學校行政的智慧，涵蓋開排課作業、師資需求、開課調查、開課時間、編班方式等；2.關於新住民語文課程的智慧，涵蓋課程規劃及設計、教材及課程手冊等；3.關於教學與評量的智慧，涵蓋適性教學、班級經營、多元評量等；4.關於教師自我的智慧，涵蓋備觀議課、教學支援人員、教學指導人員、共同僱用等；5.關於硬軟體環境的智慧，涵蓋教學空間、科技與資訊應用、遠距教學等。這五類智慧相互連繫，其本身是靜態的，但它們與實踐的連繫卻是動態的。

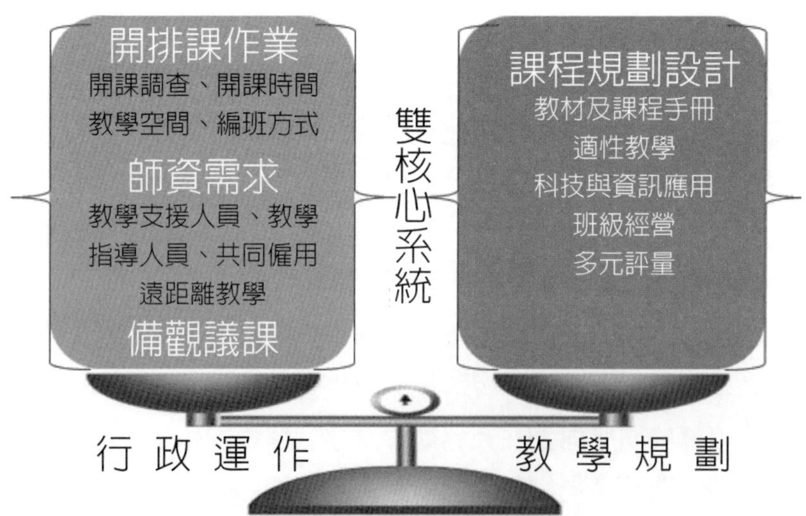

圖16-2　北新國小新住民語文前導學校實踐智慧系統圖

資料來源：作者自行整理

基於前導學校的周延性實踐，設定在完整的一學年度、正式的學校情境、一致的作業程序，開設七語種六個學年的新住民語文教學班級。職是之故，本文前導學校實踐智慧是指學校對新住民語文教育合理性的追求，對當下行政、課程與教學情景的感知、探究、實作與頓悟，對教學支援人員與學生的教與學的彰顯以及學校對自我完善的不懈追求。預期效果如下所述：

1. 學校課程發展組織運作模式：新住民語文可歸入語文領域小組共同運作並相互學習，一段時間後亦可獨立成新住民語文小組形成共備社群。
2. 排課策略：橫向方面，新住民語文的排課宜和本土語文同步；縱向方面，新住民語文的排課時間宜統一在一天各節。
3. 新課綱架構下之學校課程計畫：新住民語文爲語文領域的一支，和本土語文同爲新課綱架構下一週一節的課表。
4. 部訂學習領域素養導向單元課程：核心素養將透過各學習階段、各課程類型的規劃，結合領域綱要的研修，以落實於課程、教學與評量中。
5. 社群共備觀議課的know-how：爲提升新住民語文現場教師的教學能力，透過與現場教師深度訪談與專業對話、實務實作演練與資料收集分析等研究方法，再透由教師專業社群，對「共同備課、公開觀課、集體議課」能有更深入的了解與實作要領。
6. 編寫有關新課程實施之實戰手冊：涵蓋「行政運作與支持」及「教學規劃與實施」兩大面向，合計提供5大項15小項實踐策略、技巧及問題解決。

伍、結語

前導學校有如引路的人，在方法上或道路上領導或指引其他人的人；北新國小願意擔任各校前面引路的前導車（pace car）分享經驗，前導學校的日子是一趟利人利己、興奮的發現之旅。在新住民語文課程尚未正式實施時，前導學校在前面引路先行實施，涵蓋了「行政運作與支持」及「教學規劃與實施」兩大面向。在行政運作與支持方面，本文提出了3大項8小項實踐智慧；在教學規劃與實施方面，提出了2大項7小項實踐智慧。

這種實踐智慧是一種透過「實踐」以解決問題的學習型組織，也是一項行動研究的反省性機制。換言之，前導者具有主體性，需理解當時的情境，並於情境中持續對「人、事、物、資訊、經驗」等的互動，採取當下所該採取的行動，進而創生新情境、新經驗，才能體現知識（Body Knowledge）、體悟智慧（Comprehension Wisdom）。

實踐智慧在意的是「知曉（Know-How），即知曉當下的要做什麼與如何採取行動（Knowing What/How To Do In This Situation），而非僅止於累積專業知識而已。實踐智慧是以「原我」為中心積累起來的，並吸收各校外來的經驗知識，跟自身已有的知識融合，才浮現出對於「新我」有意義的知識。我們前導形成了實踐，同時也被實踐所形成；原我前導形成了新我，同時也被新我所形成。前導學校的最高境界乃是隨著與利害關係人當下的互動，不斷調整才逐步發展出雙方可接受的解決方案。

第十七章
多元文化繪本教學應用

新住民子女語文教育不僅止於語言的表述，或是文字的認讀，也須在文化上的認識、理解、體驗等，有所實踐。本章以新北市北新國小幼兒園的多元文化繪本教學行動研究為例做說明。

壹、背景說明

新北市如同臺灣的縮影，土地面積占全國約6%，人口數卻為全臺的六分之一，來自全臺海內外各地方的民眾，包括閩南人、客家人、原住民、新住民，在這裡生活、就學、工作，也選擇在這裡安居、生根、發展，為這塊土地帶來多元共融、躍動成長的生命力。新北市北新國小一直為新北市新住民文教輔導團推廣召集學校，對多元文化教育之推動以及多元文化繪本之籌編不遺餘力，此次再透過幼兒園教學行動研究，為規劃更完善之多元文化繪本課程與教學方案，並展現幼兒學習繪本故事的智慧及活力，以執行並評估幼兒多元文化繪本課程與教學之實施成果。

貳、幼兒多元文化教育理論

一、多元文化教育與順性揚才理論基礎

㈠幼兒多元文化教育

學前階段幼兒認知發展的主要特徵有：自我中心、注意力固著及外表就是眞實（周麗瑞等，2013）。其中「外表就是眞實」則是幼兒會以為親眼看到的食衣住行就是眞實的，親耳聽到的語言聲音就是眞實的，此時，多元文化教育的導入就格外要注意其眞實度及精準度，不可編造、扭曲或誤差。

佐藤學（2013）指出多元文化共生的教育，應該就在了解這個矛盾的眞正意義後展開；互相學習與關照，就是以人的脆弱和弱點爲基礎，透過人與人的連繫得到實現，是非常人性化的行爲。故多元文化教育意旨學校提供學生各種機會，讓學生了解各種不同族群文化內涵，培養學生欣賞其他族群文化的積極態度，避免族群衝突與對立的一種教育，如圖17-1。而幼兒多元文化教育係爲一種教育目的、歷程和結果，在尊重幼兒個別差異，發展多元教學目標，讓幼兒免於受到主流文化的宰制，以提高其所擁有的文化資本，進而營造多元文化的人際交往。

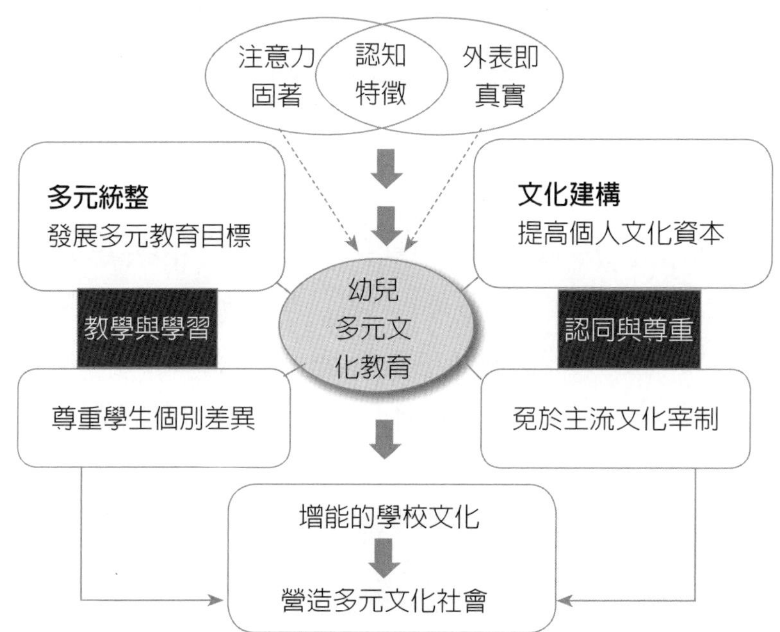

圖17-1　幼兒多元文化教育理論示意圖（曾秀珠，2017）。
資料來源：作者自行整理

㈡幼兒順性揚才教育

學前階段幼兒社會發展的主要特徵是依附關係，依附是幼兒與照顧者之間的一種交互的及持久的連結。其中的「安全依附」則是母親或教師離開時，幼兒會短暫焦慮哭鬧；母親或教師回來時，幼兒會停止此現象並想和母親或教師在一起生活。此時，順性揚才教育的導入格外要注意幼兒依附關係的類型，順著幼兒之本性，揚優勢智能之才。

本文以教育經營學者鄭崇趁（2015）所提供「順孩子之性」的四個經營，包括：「順學習之性，開其群組動能之才」、「順知識之性，展其優勢智能之才」、「順藝能之性，揚其運動技能之才」及「順品格之性，長其情感毅能之才」加以改編，如圖17-2，期能順著幼兒之特質加以引導。

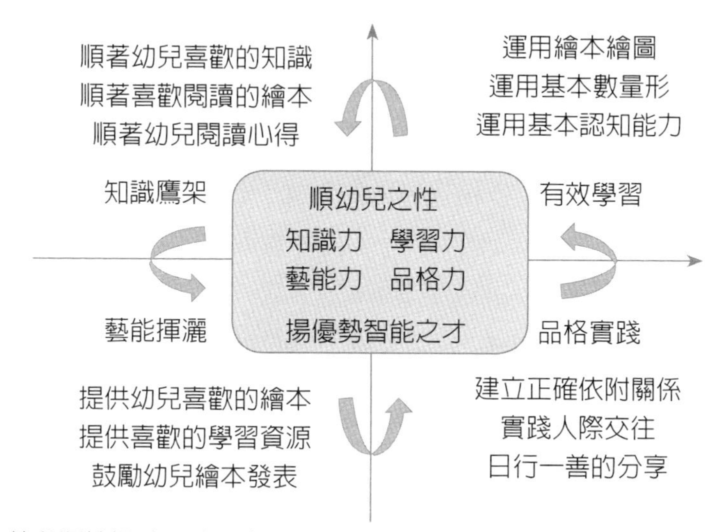

圖17-2　幼兒順性揚才理論示意圖（改編自鄭崇趁，2015）。
資料來源：作者自行整理

㈢評析多元文化教育與順性揚才理論

1. 從「天賦自由」的觀點順性揚才出發，實施以幼兒為學習中心的多元智能課程，引導幼兒發揮優勢的潛質，以充分開展其天賦。
2. 多元文化教育讓我們了解，要教好幼兒必先順應其背景文化之性，激發幼兒優勢潛能並讓優勢智慧明朗化，避免其優勢智慧受到壓抑而麻痺化。

3.「順性」不只是對優勢智能的描寫（description）結果，更是對多元文化本質的處方（prescription）源頭，而「擺對位置，就是天才」則是最好的寫照。

4. 然而，順性都可以揚才嗎？本書教學團隊認為「修正式」的順性揚才，以教育輔導幼兒不佳特質，亦為順性揚才理論的一大貢獻。

二、繪本對ASSURE模式之教學觀點

㈠簡介ASSURE教學設計模式

ASSURE教學設計模式是由海尼克（Heinich）、牟蘭達（Molenda）與盧素（Russell）三位學者所提出，提供教師在課堂中實施視聽教學與資訊融入教學的設計模式，著重在實際教學情境下，慎選與善用多媒體工具來幫助達成教學目標，並鼓勵學生互動參與。取其六個步驟動詞的首字組合而成「ASSURE」，其六個步驟分別為（林進材，1999）：

A：分析學習者(Analyze learners)

S：敘寫教學目標（State objec-tives）

S：選擇媒體與教材（Select media and materials）

U：使用媒體與教材（Utilize media and materials）

R：激發學習者參與（Require learner participation）

E：評鑑與修正（Evaluate and revise）

㈡探討繪本教學使用ASSURE模式

1. 分析學習者：針對學習者的特質包括一般性、特殊性與學習風格三方面，加以分析。

2. 敘寫繪本教學目標：教學的主體是學生，教學的目標是指在學習結束，學習者應具備的知能或態度。

3. 選擇繪本媒體與教材：教師在了解學生特質並敘寫繪本教學目標後，選擇合適教學媒體與教材（如手偶教具和DVD、CD影音輔助教材）。

4. 使用繪本媒體與教材：搭配學校提供的教學環境，教學者事前觀看，

準備好放映教材，熟悉設備操作與使用效果，檢視自己的教學構思是否流暢。

5. 激發學習者參與繪本教學：教師透過問答等方式讓學習者有機會練習新學得的知能，並給予回饋以增強其學習成效。
6. 評鑑與修正：包括對學習者的成就評量；對教學媒體與教材的評量；對教學過程的評量。教學中的問題與困難是必然的，修正，提供了根本解決之道。

㈢評析ASSURE教學設計模式

1. 利用ASSURE模式進行教學設計，需要教師分析自己對於媒體、教材以及使用情形加以評鑑，在行動省思之後加以調整改善，做爲下一次更好的開始。
2. 教師可由觀察學生上課的投入程度及反應、訪談學生、參與活動、作品等多種途徑與管道收集資料，以評估學生的學習狀況及媒體、教材的適配性。
3. 教材、媒體及教法是否合宜，媒體是否有助教學，教學是否提供學生參與的機會等，此皆爲ASSURE模式所關切，並非「一放天下無難事」。
4. ASSURE教學提供更多協助老師展現心力的機會，爲的都是在教學當下開放孩子的心胸與眼界，因此，「確保學習精準有效」，就值得做到最好。

三、新北市多元文化繪本之分析

㈠新北市多元文化繪本的核心概念

繪本編／著／譯者林秀兒（2010）指出新北市多元文化繪本的創作有如下的核心概念：

1. 強調在多元文化社會能關切到族群、語言和文化之間的權力問題。

2. 維護公平正義的精神。
3. 促進權力分配與參與機會的平等。
4. 尊重不同族群或個體間的文化差異。
5. 關懷多元的群體人際關係。

歸納新北市多元文化繪本的核心概念係以「尊重、關懷」爲出發點，以「欣賞、理解」不同族群的文化差異爲中繼點，並以維護公平正義與參與機會的平等爲終極點。策劃理念乃以兒童學習中心的教育哲學，遵循兒童文學、文圖創作藝術的理念進行創作實踐，以豐富多元文化教育素材。

㈡新北市多元文化繪本的內容規劃和架構分析

這三套多元文化繪本叢書分別由作家林秀兒和周姚萍執筆改編、創作故事，畫家賴馬、楊麗玲繪圖。繪本內容介紹東南亞、南亞（印度）、東北亞（日本、韓國）、俄羅斯和中華民國（閩、客、原、眷村）等國家文化，繪本內文印有中、英、日、越南、印尼、泰國、緬甸七種語言或搭配客、閩、原語文，教材內容呈現出亞洲的多元語言與風俗文化。文圖內容規劃，從兒童學習的視域，涉及個體內在心理空間、家庭、學校和社會場域間的多元文化議題，涵蓋東南亞各國及國內各族群的童謠、童話、節慶、飲食、服飾、居住環境和產業等多樣性內涵。如表17-1所示。

㈢繪本在多元文化教育的應用

龔詩鈴（2015）指出，透過「繪本」教學活動，能增進低年級學童多元文化的認知（節慶、飲食和服裝），並能建立低年級學童文化差異的概念。關於新北市多元文化繪本的探索與應用，期待透過故事文本，以增進多元文化的認知；經由語文、圖像與光碟的互動，以提升人際情意的交流。由此可知，新北市多元文化繪本應用設定的目標希望藉助繪本優越的教育傳播功能，將多元文化重要的知識、互動技巧與多元角色所需的認

表17-1　新北市多元文化繪本的內容規劃和架構分析

多元文化繪本	東南亞篇	第二輯	第三輯
系列套書	十本繪本故事書	十本繪本故事書	十本繪本故事書
	數位光碟	DVD動畫 CD有聲書	DVD動畫 CD有聲書
	二冊教學指導手冊	二冊教學指導手冊	二冊教學指導手冊
	一套教學手偶	一套教具	一套教具
語言呈現	七國語言	七國語言	七國語言搭配客、閩、原語文呈現
內容簡介	介紹東南亞各國之飲食、服裝、藝術文化、民俗文化、節慶、童話與傳說。	介紹日本、韓國、俄羅斯及印度等4國之飲食、服裝、藝術文化、民俗文化、節慶、童話與傳說。	介紹臺灣本土在地文化，涵蓋客家、閩南、原住民和眷村等特色文化。

資料來源：研究教學團隊整理

知、情意含括在內。的確，從「繪本」出發，用多元的觀點去看待族群、文化間的差異時，自然而然較能具體表現出尊重、理解和接納的態度。

參、研究方法

一、研究設計（如圖17-3）

二、研究參與者

㈠**研究教學團隊**：指執行本行動研究的核心團隊，即為新北市北新國小附設幼兒園教師研究小組、主任及校長（園長）。

㈡**研究對象**：指行動研究繪本教學實施對象，北新國小幼兒園三個班幼生全員實施，幼生家庭背景資料分析，如表17-2。

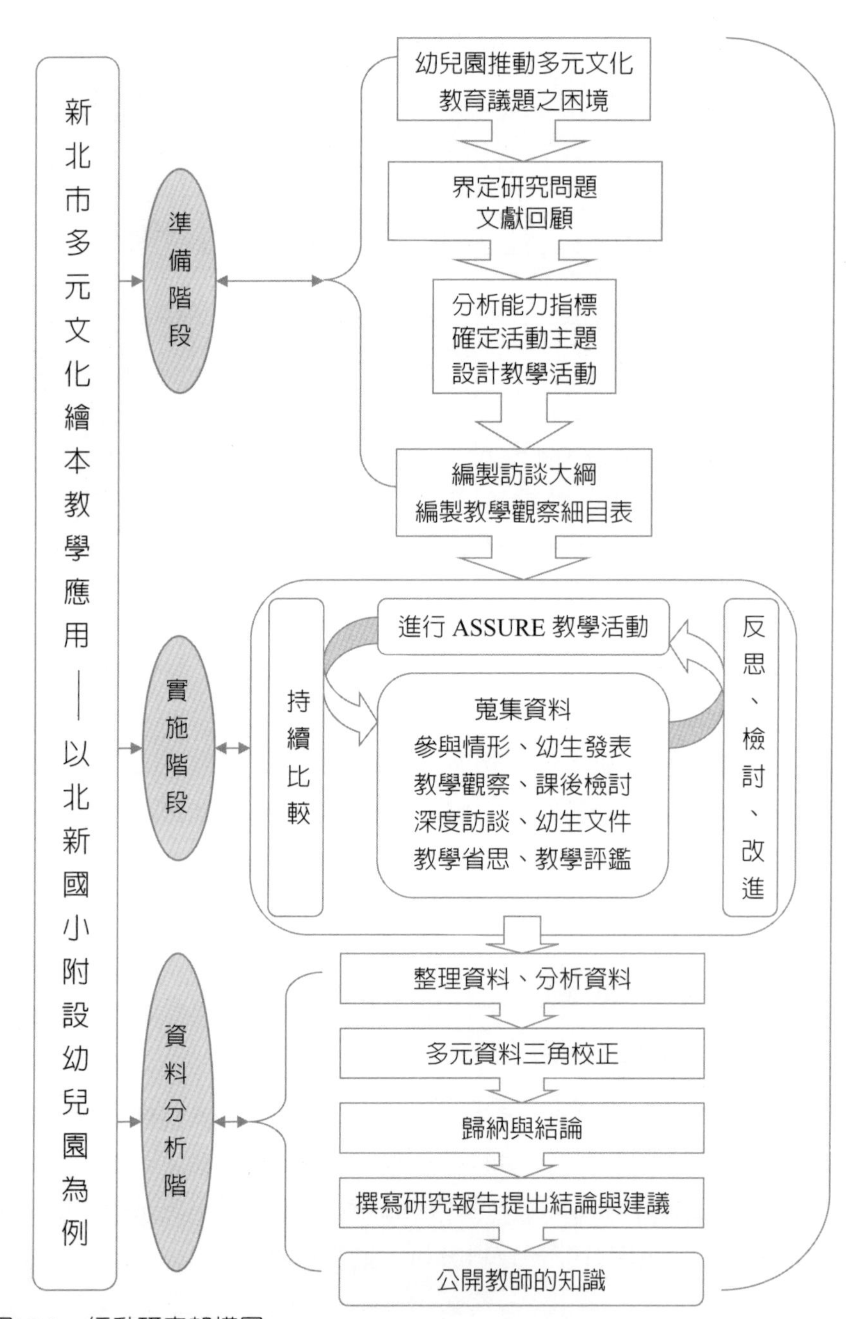

圖17-3　行動研究架構圖

資料來源：作者自行整理、繪製

表17-2　分析學習者（Analyze Learners）表

<table>
<tr><th>人數分析</th><th colspan="12">大班</th><th colspan="12">中小班</th><th colspan="12">特教班</th></tr>
<tr><th>性別</th><th colspan="6">男15</th><th colspan="6">女13</th><th colspan="6">男13</th><th colspan="6">女15</th><th colspan="6">男6</th><th colspan="6">女2</th></tr>
<tr><td>使用母語</td><td colspan="3">閩20</td><td colspan="3">客0</td><td colspan="3">原0</td><td colspan="3">新8</td><td colspan="3">閩18</td><td colspan="3">客0</td><td colspan="3">原7</td><td colspan="3">新3</td><td colspan="3">閩6</td><td colspan="3">客0</td><td colspan="3">原1</td><td colspan="3">新1</td></tr>
<tr><td>監護人職業</td><td colspan="6">公家8</td><td colspan="6">私人20</td><td colspan="6">公家7</td><td colspan="6">私人21</td><td colspan="6">公家2</td><td colspan="6">私人6</td></tr>
<tr><td>家庭經濟</td><td colspan="4">富2</td><td colspan="4">中26</td><td colspan="4">貧0</td><td colspan="4">富0</td><td colspan="4">中21</td><td colspan="4">貧7</td><td colspan="4">富0</td><td colspan="4">中7</td><td colspan="4">貧1</td></tr>
<tr><td>學習成就</td><td colspan="4">優6</td><td colspan="4">中22</td><td colspan="4">差0</td><td colspan="4">優8</td><td colspan="4">中18</td><td colspan="4">差2</td><td colspan="4">優0</td><td colspan="4">中0</td><td colspan="4">差8</td></tr>
<tr><td>人際交往</td><td colspan="4">優6</td><td colspan="4">中21</td><td colspan="4">差1</td><td colspan="4">優8</td><td colspan="4">中17</td><td colspan="4">差3</td><td colspan="4">優0</td><td colspan="4">中3</td><td colspan="4">差5</td></tr>
</table>

資料來源：研究團隊整理

三、研究工具

1. **資料收集**

(1)敘述性記錄：教學（反省）札記、行動研究札記的收集。

(2)搭班導師或其他同仁的交互觀察教學記錄。

(3)課程與教學會議活動之觀察筆記。

(4)個別訪談所得到的意見。

(5)視聽與科技器材：錄音、照相、錄影分析。

2. **研究工具**

(1)學生家庭背景資料分析

(2)學生觀察紀錄表（包括學生發表內容文字檔及錄影檔）

(3)學生作品（畫畫）及分析

(4)教師訪談紀錄（四位）、幼生訪談紀錄（五位）之訪談大綱（半結構式訪談）

(5)教師自我評鑑、搭班評鑑和園內評鑑之評鑑表

3. **資料處理與分析**（將各項資料編碼、分類、統整）

4. **研究之信效度**（三角驗證：將各項資料交互比對、檢驗、支持）；本書採用方法（觀察、訪談、文獻資料）、資料（教案、學習單、評鑑

表）與人員（教師、學生與同儕教師）的三角檢驗法。

四、研究流程

本書繪本教學方案的實施時段，自2017年4月3日至6月30日，共實施十二週，前一週爲籌備週，每週一次，每次約三十分鐘之繪本教學或相關活動。其歷程主要包括有：分析問題的性質、設計和實施解決方案、檢視其解決方案實施的效果、修正方案再實施。本書步驟如下：

階段一研究準備

1. 幼兒園推動多元文化教育之困境

尋找一個起點係指幼兒園中需要提升的多元文化教育議題，或爲提升多元文化教育議題所遇到的困難（行政支持、教師意願、家長關心情形等）。

2. 議題與策略

確認議題重點方向以及擬使用的策略（搭配多元文化教育促進之具體實施方法，分析學習者並敘寫教學目標）。

階段二研究發展

1. 課程與教學設計（教學規劃會議研擬主題統整、簡案、簡報）。
2. 介入前（選擇教學媒體與繪本教材四本）。
3. 執行教學介入策略（激發學習者參與、執行過程紀錄，作爲不斷修正行動過程依據）。包括：訪談、學習單、教學日誌、觀察、學生作品、教學檢討及錄影檔等。
4. 介入後（反思、檢討、改進及發展行動策略並放入實踐中）。

階段三報告撰寫與呈現

1. 結果分析與討論
2. 歸納研究結果

3. 報告撰寫、公開教師的知識（如圖17-4）

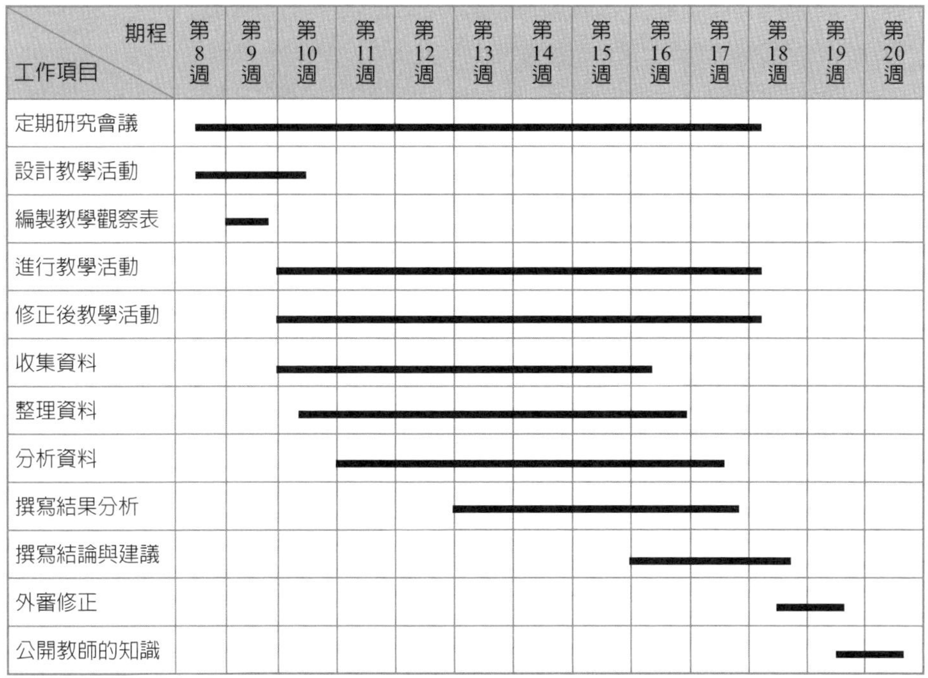

圖17-4　研究實施期程甘特圖（106年4月至6月）

資料來源：研究團隊整理

肆、研究結果分析

一、教師訪談分析與討論

1. 教師使用過的繪本教材情形

教師以繪本當作教材，應於事前做詳細的計畫與多元文化故事的理解。訪談發現：教師使用過的繪本教材有「狸貓變變變」、「潑水過新年」、「天空之虹」、「回外婆家」，有了實施多元文化繪本教學，幼兒則有機會接觸不同族群之文化。

2. 教師將多元文化繪本融入教學情形

教學策略考量幼兒的認知發展與學習特性，應由體驗文化著手，以尊重文化差異爲目標。訪談發現：教師將多元文化繪本融入教學情形是「多元文化概念與繪本教學容易連結」、「搭配體驗活動、美勞創作」、「越南服飾、計程車之差異教學」。

3. 教師平日課堂活動應用多元文化繪本情形

運用繪本裡的故事引導學生，不僅可以讓學生欣賞多元文化，也讓學生習得閱讀的要領。訪談發現：教師平日課堂活動應用多元文化繪本情形是「語文角設置繪本提供閱讀或借閱」、「午睡前、故事時間播放CD」、「放學前播放DVD」。

4. 繪本教學時教師常用的教學方式

訪談結果發現：教師常用的教學方式是「故事朗讀忠實呈現」、「講述故事大要」、「講述地理相對位置」、「說故事、看DVD、聽CD、討論四合一」，此與汪妮箴（2010）提出之國小二年級學童運用繪本進行族群教學的教學方式爲暖身活動、繪本的呈現、討論活動、延伸活動等略爲相近。

5. 繪本教學時教師常用的教具或教學媒體

訪談結果發現：教師常用的教具或教學媒體是「氣球裝水取代潑水」、「族群服飾、食物」、「手偶教具」、「DVD、CD、PPT」，此結果顯示，幼兒園多元文化繪本教學很適合使用ASSURE教學模式之精神。

6. 教師評量幼生學習結果之方式

讓幼生藉由繪本教學深度了解其內容，嘗試去尊重不同族群的文化。訪談結果發現：教師評量幼生學習結果之方式爲「指認出書架之繪本故事」、「幼生轉述故事」、「問答方式」、「體驗方式」、「差異比較方式」，此結果顯示，多元評量方式與順性揚才理論相呼應。

7. **教師對多元文化繪本教學之收穫、困難及建言**

⑴收穫方面：「了解多元文化故事」、「了解風俗民情文化」、「文化認同教學相長」、「新住民家庭感受到尊重」。本書收穫頗豐。

⑵困難方面：「故事結局不易收尾」、「傳統故事難以解釋」、「教師不了解他國文化」、「文化體驗有落差」，教師教學困難不少。另外，教師認為「孩子仍無法意識到同學多元族群」，此與周麗瑞等（2013）之幼兒自我中心概念相符。

⑶建言方面：「能提供教學指引」、「幼兒用繪本七國語言太複雜」、「單一主題單一國家故事即可」、「可運用族群家長資源」，從教師對多元文化繪本教學之收穫、困難及建言可看出，此皆與張如莉（2012）指出之擔任多元文化繪本教學的教師需提升多元文化素養，不謀而合。

二、幼生訪談分析與討論

1. **幼生喜歡繪本故事嗎？有多喜歡？為什麼？**

為確認幼生喜歡繪本故事之知覺程度，特實施三次追問，結果發現：幼生認為「繪本故事很好聽、很好玩、很有趣」「繪本故事畫得很可愛」，更有幼生認為「繪本故事可以學認字、拼音和畫畫」。

2. **幼生印象比較深刻的是什麼繪本故事？**

訪談結果發現：幼生印象比較深刻的繪本故事是《狸貓變變變》、《潑水過新年》、《天空之虹》；其中《狸貓變變變》這個故事受到3/5受訪者喜愛，進一步了解得知日本神奇的魔法狸貓，教導做好人、做好事的正確方法，吸引幼生目光。

3. **在繪本故事中幼生看到了什麼？**

訪談結果發現：在繪本故事中幼生看到了「狸貓不停的變」、「潑水的幸運之水」、「神仙、美女、豐年祭」，此結果顯示幼生有所認知，認知並內化其所見之角色、事物及動態經驗。

4. 幼生可以說一則繪本故事給我聽麼？這一則故事有什麼感想？

為了解繪本故事更深一層的教育作用，特以故事再說引發其感想，結果發現：幼生認為「繪本故事演得很好玩、潑水很好玩」、「太郎保護狸貓、狸貓報答太郎」，此結果顯示幼生有所感覺，感覺較深刻者如狸貓之悲憫助人。

5. 不同的國家跟我們有什麼不一樣（食衣住行）的嗎？

訪談結果發現：幼生認為跟我們不一樣的有「日本的和服、壽司、拉麵、塌塌米」、「日本冰箱較小」、「阿美族的衣服、綁腿、鈴鐺」，此結果顯示幼生對各族群之食衣住三方面文化較能感受到其差異。進一步了解得知日本冰箱的單價高，每月耗電量小，尺寸深度較小；的確，冰箱是家中可以用很久的電器，而且是24小時不斷電，「耗電量小」為日本節電之重要考量。

6. 幼生可以說幾句東南亞語或母語嗎？

訪談結果發現：幼生尚在語言發展期，主要以華語及閩南語使用為主，至於東南亞語或母語之了解僅停留在「日本語ありがとう」、「日本字之の」、「沒有教母語」，此結果顯示幼生之母語學習有開發的空間。

三、文件分析

㈠幼兒園多元文化繪本教學方案分析

1. 本學期幼兒園以「元氣小農夫」架設主題概念網，「多元文化繪本」亦融入此教學網；有關「日本美食」、「越南美食」、「阿美族美食」概念與蔬菜好料理的烹調方式相連結，而「泰國潑水節」則與我是小農夫的種植概念相連結。
2. 幼兒園多元文化繪本教學教案設有活動目標、活動流程與教學資源三個項目；實際教學活動流程則有準備活動、發展活動與綜合活動等，教學資源包括了兒歌CD、故事影片DVD、PPT、服飾、美食等。

㈡幼兒園多元文化繪本教學省思分析

1. 幼兒園多元文化繪本融入教學，較能吸引幼兒之學習注意力，更能提高幼兒之創造力。「……連繪本中出現日本相關事物的小細節都能發現……」
2. 繪本故事之結尾引發幼兒關注，但結尾是喜是憂並非教學重點，應拉回教學軌道面。「……不幸死亡而化為天空的彩虹；由於這個結尾太悲傷……」
3. 百聞不如一見，這是一個活生生的例證。「她的穿著果真與繪本內的很相近，讓大家馬上得以印證，對阿美族服飾更加深了印象」
4. 幼兒透過視覺、觸覺等感官體驗，較易比較兩者文化之不同。「……臺灣文化和越南文化之比較，透過感官體驗……」
5. 幼兒園志工媽媽因協同繪本教學，感受到臺灣學校對他的尊重。「……日本媽媽似乎覺得在幼兒園中介紹自己的國家，讓她有感受到尊重……」
6. 教學省思常有事後修正現象，這是一種好事和收穫，諸如：「下次若有這樣活動時，水球可以再灌飽一點；水球越飽，越容易因撞擊而破裂」「……幼兒分享經驗的時間沒做好掌控……」「……未來或許還可以邀請來自越南的家長親自教學越南話……」

㈢幼兒園多元文化繪本教學評鑑分析

由表17-3可知，幼兒園多元文化繪本教學評鑑傾向「優良」，前三指標為運用有效教學技巧、營造積極的班級學習氣氛以及呈現多元文化繪本教學能力。

表17-3 幼兒園多元文化繪本教學評鑑分析表（人次）

評鑑指標 \ 教學評鑑	教師自評		教師他評		園內自評		總評	
	優良	滿意	優良	滿意	優良	滿意	優良	滿意
呈現多元文化繪本教學能力	3	1	9	3	3	1	15	5
應用教學媒體技巧	2	2	7	5	2	2	11	9
✧ 精熟任教主題知識	0	4	7	5	0	4	7	13
運用有效教學技巧	3	1	11	1	3	1	17	3
✧ 善於運用學習評量	1	3	8	4	0	4	9	11
建立有助於學習的班級常規	1	3	9	3	2	2	12	8
營造積極的班級學習氣氛	3	1	9	3	4	0	16	4

資料來源：作者自行整理

伍、結論與建議

一、結論

1. 發展幼兒園多元文化繪本教學方案

以幼兒及繪本爲雙核心，規劃適合幼兒多元文化繪本課程與教學之發展歷程，共分爲教學設計與媒體準備、教學與媒體執行、以及教學評鑑與修正三個階段；搭配ASSURE教學設計模式，以發展幼兒園多元文化繪本教學方案。

2. 連結繪本核心概念與小農夫主題網

多元文化繪本的選擇應用於教學活動中應考量幼兒的經驗與興趣，以繪本主題及小農夫主題網爲組織中心，統整進行主要概念延伸相關的動靜態活動，教師於多元文化繪本教學活動之適性揚才理念及討論教學知能具重要性。

3. 本方案評鑑透過四項資料相互印證

教學活動中，幼兒對多元文化繪本概念的了解，以繪本故事本體、不同族群食衣和同學間友愛爲主。本方案評鑑透過四項資料包括：對於幼兒之學習評量，以及對教學之自我評鑑、搭班評鑑和園內評鑑等相互印證。

4. **繪本教學方案評估之成果漸入佳境**

經由文件分析及師生訪談發現，學生確認喜歡新北市多元文化繪本及教學，教師於教學後知覺對多元文化認知獲益良多，幼兒園多元文化繪本教學經評鑑後，漸入佳境，幼兒的學習投入與進步有目共睹。

二、建議

1. 針對於政府主管機關：有鑑於教師訪談中指出，擔任多元文化繪本教學的教師亟需提升多元文化知能，故政府宜編列預算來辦理多元文化教育研習；另外，建議教育局於定期研習之後，籌組發展幼兒園多元文化繪本教學方案之平臺，進行園際繪本教學交流。
2. 針對於第一現場教師：目前在學前階段，多元文化教育採取融入教學方式實施，並無具體規範的授課時數。其實，教師可以從現有主題網核心概念做延伸，妥善使用新北市特有出版的三套三十本多元文化繪本，當作最佳的補充教材，並搭配DVD動畫及CD有聲書，以利ASSURE教學。
3. 針對於後續研究：本書發現，繪本教學方案評估之成果漸入佳境，受到師生的肯定並無排斥，且有愈來愈多的教師能「意識」其重要性，未來可以再做繪本教學方案的修正與回饋，進行多元文化教師專業發展之研究，使幼兒之學習評量，以及對教學之自我評鑑、搭班評鑑和園內評鑑予以落實。

第五篇

新住民子女教育之問題與建議

第十八章
問題

壹、我國新住民及其子女教育政策的知覺需求

1. 新住民及學校行政人員對我國新住民及其子女教育政策之知覺需求屬高等程度，前者以師資培育及輔導措施最爲需要，後者認爲新住民對行政運作及師資培育較爲需要。

從整體↔構面的思維，新住民對我國新住民及其子女教育政策各構面之知覺需求依其平均數由高而低排列次序爲「師資培育」、「輔導措施」、「行政運作」、「學習機制」、「國際交流」等構面。學校行政人員對我國新住民及其子女教育政策各構面之知覺需求依其平均數由高而低排列，分別爲「行政運作」、「師資培育」、「輔導措施」、「學習機制」、「國際交流」等構面。

2. 我國新住民及其子女教育政策歸結出五項核心能力爲行政支持力、提升學習力、發展適應力、強化教學力和國際移動力。

從構面→措施→核心能力的思維，「行政支持力」爲強化專責服務支援系統，落實整合教育機制；「提升學習力」爲提升新住民子女學習力，開展其優勢智慧；「發展適應力」爲建構友善校園學習環境，落實學生輔導措施；「強化教學力」爲精進師資、課程與教學，發揮其本職學能；「國際移動力」爲接軌國際及世界，培育二代跨語言、跨文化人才。

3. 不同地區別、對象別、性別、年齡別之新住民對我國新住民及其子女教育政策的需求看法，具有顯著差異。

依據問卷調查結果顯示，㈠北部地區、中部地區、東部地區之新住民對新住民及其子女教育政策極爲需要。㈡新住民語文教學支援人員極爲需

要新住民及其子女教育政策之制定與執行。㈢女性極爲需要新住民及其子女教育政策之制定與執行。㈣39歲以下年輕之新住民極爲需要新住民及其子女教育政策之制定與執行。

4. **不同地區別、對象別之學校行政人員對我國新住民及其子女教育政策的看法，具有顯著差異。**

依據問卷調查結果顯示，㈠北部地區之學校行政人員認爲新住民極爲需要新住民及其子女教育政策。㈡大部分校長認爲新住民極爲需要新住民及其子女教育政策。

5. **我國新住民及其子女教育政策之學習機制構面與行政運作、輔導措施、師資培育、國際交流四個構面具顯著正相關，且師資培育、國際交流二構面間亦呈高度正相關。**

依據問卷調查結果顯示，新住民及學校行政人員對新住民及其子女教育政策各構面間之相關係數可知，「行政運作」、「輔導措施」、「師資培育」、「國際交流」四個構面與學習機制（提升學習力）具有顯著相關，且呈高度正相關（.72～.86）。此外，發現「師資培育」、「國際交流」二構面間亦爲高度相關，且相關係數爲全體之次高（.71～.81）。

貳、國際間新住民及其子女教育政策的發展趨勢

1. **民族大熔爐的美國，在新住民及其子女教育上推動了移民教育政策、雙語教育法案及啓蒙教育政策等政策措施。**

焦點團體訪談指出，美國的雙語教育法，他們將本國的語言及母語當作同等的看待，認爲同等的重要，而且編列經費支持，這對新住民雙語言是一項權利，也是一項義務。根據上述相關內容，可以歸結出美國新住民及其子女教育，在重要政策具體的實施上，行政運作有「緊急移民教育法」、「將每個學童帶上來法」，學習機制有「雙語教育法」、「使用適合新住民學童的教材教法」，輔導措施有「關注補償教育」、「家庭親職

教育」，師資培育有「辦理職前與在職訓練」，國際交流有「尊重多元族群文化教育」等。

2. 有「移民天堂」之稱的加拿大，在新住民及其子女教育推動了新移民語言中心、社區本位語言訓練及文化維繫計畫等政策方案。

焦點團體訪談指出，加拿大有一個「接待員的實施方案」，讓新住民家庭及親家家庭進行地主之誼學習，此措施國際交流自然地形成，加拿大這個做法可供我們借鏡參考。加拿大在重要政策具體的實施上，行政運作有「移民安置和適應計畫」、「組成教育機會均等聯盟」，學習機制有「學校的補救教育資源」、「族語教學數十種」，輔導措施有「設立學區接待與安置中心」，師資培育有「設置教育安置員」、「學校教師建立朋友制度」，國際交流有「接待員實施方案推行地主之誼」、「編制多元文化聯絡員」等。

3. 語言學習是融入社會優先機制的日本政府，認爲協助新住民學習語言及生活適應是非常重要的移民教育政策。

焦點團體訪談指出，日本設有日語指導的教員，一對一的教員指導新住民，是一種個別教學，新住民認爲此措施覺得溫馨。在重要政策具體的實施上，行政運作有「教育支援體系調查研究」，學習機制有「日語教學指導體制」、「課程教材研發」，輔導措施有「人力資源開發」，師資培育有「日語指導員教師編制」、「教師進修研習」，國際交流有「制定多文化共生政策」等。除此之外，日本文部科學省爲了讓外國學童能順利適應學校的學習及生活，開發了JSL課程（做爲第二語言的日語教育）等政策。JSL課程是一套相當優良的課程，値得國內借鏡。

4. 掌管新住民家庭及子女教育事宜的韓國教育部，全力推動符合個人需求的多文化家庭學生教育支援方案。

焦點團體訪談指出，韓國建置了明日的終身學習卡，特別支持新住民朋友的人力資源開發，從這個卡裡面生涯學習全都錄，新住民做了多少的學習時數，將來就業時可以相對的使用到，韓國學以致用的做法値得借鏡。韓國除了改善多文化家庭子女的學習困難外，也強化其雙重語言與多文化的優勢，並且開始針對一般韓國人，進行多文化理解和宣導教育；提出所謂「以學生為中心」的個別化多文化教育，符合每個人需求的「需求導向教育」，則是我國未來推動新住民及其子女教育政策時值得借鏡的部分。

5. **特別重視多元文化與族群融合政策的新加坡，在學校及社區的整合上，以降低國內各種族之間的隔閡與差異。**

焦點團體訪談指出，新加坡有很多外來的族群，特別強調文化的底蘊，其新住民同鄉會做得很棒，作者認為政府可以提供新住民這樣的一個機會和基地，在這個基地能組織聚會、紓解鄉情的寄託，也能辦理自主學習活動。在社區的整合上，新加坡在一般國民居住的「組屋政策」，政府有意的將不同種族的國民混住同一社區中，以增進各種族間的相互了解。而在大量的新住民輔導照顧做法上則是由基層力量為新住民提供生活協助，透過社區及民間社團的力量，鼓勵移民參與社區活動，因此不同族群的同鄉會或民間社團等自發性組織相對健全，可以提供相當大的支持與協助。

參、我國新住民及其子女教育政策的經營策略

1. **行政運作重視政策下的利害關係人對於議題的詮釋、對話與期待，其經營策略為政策資訊對稱化及整合服務資源網絡。**

首先，政策資訊對稱化，政府提供新住民多國語言「生活手冊」，手冊功能有如旅遊手冊的規格創新；公告多國語言「諮詢專線」及「求助專線」，專線電話紀錄可做為政策規劃重要參據；建置新住民廣電及報章媒體，以新住民及其家庭為閱聽人；建置多國語言新住民網站，含新住民互動式設計功能。再者，整合服務資源網絡，財力資源整合方面為求更好，建議增列訪評特優者經費補助之機制；網路資源整合方面，設置單一入口

全國新住民資源網站；組織資源整合方面，含機關學校及第三部門之垂直與水平整合。

2. **學習機制著重家庭成員支持新住民學習，進而新住民指導子女課業與母語，其經營策略爲華語精進與文化調適，及其母語傳承與新課綱教材研發。**

首先，華語精進與文化調適方面，應賡續促進新住民「聽—說—讀—寫」之間的融通能力；協助新住民組織「自主學習團體」及「成長支持團體」；在法令與政策上，建置新住民「終身學習機構」。再者，母語傳承與新課綱教材研發方面，規劃新住民子女「母語活化課程」，以生活題材、會話教材、說聽學習爲主；建議在境外實地編寫之教科書編成教材課本，並非將華語統一編寫後再翻譯成各國語文。

3. **輔導措施應以階段性照顧輔導方案爲考量，並以一個世代爲原則，其經營策略以生活適應輔導爲先和家庭親職輔導爲要。**

首先，生活適應輔導方面，政府提供新住民生活適應輔導之政策規劃，以「一世代」爲原則；生活適應之輔導措施，以移民年數、適應階段爲對應輔導措施；輔導新住民「自我認同」、「心理歸屬」，以沙拉盤式爲政策思量。再者，家庭親職輔導方面，落實家庭教育法第二條各款；求助補助經費後之接受「家庭關懷訪視」應納入政策執行；三合一就業服務：「職業訓練」、「創業輔導」與「貸款優惠」具有政策優先性。

4. **將多元文化及新住民語文師資納入現有師資培育體系中，其經營策略爲儲備新住民語文專業師資及多元化師資培育。**

首先，儲備新住民語文專業師資之課程應包括「華語學分」、「教學學分」、「實習學分」、「班級經營學分」等；補足新住民至大學程度之「學分課程」；建立新住民師資「教學社群」協助課程計畫；穩定新住民師資以準專任或準續聘任用。再者，多元化師資培育方面，華語文師資包括教外籍生之「華語文臺師培訓」、「華語文外師培訓」；新住民語文師資包括教新住民語文之「臺師培訓」、「外師培訓」；另外，我國的多元文化師資及以新住民爲主的多元文化師資培育亦應重視。

5. **國際交流強調培養學生面對跨國不同文化能有尊重與包容、理解與欣賞的態度，其經營策略爲一般性的政策支持及特色性的政策推動。**

首先，一般性的政策支持方面，國際交流、多元文化教育政策，建議以所有學生爲對象，納入非新住民的學生；國際交流教育政策應給予經費和人力的支持，提高學校行政意願程度。再者，特色性的政策推動方面，新住民及其子女之「學歷及證照」平行採認且雙向交流，促進跨國人力資本可攜性；廣邀新住民雙方親家旅臺住臺之東南亞懇親大會，促進國際移動的學習機會；獎勵東南亞文創產業包括「美食」、「美衣」、「技藝」等，促進跨國產業交流。這些措施的交集越大，國際移動能力就越強。

第十九章
建議

壹、對政府教育主管機關之建議

1. 落實新住民及其子女相關教育法規與寬列國際文教經費，以營造關懷多元群族的行政支持力。
2. 設置全國性單一窗口便捷服務網絡，建立新住民及其子女教育政策資源及資訊整合機制，以及政府與民間充分合作的模式。
3. 發展多元文化師資及新住民語文專業師資認證系統，確保師資素質及穩定師資留任，以強化教學力。
4. 重視新住民終身學習機構課程規劃，其政策的觀點應從福利取向到學習取向，再到核心能力取向。

貳、對學校及行政人員之建議

1. 學校爲新住民及其子女發展適應力的基地，避免被標籤化，營造友善尊重的校園環境。
2. 強化各項關懷課程之實施，辦理學習體驗增能活動，引導學生發揮優勢能力，以提升關鍵學習力。
3. 激勵多元文化師資及東南亞語文教師專業作爲與獎勵措施，精進創新課程與教學，以期保障新住民及其子女學習權益。
4. 教學支援教師應重視教材解析及課程計畫的重要性，兼顧雙語言與雙文化的內涵，激發學習潛能與自信。

參、對新住民及其家庭之建議

1. 兼顧親職教育功能、親子互動與就業需求，建立新住民及其子女溫馨和諧的家庭環境。
2. 接受政府補助的學習經費固然需要，但仍要著重家庭支持新住民學習，進而促成家庭成員全面進入學習狀態。
3. 提升新住民子女自尊自信，鼓勵教導其原生國之語言及文化，善用其資源性優勢，培養寬廣視野的國際移動力。
4. 增加新住民家庭與社區接觸的機會，拓展生活廣度與深度，貢獻新住民意見，培養公民參與與人際溝通能力。

附錄

附錄一

新北市新住民語文輔導團設置要點

一、新北市政府（以下簡稱本府）為建構並完善新住民語文課程發展與教學輔導體系，落實課綱——新住民語文教育，有效提升教學品質，特設置新北市政府新住民語文輔導團（以下簡稱本團），並訂定本要點。

二、本團核心理念：

㈠多元：傳承語言文化，發揮多元特色。

㈡自信：激勵新民師培，提升族群自信。

㈢專業：深耕新民語文，引領專業教學。

㈣創新：開拓國際理解，創新課程思維。

三、本團工作目標：

㈠建立新民語文資源，豐富領域教學內涵。

㈡激勵教師服務自信，增進課堂教學效果。

㈢輔導教師研究進修，落實教學輔導政策。

㈣研發創新課程策略，活絡新民語文教學。

四、本團工作項目：

㈠建置新住民語文教師人力資源庫，研發有效之教材、教具及教學方法。

㈡規劃新住民語文基本能力檢核工具之發展與施測工作，建立本市課程與教學資源庫。

(三)辦理教學演示、訪視評鑑、諮詢對話等教學輔導工作。
(四)辦理教師研習、專題研討、發表研究報告及編製新住民語文優秀教案，提供教師參酌使用。
(五)建置充實新住民語文教學輔導網站：
1. 開設教學討論區，供教師分享教學心得或研討教學疑難問題。
2. 蒐集並上傳新住民語文教學資源，提供教師分享運用。
(六)發掘教學優良教師，推廣其教學方法與事蹟，並出版教師優良研究作品教學參考書籍。
(七)實施新住民語文教育調查研究，分析教學現況及問題，研討及反映對策，提供教育行政決策之參考。
(八)代表參加中央及地方新住民語文政策研討、會議或研習等活動。

五、本團組織架構：

(一)團長：由本府教育局（以下簡稱本局）局長兼任，綜理團務。
(二)副團長：由本局副局長兼任，襄理團務。
(三)總幹事：由本局新住民文教輔導科（以下簡稱新住民科）科長擔任，負責本市各高國中小學之教學輔導業務。
(四)聘任督學：由團長指派具備課程專業領導能力之教育人員擔任，協助課程與教學相關政策之策劃與推動。
(五)諮詢顧問小組：由總幹事、聘任督學及具相關專業人員等擔任，研擬課程與教學相關政策。
(六)團務幹事：得調用學校教師或外聘熟稔新住民文教人員擔任，負責協助規劃執行各項教學輔導工作業務。
(七)正、副召集人：由行政事務組（越南組）、繪本圖書組（印尼組）、師資培育組（泰國組）、教材編輯組（緬甸組）、通譯培訓組（柬埔寨組）、團員進修組（馬來西亞組）、昂揚計畫組（菲律賓組）及政策宣講組等組召集學校之校長、主任兼任。

㈧專、兼任輔導員：由高國中小學教師擔任。
㈨各組得設研究員及儲備團員，並聘請專家學者擔任顧問。

六、本團運作方式：

㈠每半年召開至少一次團務會議，訂定團務工作計畫或工作成果報告。各組學校召集人就該組語文教學事項，每季召開至少一次教學研討會議。
㈡輔導方式：
1. 團體輔導：專題演講、分區研討、教學演示、成長團體、通訊輔導、參觀活動、實作研習及教學研究心得分享等。
2. 個別輔導：教學輔導、教學診斷與演示、諮詢輔導及問題座談等。
3. 專案研究：進行新住民語文課程與教學相關研究外，並輔導學校實施教學研討。

㈢到校服務宣導課程政策，了解各校推行現況及困難，研擬解決策略，協助辦理各項課程發展與精進教學之相關事宜。
㈣到校輔導以教學觀摩、相互研討、意見交流及分享心得等多種方式進行，建立良好互動關係，增進教學輔導效果，推展學習型組織之概念，以引導省思、提升教育品質。
㈤辦理教學心得發表及相關教學研討會議，出版教師優良研究作品專輯，並發掘學校教學優良教師，推廣其優良教學方法或事蹟。
㈥結合輔導團及所屬學校、社會資源，成為支援教師教學與專業發展之有效系統，並建置教學資源網站，進行課程設計及教材教法研究，提供教師教學資源、經驗分享、教學諮詢及意見交流之平臺，促進教師專業發展、建立學習社群。
㈦每學年度結束時，各召集學校提出工作成果報告，送交本局參考。

七、本團人員之權利義務：

㈠本團人員由本局依需求遴聘，輔導員透過公開之機制遴選（薦），由本局頒發聘書後任用。每次聘期以二學年爲原則，本局得視其表現情形予以續聘。

㈡團務幹事、專任輔導員等人員，得全時調用支援輔導團工作，所遺課務由所屬學校另聘代理代課教師授課。其休假、休假旅遊補助及不休假獎金等比照學校教師兼行政職務之規定辦理。

㈢輔導員得以全時公假（專任輔導員）或部分時間公假（兼任輔導員）支援方式從事輔導員工作。專任輔導員除固定返校授課外，其授課得以教學演示方式進行；兼任輔導員以每週固定減授課節數二至四節爲原則（採全團至多三十六節，總量管制；但如受到課程無法分割之限制，得彈性調整減課節數），以參與團務運作，團務時間由召集學校發文以公假方式辦理。輔導員減課所遺課務由所屬學校另聘代理代課教師授課。

㈣建立輔導員專業成長培訓制度，並派員參加教育部專業成長培訓課程。

㈤獎勵機制：

1. 每年辦理外埠教育參訪與境外教育參訪，參與團員予以公假派代辦理，並提參訪計畫與成果報告。
2. 每年五月由召集學校依考核計畫進行考評並依相關規定提列獎懲；另訂獎勵制度公開表揚年資屆滿十年之資深優良團員。
3. 擔任輔導團員免兼導師，其擔任輔導團員年資視同導師年資。
4. 工作績效優良者，由本局於年度結束時，從優獎勵；具特殊貢獻者，年度中亦得辦理獎勵。
5. 擔任輔導團員、團務幹事一年以上，參加學校候用校長、候用主任或其他教育人員甄選、遷調時，其年資得比照本市學校兼行政職務之教師採計積分或酌予加分。

八、本團所需經費：由本局編列預算及教育部專款支應。

附錄二

新北市政府教育局新住民語文輔導團組織章程

第一條　新北市政府教育局（以下簡稱本局）為建構並完善新住民語文課程發展與教學輔導體系，落實課綱——新住民語文教育，有效提升教學品質，特設置新住民語文輔導團（以下簡稱本團），並訂定本章程。

第二條　本團工作目標：

一、建立新民語文資源，豐富領域教學內涵；激勵教師服務自信，增進課堂教學效果。

二、輔導教師研究進修，落實教學輔導政策；研發創新課程策略，活絡新民語文教學。

三、辦理本市新住民語文教育之課程規劃、教學研討、師資培訓、輔導諮詢、專案研究、活動執行等事項。

第三條　本團組織架構：

一、置團長1人，由教育局局長兼任，綜理團務；置副團長1人，由副局長兼任，襄助團長綜理團務；總幹事1人，由新住民文教輔導科科長擔任，負責督導團務事宜。

二、置副總幹事2人：由設置新住民教育中心之承辦學校校長兼任，統整各項團務事宜，兼任國際教育推廣組組長及新住民文教推廣組組長。

三、置執行小組組長、副組長、組員，分別掌理下列事務：

㈠組長：各組設1人，負責召集策劃該組年度推展工作。

㈡副組長：各組設1人，協助組長策劃該組年度推展工作。

㈢組員：各組5至10人，負責執行該組年度工作。

第四條　本團執行小組任務：

一、行政事務組（越南組）：負責本團行政事務、全國試教及越南組年度工作，由新住民文教推廣組兼任。

二、繪本圖書組（印尼組）：負責本市新住民教育繪本圖書研發、刊物出版及印尼組年度工作。

三、師資培育組（泰國組）：負責本市新住民教育師資培育之執行及泰國組年度工作。

四、教材編輯組（緬甸組）：負責本市新住民教育教材編輯之執行及緬甸組年度工作。

五、通譯培訓組（菲律賓組）：負責本市新住民教育通譯培訓之執行及菲律賓組年度工作。

六、團員進修組（馬來西亞組）：負責本市新住民教育團員進修之執行及馬來西亞組年度工作。

七、昂揚計畫組（柬埔寨組）：負責本市新住民教育昂揚計畫之執行及柬埔寨組年度工作。

八、政策宣講組：負責本市新住民教育政策宣講之活動行銷與推廣工作。

第五條　本團執行小組工作項目：

一、行政事務（越南語文）：有關本團行政事務、全國試教及越南語文之整合與規劃。

二、繪本圖書（印尼語文）：有關新住民教育繪本圖書及印尼語文課程教材之研發與推展。

三、師資培育（泰國語文）：有關新住民教育師資人才之進修與培訓及泰國語文課程教材之研發與推展。

四、教材編輯（緬甸語文）：有關新住民教育教材編輯工作之輔導與諮詢及緬甸語文課程教材之研發與推展。

五、通譯培訓（菲律賓語文）：有關新住民教育通譯培訓及菲律賓語文課程教材之研發與推展。

六、團員進修（馬來西亞語文）：有關新住民教育團員進修之規劃與執行及馬來西亞語文課程教材之研發與推展。

七、昂揚計畫（柬埔寨語文）：有關新住民教育昂揚計畫之執行及柬埔寨語文課程教材之研發與推展。

八、政策宣講：有關新住民教育政策宣講之規劃與執行。

第六條　本團輔導方式：

一、集體輔導：專題演講、分區研討、教學演示、成長團體、通訊輔導、參觀活動、實作研習及教學研究心得分享等。

二、巡迴輔導：舉辦區域性新住民語文教學觀摩或研習活動。

三、通訊輔導：透過通訊方式，解答行政與教學等疑難問題。

第七條　本團應於每年度開始前，依新住民教育政策需求策定年度計畫，各執行小組依據輔導團年度計畫及推動重點，訂定小組工作計畫，報本局核備；並於每年度末了提出小組工作成果報告。

第八條　本團得就輔導業務需要，聘請教育專家、學者或資深校長擔任諮詢顧問。

第九條　本團人員由本局頒予聘書，採二年一聘制，視團務需要，得以延聘，甄選、聘任辦法由教育局另訂之。

第十條　本團人員均為無給職，於工作進行期間給予公假。

第十一條　本團辦理業務所需經費，由本局按實際需要編列。

第十二條　本團團員輔導績效優良者，依相關規定核予獎勵。

第十三條　本章程自公佈日實施，修正時亦同。

附錄三

新北市108年度新住民語文輔導團組織及運作實施計畫

壹、前言

為尊重人權、多元文化及增進族群關係和諧，並保存與發展成為一種文化的資產，107課綱新住民語文納入課程，將新住民語文增列為國小必修課程。國小階段，每位學生可以依據實際需求，選擇閩南語文、客家語文、原住民族語文或新住民語文等其中一項，每週進行一節課的學習；國民中學／高級中等學校階段將新住民語文列為選修，依學生需求於彈性課程開設。而為了強化母語文課程的延伸成效，在總綱的實施要點中也鼓勵教師在各領域教學時，使用雙語或多語言；並在學校生活中，也鼓勵師生養成使用雙語或多語的習慣。

教育部103年11月28日發布之十二年國民基本教育課程綱要總綱，原定自107學年度，依照不同教育階段（國民小學、國民中學及高級中等學校一年級起）逐年實施，目前修正為自108學年度，依照不同教育階段逐年實施。職是之故，新北團隊（新北市政府及新住民文教推廣組）扮演領頭羊角色，不畏時間緊迫，接受教育部委託編纂新住民語文學習教材，期藉由新北十年經驗，進行教材研發與試教歷程，修正教材內容，確保新住民語文學習品質，以落實十二年國民基本教育「成就每一個孩子」的願景；本課程不僅可提供新住民子女傳承新住民原生國之語文學習，亦可拓展臺灣各族群修習新住民語文的環境。

有鑑於東南亞新住民語文的學習將於108學年度正式列為中小學生學習的領域，是國內過去未曾有過的經驗，因此除必須鼓勵對新住民語文教學有興趣及有能力之中小學教師投入教學外，另須培訓教學支援教師投入教學。由於東南亞新住民語文教學為新的教學領域，為增進學生學習成效，教師對於新住民語文相關的課程與教學都有待精進學習，以便擔任授課之教師能熟練各項教學方法、技巧與策略，熟悉班級經營與學生輔導管教的策略。此外，應輔導學校教師透過領域會議、年級或年段會議，或是自發組成的校內、跨校或跨領域的專業學習社群，進行共同備課、教學觀察與回饋、研發課程與教材、參加工作坊、安排專題講座、實地參訪、課堂教學研究、公開分享與交流等多元專業發展活動，以便讓任課教師具備足夠教學知能，進行有效的教學。因此乃成立「新住民語文（課程與教學）輔導團」進行各項的輔導活動。

貳、計畫依據

一、教育部國民及學前教育署新住民語文課程與教學中央輔導團運作計畫（2017-2018）。

二、新北市推動多元文化教育行動方案（2014-2017）。

三、新北市政府新住民語文輔導團設置要點。

參、計畫目的

一、宣導教育部國民及學前教育署新住民語文課程與教學相關政策，輔導所屬學校落實辦理新住民語文課程與教學工作。

二、籌組新住民語文課程與教學輔導團隊，規劃新住民語文課程與教材，提供新住民語文教學支援人員及學校教師參考運用，以提升新住民語文課程與教學之品質。

三、輔導新住民語文教學支援人員及學校教師精進新住民語文課程與教學之專業知能，增進其教學與輔導效能。

四、建構橫向連結平臺，強化新住民語文課程與教學支持網絡、資源整合並促進相關專業社群發展。

肆、辦理單位

一、主辦單位：新北市政府教育局。

二、承辦單位：新北市新店區北新國民小學。

三、協辦單位：新北市新住民語文輔導團新住民文教推廣組學校。

伍、組織架構

一、團長：由新北市教育局（以下簡稱本局）局長擔任，統籌並督導團務工作進行。

二、副團長：由新北市教育局副局長擔任，襄助團長並整合相關資源以推動團務。

三、主任秘書：由本局新住民文教輔導科（以下簡稱新住民科）科長擔任，襄助團長、副團長並規劃與協調團務工作。

四、諮詢顧問：遴聘新住民語文教學學者專家、中小學優秀校長、教師及資深優秀新住民語文教學支援人員若干名，擔任諮詢顧問，針對新住民語文課程與教學輔導團工作規劃與執行，提供相關專業之建議。。

五、總幹事：設置新住民語文教育資源中心學校校長擔任，綜理各項團務事宜。

六、輔導團分組：下設行政事務組（越南組）兼新住民文教推廣組、繪本圖書組（印尼組）、師資培育組（泰國組）、教材編輯組（緬甸組）、通譯培訓組（菲律賓組）、團員進修組（馬來西亞組）、昂揚計畫組（柬埔寨組）及政策宣講組（兼國際教育推廣組）等八小組，各小組置召集人一人，副召集人一人，由本局遴聘校長兼任；各小組團員若干人，由本局及召集人共同遴聘學有專精者擔任，執行輔導團工作。

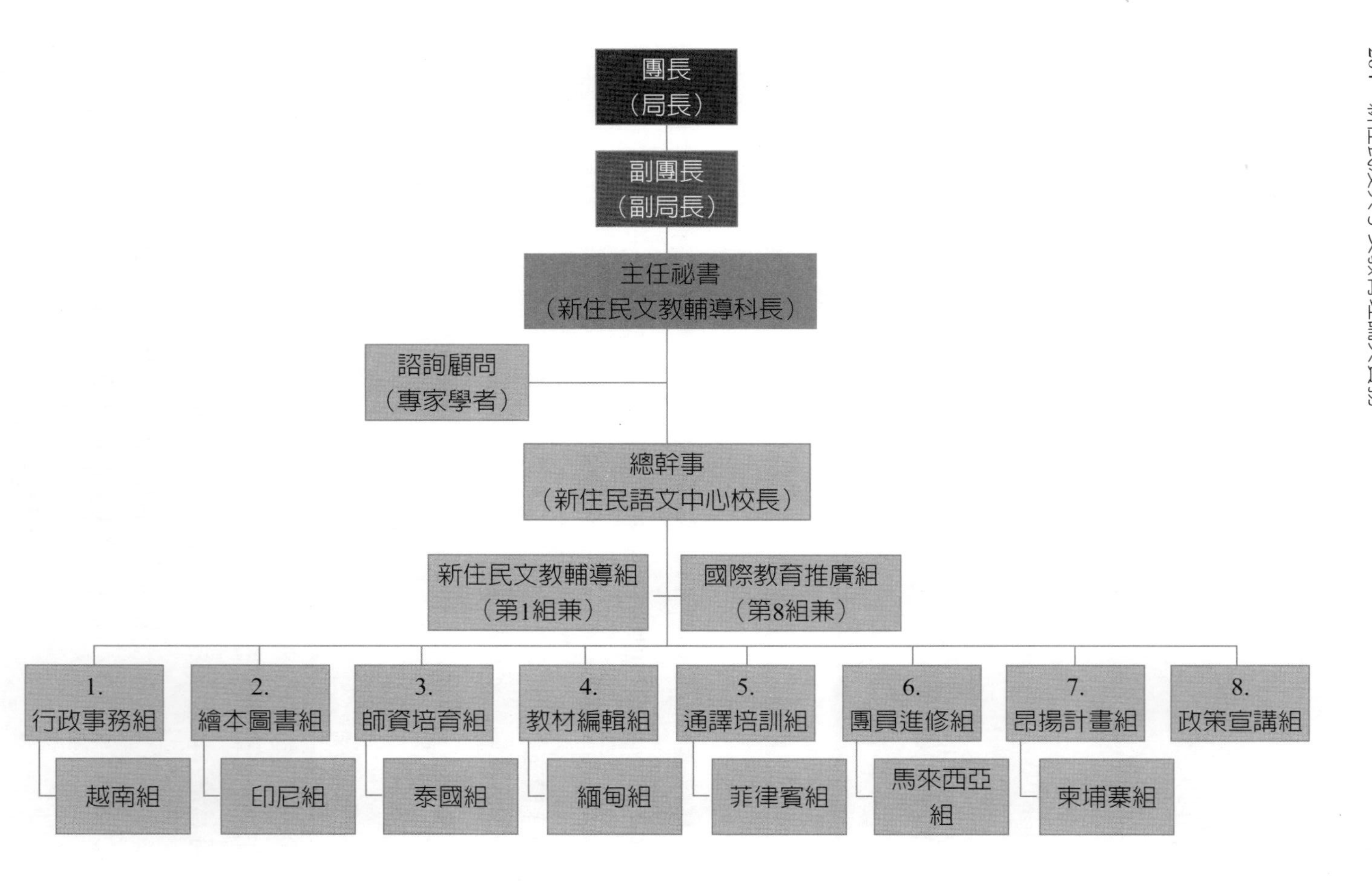

團長
（局長）
副團長
（副局長）
主任祕書
（新住民文教輔導科長）
諮詢顧問
（專家學者）
總幹事
（新住民語文中心校長）
新住民文教輔導組
（第1組兼）
國際教育推廣組
（第8組兼）
1.
行政事務組
2.
繪本圖書組
3.
師資培育組
4.
教材編輯組
5.
通譯培訓組
6.
團員進修組
7.
昂揚計畫組
8.
政策宣講組
越南組
印尼組
泰國組
緬甸組
菲律賓組
馬來西亞組
柬埔寨組

陸、組織運作方式

一、輔導團任務

㈠配合本市國際教育及多元文化教育政策，規劃年度工作重點。

㈡研發新住民語文課程教材，規劃母語學習研習營及社團，推廣國際教育及多元文化教學媒材，提供教師運用。

㈢發展新住民語文議題融入課程教學模式，研編國際理解課程補充教材。

㈣運作新住民語文教師專業發展社群，辦理增能工作坊，增進教師課程研發與教學實作知能。

㈤維護國際教育及多元文化學習網站資訊，分享新住民語文課程教材知能及研習活動資訊。

㈥辦理各國文物展覽、多元文化體驗與認識、國際教育研習與活動、國際文教月活動及國際教育成果展。

二、輔導團運作

㈠依據教育部及新北市政府教育局相關政策或任務賦予，訂定學年度工作計畫，提出期末工作成果報告，並定期檢討輔導團運作執行績效。

㈡採部分時間方式至學校進行支援服務，並辦理分區交流活動，傳達新住民語文課程與教學政策，並適時反映各校推行困難處，研提解決策略。

㈢協助教育部及新北市政府教育局辦理各項新住民語文課程與教學相關業務及研習。

㈣提供教師及相關人員教學資源、經驗分享、研討互助、教學或行政運作問題諮詢及意見交流。

㈤爲利團務運作及連繫協調，各小組每年應訂定年度工作計畫，定期召開工作會議，討論工作執行情形。

㈥本團每半年至少應召開一次新住民語文課程與教學輔導團各組之橫向連繫會議，強化新住民語文課程與教學輔導團各項業務之推展。

柒、實施項目及期程

項次	實施項目及期程（月份）	1	2	3	4	5	6	7	8	9	10	11	12	備註
1	研擬年度計畫	◎	◎											
2	工作小組會議	◎	◎	◎	◎	◎	◎	◎	◎	◎	◎	◎	◎	定期召開
3	學習教材編輯	◎	◎	◎	◎	◎	◎	◎	◎	◎	◎	◎	◎	（7語各12冊）
4	教支師資培訓				◎	◎	◎			◎	◎	◎		初階、中階、進階、高階研習與認證
5	通譯人員培訓										◎			
6	共備社群運作	◎	◎	◎	◎	◎	◎	◎	◎	◎	◎	◎	◎	
7	教育政策宣講								◎	◎	◎			校長、主任、組長
8	建置人才資料	◎	◎	◎	◎	◎	◎	◎	◎	◎	◎	◎	◎	經常性
9	協助昂揚計畫							◎	◎					暑假期間
10	團員進修研習		◎		◎		◎		◎		◎		◎	定期辦理

捌、運作與輔導（108年度）

項次	組別	組長	組員	工作內容
0	顧問組	李慧馨	張壽松	新住民語文諮詢：阮蓮香（越）、張慧芳（印）、匡春芝（泰）、葉影擬（緬）、孫秀麗（柬）、賴愛仁（菲）、吳振南（馬）

項次	組別	組長	組員	工作內容
1	行政服務組	曾秀珠	施惠珍 陳雯宜 黃秉勝 洪珮華 林益聖	1. 七語專家學者諮詢 2. 公開甄選簡章範例 3. 聯合共聘（甄審委員會） 4. 課程計畫審查作業 5. 輔導團員專業成長 6. 多元文化教育研習 7. 參訪交流
2	師資培訓組	馬曉蓁	吳瑞文 程瑞源 彭麗琴 劉秀媛	1. 教支人員資格班（部款） 2. 教支人員進階班（部款） 3. 教支人員回流班（部款） 4. 教支人員增能班—市級（市府自辦） 5. 教支人員共備社群 6. 通譯培訓
3	課程教材研發組	歐亞美	蕭惠文 林淑玲 梁蓉清 黃湘玲	1. 教材編輯、試教與修正 2. 課程計畫範例撰寫 3. 教案甄選 4. 補充教材 5. 素養導向活動設計與多元評量 6. 新住民語文資源中心創用CC圖片授權 7. 出版品發行
4	教學輔導組	張錦霞	陳淨怡 王淑玲 林綺琴	1. 教支人員職前講習 2. 增能班（市府自辦）—區級，九大分區調訓（結合市級公開授課） 3. 三級制教支人員支持輔導系統 第一級：校內教學指導教師 第二級：分區輔導員 第三級：市級專家學者 4. 輔導團員到校訪視 5. 教支人員共備社群
5	活動行銷組	宋宏璋	徐淳鈴	1. 輔導團網站 2. 媒體連繫 3. 輔導團公關行銷

項次	組別	組長	組員	工作內容
6	國中組	許淑貞	林真真 劉惠蘭	1. 行政服務 2. 課程教材研發 3. 教學輔導 4. 活動行銷

玖、獎勵

一、依據「新北市政府所屬各級學校及幼兒園辦理教師敘獎處理原則」附表第29項第1款，借調至輔導團教師，服務成績優良，每滿一年嘉獎二次，由本局統一簽核；另辦理各項輔導團業務績效優良者，依據前開處理原則附表第29項第3款，每滿一年工作人員嘉獎二次，以五人爲限，含召集人記功一次。餘各子項計畫業務敘獎另專案辦理。

二、本團團員得比照「新北市政府教育局國民教育輔導團設置及運作要點」第七點第三項之規定，輔導團員參加候用校長及主任甄選時，其年資得比照兼任主任職務採計積分或酌予加分，採計標準以當年度簡章爲主。

拾、經費

依「新北市政府教育局補助及委辦經費核撥結報作業要點」辦理請款及結案等相關事宜。本計畫經費。

拾壹、本計畫經新北市政府教育局核定後實施，修正時亦同。

附錄四

新北市北新國小多元文化繪本課程實施計畫

一、實施期程：106年4月至6月（計13個星期）

二、實施時間：每日晨間08時至08時30分（或延長）

三、實施地點：北新附幼教室及穿堂

四、實施內容：新北市多元文化繪本及相關補充教材

五、實施計畫：行事曆

週次	日期	繪本主題	實施方式	幼生產出	備註
第08週	4/03-4/07	多元文化	起始活動		籌備週
第09週	4/10-4/14	閩南文化	說故事	口頭回答	介入前熱身
第10週	4/17-4/21	客家文化	看影片	畫畫	學習單
第11週	4/24-4/28	原住民文化	參訪	角色扮演	新和國小原民館
第12週	5/01-5/05	大陸文化	演故事	咬文嚼字	大陸影視
第13週	5/08-5/12	印尼語言	聽的活動	辨別遊戲	錄音帶
第14週	5/15-5/19	泰國文化	故事繪本講述、故事CD聆聽、影片欣賞、遊戲體驗	口頭回答	行為表現
第15週	5/22-5/26	日本文化	和服展示、其餘同上	口頭回答	行為表現
第16週	5/29-6/03	原住民文化	故事繪本講述、故事CD聆聽、影片欣賞、原民舞蹈體驗、傳統服裝展示、麻糬品嘗	口頭回答	行為表現

週次	日期	繪本主題	實施方式	幼生產出	備註
第17週	6/05-6/09	日本語言	聽的活動	辨別遊戲	5/29、5/30放假
第18週	6/12-6/16	日本文化	禮節整潔	行為表現	日劇
第19週	6/19-6/23	緬甸語言	聽的活動	辨別遊戲	畢業週
第20週	6/26-6/30	越南文化	故事繪本講述、故事CD聆聽、影片欣賞、越南麵包品嘗	口頭回答	行為表現

六、研究前會議：106年4月25日（五）下午4:30舉開。

七、研究中會議：106年5月至6月（每週三擇時）

八、本計畫經園務會議呈請校長核可後實施，修正時亦同。

參考文獻

中文

John, B. R.著，黃丘隆譯（1990）。正義論。臺北市：結構群。

Patrica G. Ramsey著，朱漢澤（2005）。多元世界的教與學。臺北市：心理。

Reamer, F. G.著，包承恩、王永慈、郭瓈灩、鍾曉慧譯（2000）。社會工作價值與倫理。臺北市：洪葉。

丁一顧（2011）。教師專業學習社群與教師集體效能感關係模式驗證之研究。屏東教育大學學報，37，1-25。

干學平、黃春興（1991）。荀子的正義理論。載於戴華、鄭曉時（主編），正義及其相關問題。臺北市：中央研究院中山人文社會科學研究所。

今井正明（2013）。改善：日本企業成功的奧妙（Kaizen: The Key to Japans Competitive Success），機械工業出版社。

內政部移民署（2015）。104年度補助地方政府辦理外籍配偶生活適應輔導成果報告。2017年1月2日，取自：http://www.immigration.gov.tw/lp.asp?ctNode=31540&CtUnit=17111&BaseDSD=7&mp=1

內政部移民署（2017）。新住民發展基金。2017年1月24日，取自：http://www.immigration.gov.tw/mp.asp?mp=1

王家通（1993）。教育機會均等狀況調查報告。南投縣：臺灣省政府教育廳印行。

王崇名（1996）。西方之社會正義的法社會學理解——由黑格爾、馬克思與韋伯比較反省之。思與言，34(4)，33-68。

江雪齡（1997）。多元文化教育。臺北：師大書苑。

伍振鷟、林逢棋、黃坤錦、蘇永明（2010）。教育哲學。臺北市：五南。

牟中原、汪幼絨（1997）。原住民教育。臺北市：師大書苑。

佐藤學（2013）。我看「學習共同體」在臺灣的普及歷程。臺北市：天下雜誌。

吳順火（2018）。107-108年度新北市新住民語文教學支援人員共備社群實施計畫。新北市：教育局。

呂宗學（1998）。公共衛生的正義觀：市場正義VS.社會正義。醫望，27，89-92

呂宗麟（1995）。論民生主義中的社會正義內涵一從分配正義與交換正義層面思考。世界新聞傳播學院人文學報，3，27-40。

巫有鎰（2003）。新右教改潮流對教育機會均等的衝擊。屏東師院學報，18，437-458。
汪妮箴（2010）。運用繪本進行族群教學之行動研究——以國小二年級為例。國立臺中教育大學社會科教育學系碩士班碩士論文，未出版，臺中市。
沈　六（1993）。多元文化教育的意識型態與理掄。載於中國教育學會（編）：多元文化教育（頁47-70）。臺北市：臺灣書店。
周麗瑞等（2013）。親職教育。新北市：國立空中大學。
林文達（1983）。教育機會公平性之研究。政治大學學報，48，87-115。
林火旺（1998）。族群差異與社會正義。哲學評論，21，270-294。
林火旺（2004）。倫理學。臺北市：五南。
林本炫（1996）。教育資源分配與社會正義。國家政策雙週刊，132，6-8。
林秀兒（2010）。多元文化小說。新北市：教育局。
林清江（1997）。多元文化教育與教育改革。國立臺灣師範大學教育學系主編「多元文化教育的理論與實際」國際學術研討會論文集，24-31。
林進材（1999）。教學理論與方法。臺北市：五南。
師資培育及藝術教育司（2017）。因應新課綱實施教育部規劃師資配套。教育部中小學師資課程教學與評量協作中心，1。
張如莉（2012）。多元文化繪本教學活動之探究——以國小低年級為例。東海大學教育研究所碩士論文，未出版，臺中市。
張建成（2007）。獨石與巨傘——多元文化主義的過與不及。教育研究集刊，53(2)，103-127。
張春興、林清山（1987）。教育心理學。臺北市：東華。
張淑媚（2016）。評析德國改革教育學者P. Petresen耶拿計畫學校的理論與實踐。教育研究集刊，62(2)，35-65。
張逸超、蔡素琴、陳韻如（2011）。同儕教師透過教師專業發展評鑑相互成長的歷程之行動研究——以統計之相關係數教學為例，南湖學報，2，13-40。
張德銳、王淑珍（2010）。教師專業學習社群在教學輔導教師制度中的發展與實踐。臺北市立教育大學學報，41(1)，61-90。
教育部（2018）。十二年國民基本教育課程綱要國民中小學語文領域——新住民語文。臺北市：教育部。
教育部（2017）。新住民子女就讀國中小人數分布概況統計（105學年度）。臺北市：教育部。
教育部國教署（2017）。教育部積極展開國中小新住民語文教材之研發與試教工作。教育部中小學師資課程教學與評量協作中心，1。
教育部國民及學前教育署（2018）。國民中小學開設新住民語文選修課程應注意事項。臺北市：教育部。
莫天虎（2016）。新住民施政成果及展望。2017年1月2日，取自：https://www.slideshare.net/OpenMic1/20160218
郭生玉（1990）。心理與教育研究法（九版）。臺北市：精華。
郭為藩等（1986）。教育機會均等理想的實踐。理論與政策，創刊號，29-39。
陳如意（2009）。臺北縣國民小學教師學習社群之研究。國立臺北教育大學教育政策與管理研究所碩士論文，未出版，臺北市。
陳宜中（2004）。社會正義vs.市場正義：論自由主義思想裡的兩種正義觀點。載於張世雄（主編），社會正義與全球化：福利與自由主義的反思。臺北：桂冠圖書公司，67-99。
陳枝烈（2010）。多元族群城市的教育實踐。城市發展，10，8-23。
陳奎憙（1991）。教育社會學研究。臺北市：師大書苑。
陳美如（2000）。多元文化課程的理念與實踐。臺北：師大書苑。
陳培真（2001）。情境教學法（Teaching Method）。取自http://content.edu.tw/senior/english/tp_tt/teachmethod/situationallanguageteaching.htm
國家圖書館（2018）。臺灣博碩士論文知識加值系統。2018年7月1日取自https://ndltd.ncl.edu.tw/cgi-bin/gs32/gsweb.cgi/login?o=dwebmge
曾秀珠（2017）。我國新住民及其子女教育方案實施之研究。國立臺北教育大學教育學院經營與管理學系博士論文，未出版，臺北市。
舒兆民（2002）。網路華語語體及文化課程教學設計。國立臺灣師範大學華語文教學研究所碩士論文，未出版，臺北市。
黃　天（2005）。教育綜合科目。臺北：考用。
黃光雄、楊龍立（2004）。課程發展與設計：理念與實作。臺北：師大書苑。
黃昆輝（1978）。我國大學入學考試報考者與錄取者家庭社經背景之比較分析。國立臺灣師範大學教育所究集刊，20，149-326。
黃森泉（2000）。原住民教育之理論與實務。臺北市：揚智。
黃儒傑（2000）。教育機會均等與社會正義。教師之友，41(3)，13-19。
經濟部國際貿易局（2016）。新南向政策綱領。2019年12月1日取自新南向政策專網。https://newsouthboundpolicy.trade.gov.tw/
新北市政府教育局（2017）。106年度新北市新住民語文教學資源中心設置計畫。新北市：教育局。

新北市政府教育局（2018）。越南及印尼電子圖書資料庫。2018年4月14日，取自：https://www.international-education.ntpc.edu.tw/ischool/publish_page/209/?cid=15873

新北市政府教育局（2018）。新北市107年度新住民語文教學支援人員共備社群公開授課研習手冊。新北市：教育局。

楊　瑩（1994）。教育機會均等：教育社會學的探究。臺北：師大書苑。

鄔昆如（1991）。柏拉圖理想國的正義概念及其現代意義。載於戴華、鄭曉時（主編）：正義及相關問題。臺北市：中央研究院中山人文社會科學研究所，9-30。

葉乃靜（2012）。典範轉移。載於國家教育研究院辭書。臺北市：教育部。

維基百科（2017）。臺灣人口。2017年4月24日，取自：https://zh.wikipedia.org/zh-tw/%E8%87%BA%E7%81%A3%E4%BA%BA%E5%8F%A3

劉美慧（2001）。多元文化教育的基本概念與歷史發展（1-19）。載於譚光鼎等（合著）：多元文化教育。臺北：國立空中大學。

歐亞美（2016）。迎向107年新住民語文領域課程綱要及其教材教法研發。臺灣教育評論月刊，5（9），66-76。

歐亞美（2017）。十二年國民基本教育課程綱要——新住民語文教材編輯架構與方向。新北市：教育局。

蔡祈賢（1994）。平等思想與我國教育機會均等政策。臺北市：五南。

鄭崇趁（1991）。教育與輔導的發展取向。臺北市：心理。

鄭崇趁（2012）。教育經營學：六說、七略、八要。臺北市：心理。

謝美慧（2001）。教育政策評估理論之研究——以北高兩市幼兒教育券政策為例。國立臺灣師範大學教育研究所博士論文，未出版，臺北市。

謝維和（2002）。教育社會學。臺北：五南。

譚光鼎（2002）。臺灣原住民教育——從廢墟到重建。臺北市：師大書苑。

蘇啓明（2000）。詮釋、溝通、共享——博物館展示原理與實踐。載於黃光男（主編），博物館之營運與實務–以國立歷史博物館為例（72-88）。臺北市：國立歷史新住民語文教育資源中心。

龔詩鈴（2015）。以繪本進行低年級多元文化教育之行動研究。國立臺北教育大學社會與區域發展學系碩士班碩士論文，未出版，臺北市。

英文

Annis, S. (1986). The museum as a staging ground for symbolic action. *Museum Interna-*

tional, 38(3), Pp.168-171.

Banks, J. A. (1993). Multicultural Education: Characteristics and Goals. In Banks, J. A. and Banks & C. A. M. Banks (Ed.), *Multicultural Education: Issues and Perspectives*(2th ed.).(pp.1-27). Boston: Allyn and Bacon.

Banks, J., & Banks, C. A. (Eds.).(1989). *Multicultural education: Issues and perspectives*. Boston: Allyn and Bacon.

Baruth, L. G., & Manning , M. L. (1992). *Multicultural education of children and adolescents*. Boston, MA: Allyn and Bacon.

Bennett, C. T. (1990). *Comprehensive Multicultural Education : Theory and practice*. Boston: Allyn & Bacon.

Coleman, J. S. (1990). *Equality and achievement in education*. Boulder, CO: Westview.

Cribb, A., & Gewirtz, S. (2003). Towards a sociology of just practices: An analysis of plural conceptions of justice. In C. Vincent(Ed.), *Social justice education andidentity*(pp.15-29). NY: Routledge Falmer.

Florida State University. (2002). *Instruction at FSU: A guide to teaching and learning practices* (4th ed.). Tallahassee, FL: Florida State University.

Gamarnikow, E., & Green, A. (2003). Social justice, identity formation and social capital: School diversification policy under New Labour. In C. Vincent(Ed .), *Social justice, education and identity*(pp.209-223). London: Routledge Falmer.

Genesee, F. (1987). *Learning through two languages: Studies of immersion and bilingual education*. Rowley, MA: Newbury House.

Gollnick, D. M., & Chinn, P. C. (1994). *Multicultural education in pluralistic society*(4th). NY: Macmilla College Publishing Company.

Killian, C. (2002). Culture on the weekend: Mighrebin wop-ien's adaptation in France. *The International Journal of Sociology and Social Policy, 22*(1-3), 75-105.

Lunenburg , F. C., & Ornstein, A. C. (2000). *Educational administration: Concepts and practices*(3rd). Stamford, CT: Thomson Leaming.

Martel, L. D. (1980). *The ilinerary of the concept "Equal Education Opportunity"*. Search from ERJC Document Reproduction Service No. ED 208097.

Maslow, AH (1943). *A Theory of Human Motivation*. Psychological Review, 50, 376-396.

Matthews, L. J., & Crow, G. M. (2010). *The principalship: New roles in a professional learning community*. Upper Saddle River, NJ: Pearson.

McGary, H. M. (1993). Social Justice and Public Policy. In R. Mier(Ed.), *Social justice and local development policy*(pp.22-26). Newbury Par, CA: Sage.

McKeachie, W. J., & Svinicki, M. (2006). *McKeachie's teaching tips: Strategies, research, and theory for college and university teachers* (12th ed.). Boston: Houghton Mifflin.

Pemberton, S. M. (1974). *Federal concern for equality of education opportunity Some historical indications* (3-35). Retrieved September 12, 2004, Search from ERIC Document Reproduction Service No. El 20313.

Placier, M., Hall, P. M., Mckendall, S. B., & Cockrell, K. S. (2000). Policy as the transformation of intentions: Making multicultural education policy.

Prestridge, S. (2009). Teachers' in professional development activity that supports change in their ICT pedagogical beliefs and practices. *Teacher Development*, *13*(1), 43-55.

Rawls, J. (1971). *A theory of justice*. Bsoton, MA: Havard University.

Reiss, M. J. (2003). Science education for social justice, In C.Vincent, ed.: *Social justice, education and identity*, pp.151-184. London : Routledge Falmer.

Roberts, M. S., & Pruitt Z. E. (2003). *School as professional learning communities :Collaborative & activities and strategies for professional development.* Thousand Oaks, California: Corwin Press Inc.

Rogers, C. R. (1961). *On becoming a person-A therapist's view of psychotherapy*. Boston, MA: Houghton Mifflin.

Saylor, T. G., Alexander, W. M., & Lewis, A. J. (1981). *Curriculum planning for better teaching and learning* (4th ed.). New York: Holt, Rinehart and Winston.

Scott, W. A. & Ytreberg, L. H. (1990). *Teaching English to Children*. London: Longman.

Stanford University. (2004). *An introductory handbook: For faculty, academic staff, and teaching assistants*. Stanford, FL: Stanford University.

Stratemeyer, F. B., Forkner, H. L., & Mckim, M. G. (1950). *Developing a Curriculum for Modern Living*. New York: Bureau of Publications.

Stufflebeam, D. L.(1983). The CIPP model for program evaluation. In G. F. Madaus, M.S. Scriven & D. L. Stufflebeam(eds.), *Evaluation models: viewpoints on educational and human services evaluation.* 117-141. Boston: Kluwer-Nijhoff Publising.

Taba, H. (1962). *Curriculum development*. New York: Harcourt.

Thomas, W. I. (2010). *Social Theory: The Multicultural and Classical Readings*. 4th ed. Boulder, CO: Westview Press.

國家圖書館出版品預行編目資料

新住民子女語文教育政策與實踐／曾秀珠著作. -- 初版. -- 臺北市：五南, 2021.10
面； 公分
ISBN 978-986-522-108-9（平裝）

1.教育政策 2.母語教學 3.新住民
4.子女教育

526.11 109009174

1XJH 五南當代學術叢刊 054

新住民子女語文教育政策與實踐

作　　者 — 曾秀珠
發 行 人 — 楊榮川
總 經 理 — 楊士清
總 編 輯 — 楊秀麗
副總編輯 — 黃惠娟
責任編輯 — 吳佳怡
校　　對 — 卓芳珣
封面設計 — 王麗娟
出 版 者 — 五南圖書出版股份有限公司
地　　址：106台北市大安區和平東路二段339號4樓
電　　話：(02)2705-5066　　傳　　真：(02)2706-6100
網　　址：https://www.wunan.com.tw
電子郵件：wunan@wunan.com.tw
劃撥帳號：01068953
戶　　名：五南圖書出版股份有限公司

法律顧問　林勝安律師事務所　林勝安律師

出版日期　2021年10月初版一刷
定　　價　新臺幣420元